故宫博物院 编

朱诚如　任万平　主编

典藏卷

许　静　本卷主编

故宫出版社

后，这些又为清廷所获。

自古以来，统治者对于道统的传承总有不可破灭的迷思。礼即礼制、礼仪，是社会和道德规范。以礼治国，是中国古代独创之统治艺术。以周礼为代表之礼仪体系，贯彻社会各个方面，影响了数千年的中华文明史。“礼非乐不履”，古人常以礼器配合乐器演奏以成礼，礼与乐代表着国家典章制度。青铜礼器以鼎为重，青铜乐器以钟为大宗，钟鼎并称泛指庙堂重器。“藏礼于器”，铭贵贱、别等列，天子、诸侯、大夫和士用鼎数目有异，以彰身份之高低、显没世之哀荣。历代统治者学法《周礼》，视之为治国之根本，因此都重视青铜器的收集和整理，占有和垄断礼器，即自身正统之表现。宗庙经常使用的宝器也成为传国的重器、政权的象征。

清宫收藏的青铜器虽迭经战乱，但多有见之于《博古图》著录者。乾隆十五年（1750），乾隆帝命臣工仿《宣和博古图》一书体例加以编纂图绘，经二十年时间，编成《西清古鉴》，以后又有《西清续鉴》甲编和乙编等书编成。乾隆帝喜爱青铜，认为“玩物仍存师古情”，他复古仿古，将青铜纹饰用于其他工艺品的制造，除效法古人德行外，也是借仿古之名，期许大清能够重现圣王时代。他认为古物蕴含着某种至高德行，见证着圣王理想政治之存在，拥有它们即天命所归之象征。他自己每一次面对着这些家国重器，都是希望唤起心中对古圣先贤的追思，期盼与过去的美好时代联结，本人能够成为尧舜禹汤那样的圣君明主。

001

青铜亚方罍

年代　商
尺寸　最宽 37.6 厘米　通高 60.8 厘米
收藏单位　故宫博物院

屋顶形带纽盖，直口，大腹，方体方圈足。肩前后各一浮雕兽首，两侧各一兽首衔环，正面腹下一兽首鋬。盖、颈、肩、腹均饰八凸棱，盖、肩、腹饰兽面纹，颈、足饰夔纹。盖、器皆为相同九字对铭，盖两行，器四行。

002

青铜车方罍

年代　商
尺寸　最宽 34.5 厘米　通高 53.3 厘米
收藏单位　故宫博物院

此器直颈，深腹下内敛，平底，盖作四阿式顶，顶上一纽。肩两侧各有兽头耳，肩前后各有一浮雕兽首。盖、器四隅及每面正中置棱脊。罍为古代盛水或盛酒器。其状有方形和圆形两种。方形罍宽肩，两耳，有盖；圆形罍大腹，两耳，圈足。两者一般在一侧的下部都有一个穿系用的鼻纽。

003

青铜觏亚方尊

年代　商
尺寸　边长 38 厘米　高 45.5 厘米
收藏单位　故宫博物院

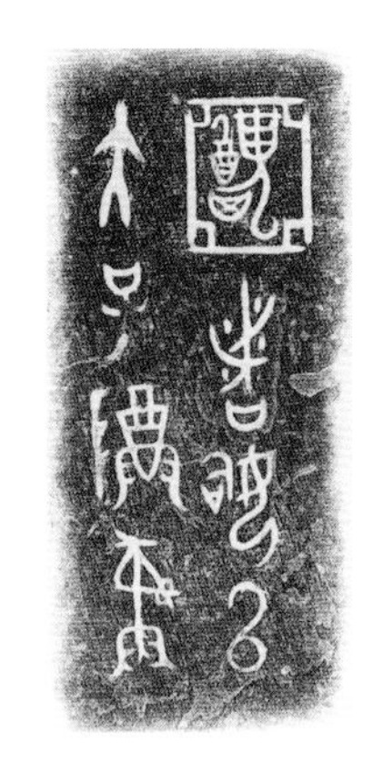

侈口，鼓腹，高圈足，全器颈、腹、足均有扉棱八条，其中颈部扉棱伸出口沿外。该器肩部四角有立体象首四个，大耳露齿，象鼻高卷。器肩中部有立体兽首四个，似鹿头或虬龙首，双角分叉向上呈花瓣状。全器颈饰夔纹，腹、足均饰兽面纹。口内壁有两行九字铭文。与此尊形制相同的三件原藏于清宫内府，已运往台湾。此件原藏颐和园，未及起运，故留在了故宫博物院。

004

青铜兽面纹尊

年代　商
尺寸　口径 22.3 厘米　足径 13.4 厘米　高 22.5 厘米
收藏单位　故宫博物院

大敞口，高圈足，足上三个穿孔。肩部和对应下方的腹部有云纹状棱脊，总共六条。其中肩部每两条之间还浮雕一牛首。颈饰三道弦纹，肩、腹和圈足饰兽面纹，皆有连珠纹为边饰。

005

青铜鸟纹觯

年代 商
尺寸 最宽 8.3 厘米 高 14.5 厘米
收藏单位 故宫博物院

此器侈口较大，颈弧度小，深腹圈足，饰三道凤鸟纹。觯为古代饮酒器。商代形制为圆腹，侈口，圈足，形似小瓶，大多数有盖。西周时也有方柱形的。春秋时演化成长身，侈口，圈足，形状像觚。

006

青铜祖辛卣

年代 商
尺寸 最宽 18.4 厘米 通高 36.4 厘米
收藏单位 故宫博物院

细颈，鼓腹，圈足。盖有捉手，颈上有提梁，两端作兽首形。盖、颈、足皆饰兽面纹，颈处纹饰中还有小兽首。盖、器对铭，各铸铭文三字。

007

青铜小臣缶方鼎

年代　商
尺寸　长 22.5 厘米　宽 17 厘米　高 29.6 厘米
收藏单位　故宫博物院

方唇、折沿、双立耳、长方腹、四柱足。颈饰夔纹，以云雷纹为底饰，腹饰大兽面纹，每面两侧下部均饰一道夔纹。原藏颐和园。

器内壁铸铭文 4 行 22 字：

王赐小臣缶湡
积五年，缶用
作享大子乙家
祀尊。举父乙。

大意是：商王赏赐其近臣缶湡地五年的禾稼。缶因此制作了这件鼎，置于家庙，用来祭享死去的父亲太子乙。铭文内容独特，是研究商代经济史的重要资料。

008

青铜兽面纹瓿

年代　商
尺寸　口径 16.1 厘米　最宽 23.5 厘米　高 16.8 厘米
收藏单位　故宫博物院

圆体，敛口，大腹，圈足。口沿下饰两道弦纹，腹部饰由各种形状的云雷纹组合成的两种兽面纹。圈足饰云雷纹，有三个穿孔。

009

青铜兽面纹大甗

年代　商
尺寸　口径 44.9 厘米　通高 80.9 厘米
收藏单位　故宫博物院

侈口，方唇，双立耳，腹中有箅，三鬲足，蹄形实足。此蒸食器巨大，为甑、鬲合体。其纹饰精美繁复，颈、腹皆以雷纹为地，夔纹为主体。颈部三组兽面纹之间有凸棱相隔，腹部夔纹为变形三角形。足部兽面纹以凸棱为鼻，下有三道弦纹。

010

青铜觊亚斝

年代　商
尺寸　最宽 23.9 厘米　通高 30 厘米
收藏单位　故宫博物院

圆体、深腹、侈口、平底，口上有双立柱，菌形柱头，腹侧半圆形素鋬，三锥形足外撇。颈弦纹二圈，腹兽面纹。口上有二字铭文“觊亚”。

011

青铜亚□方彝

年代　商
尺寸　口边长 18.9 厘米　高 17.9 厘米
收藏单位　故宫博物院

平口沿，方体，深腹，方圈足。颈、腹、足上各有八凸棱，足四面正中各有一缺口。颈、足饰爬行夔纹，腹饰兽面纹。器内底有铭文“亚□”二字。有人认为“□”是“羲”。

012

青铜三耳百乳簋

年代　商
尺寸　口径 30.5 厘米　高 19.1 厘米
收藏单位　故宫博物院

圆体，折口，深腹，三兽耳，高圈足。颈三圈目雷纹，腹乳钉雷纹。外撇圈足饰兽面纹，中心线准确位于两耳中间，地为细密的雷纹。商代簋多无耳、双耳或四耳，此三耳簋造型少见，耳为兽形，表情生动，雕刻精美，为传世之珍品。原存颐和园。

013

青铜枚父辛簋

年代　商代后期
尺寸　最宽 25.1 厘米　高 18 厘米
收藏单位　故宫博物院

圆体，大腹，侈口，双兽耳，圈足。颈部前后各有一浮雕兽面，兽面两侧为夔纹。腹饰兽面纹，足饰夔纹，双耳内饰蝉纹，器外底饰凸起蟠龙纹。器内底有铭文“枚父辛”三字。

014

青铜鸟纹爵

年代　西周早期
尺寸　口纵 17.4 厘米　口横 7.5 厘米　通高 22 厘米
收藏单位　故宫博物院

深腹，圆底，口沿之间伞形柱一对，倾酒用的流宽大，与流相对的尾尖锐。杯形腹一侧有兽头鋬，器下三外撇尖足。器身装饰鸟纹，均以雷纹为衬。西周初期爵的数量已经大为减少，成对更显难得，此为其中之一。青铜器上的鸟形纹饰最早出现于殷墟时期，没落于西周中期以后。大鸟纹最早出现于殷末周初，盛行于周昭王和穆王时期。此器腹左右对称的鸟纹长尾高冠，为西周早期的风格。

青铜免尊

年代　西周
尺寸　最宽 18.3 厘米　高 17.2 厘米
收藏单位　故宫博物院

圆垂腹，侈口，圈足。颈部前后雕铸兽首，兽首两侧饰垂冠回首的夔鸟纹。该尊铸造极精，尊内底有铭文 5 行 49 字，书法秀美，对研究西周官制及命服制度有一定价值。免器有尊、簋、簠、盘各一件，记载免的不同活动内容，唯有尊为清宫旧藏。

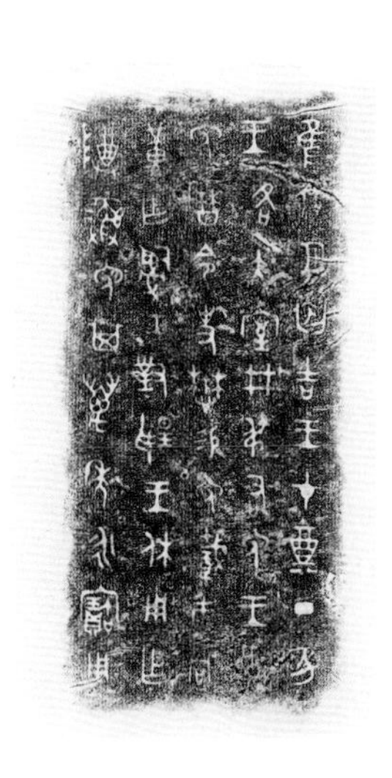

016

青铜作宝彝鼎

年代　西周
尺寸　最宽 24. 4 厘米　通高 27.1 厘米
收藏单位　故宫博物院

鼻纽鼎盖，直口，附耳，腹垂倾，柱状足。盖沿和器颈部饰云雷纹衬地的带状蝉纹。内底和盖内铸相同铭文“作宝彝”。

017

青铜颂鼎

年代　西周
尺寸　口径 30.3 厘米　高 38.4 厘米
收藏单位　故宫博物院

圆腹，圜底，双立耳，蹄足，口沿外平折。除腹饰两道弦纹，全身皆为素面。颂鼎三件、颂簋五件、颂壶二件，铭文基本相同。此鼎内壁铭文 14 行 152 字，记载了周王册命颂管理新建的宫殿事务，并赏赐命服、佩玉和旗帜等典礼的全过程，对于研究西周礼仪和名物制度有重要的历史价值。

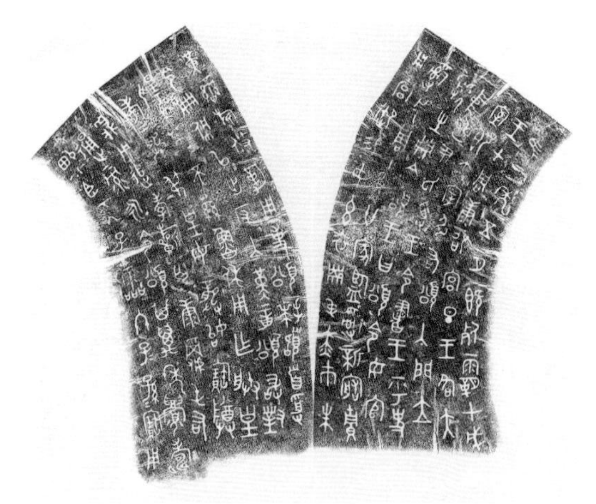

018

青铜兽面纹鼎

年代　西周
尺寸　腹径 33.7 厘米　高 41.4 厘米
收藏单位　故宫博物院

双立耳，平沿外折，柱足。纹饰分三组，口下和足根分别饰兽面纹，腹部饰垂叶云纹。此鼎工艺精湛，为西周早期的艺术精品。

019

青铜堇临簋

年代　西周
尺寸　最宽 33.5 厘米　高 16.7 厘米
收藏单位　故宫博物院

侈口，圆腹，双耳，圈足。颈部和圈足为一周变体夔龙纹和涡纹组合的纹饰，间有浮雕牺首。隆起的腹部上面为大兽面纹，通体纹饰富丽。耳部装饰突出，将兽和鸟的形象结合。上部兽头双角耸立，突出的上唇下露两颗锐利尖牙。下部鸟头抵在兽头颏下，鸟嘴下弯，鸟身和两翼作弧形，鸟尾与器结合，耳下方的长方形垂珥上刻出鸟足和羽毛。堇临簋内底有八字铭文“堇临作父乙宝尊彝”，记此器为祭祀父乙而制作。此簋双耳雕铸繁复生动，整体纹饰造型精美，在商周青铜器中少见。

020

青铜作宝彝簋

年代　西周
尺寸　最宽 30. 7 厘米　高 25.2 厘米
收藏单位　故宫博物院

此器原藏颐和园。侈口，方唇，鼓腹，圈足，下配座，是西周流行的方座簋。两兽首耳高出器口，垂珥较长，兽作屈舌形。腹部和方座饰浮雕兽面，圈足饰两两相对的蚕纹，腹部和圈足中有突起扉棱相隔。内底铸三字铭文“作宝彝”。此器造型庄重，装饰富丽。

021

青铜追簋

年代　西周
尺寸　最宽 44.5 厘米　高 38.6 厘米
收藏单位　故宫博物院

追簋传世六件，皆清宫旧藏。一下落不明，一在美国，一在日本，一在台北，两在北京。此件原藏颐和园。圆体，束颈，侈口，鼓腹，隆盖，圈足，下附方座。腹两侧有一对高耸的顾龙形耳，龙尾卷曲作垂珥。盖冠上饰凤鸟纹，盖缘、口沿下饰窃曲纹，腹饰连体龙纹，方座饰卷体龙纹。盖、器同铭，各铸 7 行 60 字，言追勤于职事，受周天子多次奖赏。追称扬恩惠，造簋祭祀祖先。

青铜荣簋

年代　西周
尺寸　最宽 28.8 厘米　高 14.6 厘米
收藏单位　故宫博物院

圆口，平沿，四兽耳，浅腹高圈足。腹部上下各有一道凸弦纹，纹内饰圆涡纹，间有倒置夔纹。每个耳的兽头高出口沿，并有下垂长形小珥，上雕兽尾、兽足。圈足饰有四组兽面纹。簋内底有铭文 5 行 30 字，记载周王赏赐给其叔父大臣荣玉勺和一百朋贝，荣作此彝器纪念。

023

青铜伯盂

年代　西周
尺寸　最宽 53.5 厘米　高 39.5 厘米
收藏单位　故宫博物院

此器原藏颐和园。圆腹，卷沿，侈口，二附耳，圈足，造型雄奇。颈部前后饰浮雕兽首，兽首两侧饰夔首鸟身的变形夔纹，腹饰宽叶纹，圈足上饰回首状夔鸟纹，纹饰既庄重沉稳又不失工丽精巧。盂内底有铭文 2 行 15 字，记述伯作此器，希望后代子孙以此为宝，永远享用。乾隆时期《西清古鉴》收有此器。

024

青铜邾叔之伯钟

年代　西周
尺寸　铣距 22.8 厘米　通高 34.6 厘米
收藏单位　故宫博物院

钮钟。低枚，篆带饰螭纹，舞饰蟠蛇纹，鼓饰双鸟纹。钲和鼓上有铭文 45 字。大意是邾叔之伯在吉日选出上好的铜做了声音和谐的钟，为了给父祖祈寿，子孙永用此钟祭享先辈。

025

青铜毛叔□彪氏盘

年代　西周
尺寸　口径 47.6 厘米　最宽 52.5 厘米　通高 17.2 厘米
收藏单位　故宫博物院

原藏颐和园。敞口，平缘，敛腹，双附耳，外侈圈足下有三个牛形附足，形象写实生动。双耳饰鸟纹和蟠螭纹，圈足饰窃曲纹，间饰兽头，纹饰繁复精美。器内底铸铭文 4 行 23 字，记述毛叔送此宝盘给女儿彪氏孟姬作陪嫁，希望她长寿，子孙永宝用之。此器造型厚重，这种器型作为陪嫁品在西周晚期到春秋时期诸侯国中很流行。

026

青铜芮公壶

年代　西周晚期
尺寸　最宽 22 厘米　高 37.6 厘米
收藏单位　故宫博物院

器椭圆形，盖平顶，直口，长颈，深腹稍鼓，圆圈形捉手，兽首形耳，圈足。捉手、圈足饰鳞纹，盖沿饰窃曲纹，颈饰环带纹，腹饰双尾龙纹，龙首中心，体躯两侧展开。盖铸铭文 9 字，记芮公铸造此壶随行，永宝用之。同铭壶有三，两在故宫博物院，一在台北“故宫博物院”。

027

青铜士父钟

年代　西周晚期
尺寸　铣距 26 厘米　通高 45.2 厘米
收藏单位　故宫博物院

传世四件，两件下落不明，两件藏故宫博物院，此件原藏颐和园。长腔封衡，有旋和干，鼓部较宽，钲、篆、枚间及周围有微突的界栏，枚作平顶两段式。甬部环带纹，干上重环纹，篆带和隧部饰有不同风格的夔龙纹。钲间和左鼓铸铭文 9 行 68 字，记述士父作此钟歌颂先辈功德，并希望他们赐福给自己，传延子孙万代。

028

青铜蟠虺纹罍

年代　春秋
尺寸　口径 24.6 厘米　高 32.5 厘米
收藏单位　故宫博物院

此器原藏颐和园。大腹，平底，颈大而短。大口外侈，有一周平边。广肩上饰双兽耳，耳上有一套环。主题纹饰为蟠虺纹。

青铜郑义伯𨱑

年代　春秋
尺寸　口径 14.7 厘米　通高 45.5 厘米
收藏单位　故宫博物院

原藏颐和园。侈口，束颈，丰肩，收腹，肩附兽耳。有盖且口纳于颈中，盖顶及边均饰一道重环纹，器口下饰回纹，颈饰窃曲纹，腹饰鳞纹，鳞纹上下各饰一道相向的重环纹。盖口外壁及器颈部均有铭文，盖 8 行 33 字，器颈部 32 字，呈环形排列，记述郑义伯为季姜作此祭祀器，用以和顺邻邦，祈望降寿，子孙永宝。𨱑为青铜器铭文中盛酒水器的自称。西周晚期出现，沿用至春秋。

030

青铜齐荣姬盘

年代　春秋
尺寸　最宽 55.5 厘米　通高 15.5 厘米
收藏单位　故宫博物院

侈口，浅腹，沿外折，平底，圈足外撇。腹部双附耳，各饰一对伏牺。腹、足饰立体蟠螭纹，盘内底铭文 4 行 23 字，记述齐国荣姬的侄女作此宝盘，祈望长寿，子孙永宝用之。铭文记有明确制作者，为研究春秋齐国青铜器制作增添了重要的资料。

031

青铜王子婴次钟

年代　春秋后期
尺寸　铣距 21.5 厘米　通高 42.8 厘米
收藏单位　故宫博物院

此钟属春秋郑国器，原藏颐和园。长甬桥形口，干、旋齐备，钟体略细，两面共有 36 长枚。舞、篆饰蟠虺纹，甬饰夔纹，隧饰蟠虺纹组成的夔形兽面纹。钲部及左鼓有铭文 4 行 20 字，记八月第一个吉日那天，王子婴次自作钟，希望能长长久久地用于宴会喜庆之时。

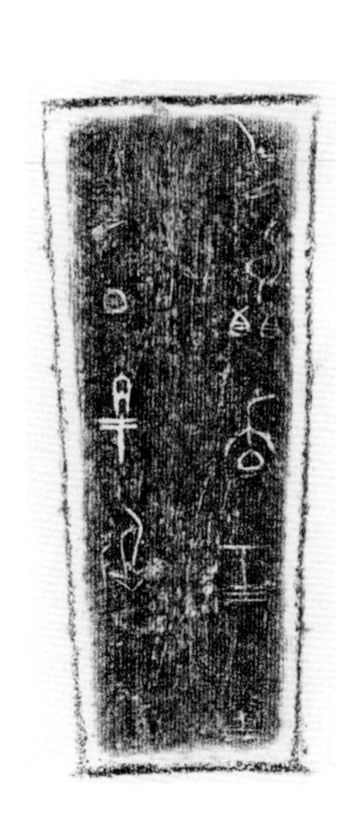

032

青铜蟠螭龟鱼纹方盘

年代　春秋末至战国初期
尺寸　长 73.2 厘米　宽 45.2 厘米　腹深 12.5 厘米
　　　通高 22.5 厘米
收藏单位　故宫博物院

盘呈长方形，口沿向外平折，浅腹，平底，四壁外侧有二兽面衔环铺首，底部铸有四虎形足。口沿饰蟠螭纹，内底饰龟鱼蛙戏水图案，内壁饰曲带纹，外壁饰云纹及浮雕怪兽。此盘造型精巧细致，纹饰瑰丽雄奇，铸造技术高超，为同时期青铜盘中罕见的佳作。

033

青铜嵌赤铜兽纹盘

年代　战国
尺寸　口径 41.7 厘米　通高 11.6 厘米
收藏单位　故宫博物院

此盘原藏颐和园。圆盘，直口，方唇，浅腹，双附耳，圈足。盘颈饰蟠螭纹二周，双耳饰动物纹，足饰三角形夔纹、凸棱云纹一周，盘内正中饰六星纹，周围有四蛙，蛙背向花朵向四周游去，外围有八个兽形纹。

034

青铜嵌赤铜狩猎纹豆

年代　战国
尺寸　口径 18.5 厘米　通高 21.4 厘米
收藏单位　故宫博物院

原藏颐和园。深腹，弇口，双环耳，高柄，圈足，全器作半球形。腹饰嵌红铜狩猎纹，足饰鸟兽纹，图纹生动。嵌红铜工艺始于商代，春秋战国时流行，它是在器身铸出图案花槽，将经过锻打的红铜嵌入槽内，再经研磨形成。此工艺丰富了青铜的装饰，体现了高超的水平。

035

青铜匏状大匜

年代　战国
尺寸　最宽 24.4 厘米　通高 27.1 厘米
收藏单位　故宫博物院

匜为古代盥洗时浇水用具，此器原藏颐和园。呈椭圆形，前有流，后有鋬，有的带盖。设计成半匏状，正是应“奉匜沃盥”功用而为。曲缘短槽流，后部内收，鋬衔小环。口边一周绹纹，下面三个扁长矮足。

036

青铜鸟状盉

年代　战国
尺寸　长 26.3 厘米　最宽 20.4 厘米　高 25 厘米
收藏单位　故宫博物院

鸟首流，圆形盖，上有兽形纽。提梁作长弓身虎形，有链环与纽相连。腹部为兽身，两侧浮雕双翼，上饰羽纹。身后短尾，四兽足。当盉体倾倒液体时，鸟的尖嘴可以开启。这种奇特的怪鸟形状盉在战国时期也是很少见的。

037

青铜魏公扁壶

年代　战国
尺寸　口径 11.1 厘米　通高 31.7 厘米
收藏单位　故宫博物院

原藏颐和园。扁圆体，侈口，束颈，肩广且有一对兽首衔环耳，矩形圈足。口下饰齿形纹，通身饰方格纹，格内饰浪花纹，宽带镶嵌红铜。足外有铭文 6 行 8 字，记此为魏公之扁壶，容积为三斗二升。

038

青铜蟠虬纹方壶

年代　战国
尺寸　最宽 31.5 厘米　通高 49.4 厘米
收藏单位　故宫博物院

此方壶原藏颐和园。方唇，颈微收，广肩下内收，四兽首衔环，台座形足。颈饰蕉叶纹，肩饰蟠虬纹一周，腹饰粟状纹四周，凹槽纹介于其间。器制厚重。

039

青铜鱼形壶

年代　战国
尺寸　最宽 18 厘米　通高 32.5 厘米
收藏单位　故宫博物院

通体作立鱼形，壶口恰为张嘴向上的鱼口，尾鳍构成外撇圈足。圆睁的双目嵌金，腮为双弧形阴线刻出，鱼腹、背上部有兽首衔环。此鱼神态写实，显示出战国时期金属铸造和雕塑工艺的发展水平。

040

青铜错金嵌松石鸟耳壶

年代　战国
尺寸　口径 17.4 厘米　通高 36.9 厘米
收藏单位　故宫博物院

圆体，鼓腹，束颈，盘口，口卷沿平边，肩两侧耳为双伏鸟，背带环，矮圈足。口卷曲处为镂空夔龙纹，平缘上饰绳纹；颈、肩、腹饰流云纹四道，颈部除金银外，更以绿松石镶嵌点缀；腹部纹饰为嵌红铜，被四圈凸棱分为四区；此器间隔花边和圈足一周所饰为贝纹。此壶集中了错金银、嵌红铜、嵌松石和镂空等多种工艺手法，十分少见，显示出战国时期青铜工艺的高超水平。

041

青铜蟠虬纹鉴

年代　战国
尺寸　最宽 61 厘米　通高 33 厘米
收藏单位　故宫博物院

口缘窄，束颈，短肩；四绹索耳衔环，两两相对；腹部圜收，平底。通饰蟠虬纹。此鉴整体造型与装饰匀称谐调，是鉴中的佳品。鉴为古代盛水或冰的器皿。形体一般很大，似盆，大口，深腹，无足或有圈足，多有二耳或四耳。古代普遍使用铜镜前常用鉴盛水照影，后来铜镜亦称鉴。

042

青铜错金云纹敦

年代 战国
尺寸 最宽 21.2 厘米 高 10.2 厘米
收藏单位 故宫博物院

敦，盛黍稷稻粱之器。形状一般为三短足，圆腹，二环耳，有盖。有的敦器和盖皆呈半球状，俗称“西瓜敦”。此器原有盖，已失。扁圆球腹，双环耳，圆底，下为三蹄形短足。通体错金花纹。口沿饰几何纹一周，腹中部饰流云纹、下部饰窃曲纹、垂叶纹，足饰兽面纹。

043

青铜长乐量

年代 汉
尺寸 口径 26.5 厘米 高 10.2 厘米
收藏单位 故宫博物院

圆体似钵，环柄为四指紧扣于肩。口沿至腰饰瓦棱纹，下有两道弦纹。底上铸阳文“长乐万斛”四字吉祥语。

044

青铜凫形熏炉

年代　汉
尺寸　通高 14.6 厘米
收藏单位　故宫博物院

汉代熏炉多为博山式，少数是鼎形、盉形，圆雕动物造型的少见。此炉鸭形，昂首扬喙。鸭背为炉盖，透雕成花枝形，内里焚香可穿孔而出。空膛，平腹，直足，立颈上举，形象写实生动，为汉代熏炉之精品。

青铜牛形灯

年代　汉
尺寸　高 9.5 厘米
收藏单位　故宫博物院

汉代灯有人物、动物、植物等多样造型。此灯卧牛形，牛角短且向内弯。腹中空，背部盖可以支起为灯盘。

青铜错金银奁

年代　汉
尺寸　口径 12.4 厘米　高 9.5 厘米
收藏单位　故宫博物院

此器圆筒形，直壁，下承三兽足，平底。器身三道凸箍，通身饰错金银流云纹和几何纹。樽为温酒器，初见于战国，盛行于汉晋，北宋以来常将汉代酒樽误称为奁。汉代由于陶、漆等工艺的发展，青铜器日渐衰微，器型种类、纹饰和铭文较简单。由于鎏金、错金银等工艺的广泛使用，青铜器图案更加精美丰富，此器即其中珍品。

047

青铜嘉量

年代　汉
尺寸　外径 34.6 厘米　高 25.6 厘米
收藏单位　台北"故宫博物院"

铜质带双耳圆筒，筒上、中、下部各有一道箍状带饰。它把五种大小不同的量连接成一体，当中圆筒上为斛、下为斗，左耳为升，右耳为合，下为龠。器上共有六处铭文，每一种量器又各有分铭，标明五种量的名称、径、深、底面积及容积。斛容十斗，斗容十合，合容二龠。王莽篡汉，国号为新，在始建国元年（9）五月，统一全国度量衡。当时颁行的全国标准量器，目前存世仅有两件，此为其一。另一件为残片，现藏中国国家博物馆。此件发现于坤宁宫第三间灶台上，曾著录于《西清古鉴》，入宫时间不详。

048

青铜元和四年洗

年代　汉
尺寸　口径 45.5 厘米　高 21.5 厘米
收藏单位　故宫博物院

侈口，深腹，平底，直壁，下腹内收，双兽耳失环。腹部一组凸起弦纹带，器内底阳铸纪年铭文，"元和"为东汉章帝刘炟的第二个年号，"四年"为 87 年。在内底铸铭文纪年和制造地，为汉代铜洗的常见做法。

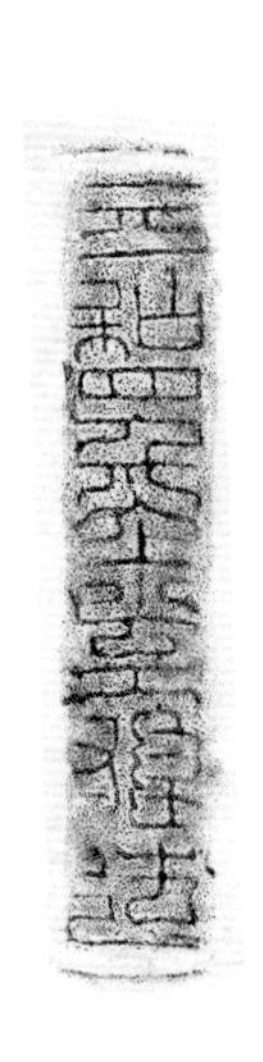

049

青铜海兽葡萄纹方镜

年代　唐
尺寸　边长 11.5 厘米
收藏单位　故宫博物院

方形，伏蛙纽。镜背纹饰内区为四只海马，外区有飞禽，皆以繁茂的葡萄枝叶、果实为地纹。唐镜中这种纹样题材多为圆镜，方形的比较少。

050

青铜宣和三年尊

年代　北宋
尺寸　口径 17.4 厘米　高 29 厘米
收藏单位　故宫博物院

此为三段式筒状尊，圆形侈口，鼓腹，圈足。器身分区段，并均匀分布四条扉棱，上端齐于口沿。腹足饰兽面纹，以扉棱作鼻，颈饰蕉叶纹和蚕纹。器内底铸大篆铭文 5 行 26 字，说明该尊作于宋徽宗赵佶宣和三年（1121），是置放在方泽坛祭祀神祇用的。

法书篇

清朝建立后，顺治、康熙、雍正几位皇帝根据统治需要和个人志趣，均积极学习和推行儒家传统文化，而作为文化载体之一的书法艺术也受到了统治者的青睐和重视。清朝前期，通过承继明代内府的收藏、臣工进献、籍没抄家、购买等各种途径和方法，清宫典藏了大量历代法书名迹。及至乾隆时期，乾隆帝对书法的喜好成为这些艺术瑰宝汇集至内府的动力源泉和根本原因，加之海内一统、社会安定，主客观因素共同促使清宫贮藏的书法达于鼎盛。

清宫典藏书法具有以下几个特点：

一、丰富性

通过清朝前中期，尤其是乾隆时期的汇聚，清宫典藏的书法数量十分庞大，基本上将当时存世的名品巨迹搜罗殆尽，仅《秘殿珠林》、《石渠宝笈》里著录的书法作品即有万件，这还不包括未经著录和赏赐大臣的书法。

二、系统性

清宫典藏的书法包罗广泛，涵盖了书法史上的诸多晋唐宋元名迹和真、草、篆、隶各体佳作，其中既有年代久远的稀世孤本，亦有各时代名家的代表作品，清晰地反映了中国古代书法艺术发展的历史脉络。魏晋时期，政治动荡，但书法艺术却极度繁荣，作为新体的草、行、楷书逐渐流行，形成了魏晋新书风。比如陆机《平复帖》乃现存年代最早且真实可信的西晋名家法帖；王羲之《快雪时晴帖》、王献之《中秋帖》、王珣《伯远帖》被誉为“三希”，乾隆帝特辟养心殿西暖阁为“三希堂”以贮之。隋唐时期，各种书体进一步发展。冯承素摹《兰亭序帖》在传世摹本中最称精美，与虞世南摹《兰亭序帖》共列“兰亭八柱”；欧阳询楷法森严，与虞世南、褚遂良、薛稷并称为“初唐四家”，《石渠宝笈》中著录有他书写的《千字文》；颜真卿与欧阳询、柳公权、赵孟頫并称“楷书四大家”，清宫典藏有他的《朱巨川诰》、《祭侄文稿》等；李白《上阳台帖》、杜牧《张好好诗》均为作者仅存墨迹，弥足珍贵；吴彩鸾《刊谬补缺切韵》卷为“龙鳞装”，又称“旋风装”，可视为卷轴向书册过渡的一种装帧形式，存世极少。及至宋元，文人书家强调在“守法”的前提下张扬个性，表现“书卷之气”，书法在实用的基础上被赋予了更深厚的文化内涵，如“宋四家”（苏轼、黄庭坚、米芾、蔡襄）和元代赵孟頫、鲜于枢皆为代表人物。明代早期书法以“三宋”（宋广、宋克、宋璲）草书和“二沈”（沈度、沈粲）的“台阁体”楷书为代表，中期以后，吴门（今江苏苏州）地区成为书画创作的中心，吴宽及“吴中三家”（文徵明、祝允明、王宠）等人摆脱了“台阁体”束缚，而董其昌成为明代晚期文人书画的集大成者，对当时及清代影响颇广。此外，清宫还典藏了不少释道书法，如宋人《古今译经图纪》、张即之《度人经》册等。

三、独特性

清宫典藏的书法中，还有大量的当朝作品。其作者除供奉内廷的翰林、词臣及宗室外，就是清帝御笔了。《秘殿珠林》《石渠宝笈》中著录了大量顺治、康熙、雍正、乾隆、嘉庆所谓“五朝宸翰”，尤以乾隆帝御笔为最，达2000余件，可以说他是内府所藏作品最多的作者，这也成为清宫典藏书法的一个显著特色。

清宫书法的收藏地点主要集中于紫禁城各宫室中，如乾清宫、养心殿、御书房、重华宫、宁寿宫、懋勤殿、延春阁、慈宁宫、南薰殿等处。除此之外，在皇家的西苑、“三山五园”、沈阳故宫，以及各地行宫，如承德避暑山庄、盘山静寄山庄等也有贮藏。

乾嘉时期，清内府在整理的基础上对典藏书画精品进行了编纂著录，专载释道书画者名为《秘殿珠林》，著录一般书画者名为《石渠宝笈》，各有初、续、三编，构成了完整且权威的清宫典藏书画谱系。同时，为了更好地保存，乾隆帝对大量书法作品进行了重新装裱，制作了袱子和囊匣，并对一些作品题签、题字、题诗、题跋、钤印等，使得诸多历代书法作品上留下了乾隆帝鉴赏的痕迹。此后，清宫虽未再进行过大规模的书画著录，但不时组织各宫室汇编陈设档进行造册登记。

清代晚期，政局动荡、国力衰败，内府典藏书法历经数厄，不仅受到英法联军、八国联军等的劫掠与外盗，大量历代书法珍品被焚毁或流落欧美及日本等国，还惨遭溥仪小朝廷时期建福宫大火、太监偷盗及兵燹等祸，部分中国最精华的书法遭受不可挽回的损失，令人痛惜。

通过清代早中期，尤其是乾隆帝持续不断的搜集，中国历史上出现了规模空前的书画大集中，清宫典藏了数量庞大、种类齐备的历代书法珍品。与此同时，乾隆内府对典藏书画进行了著录，并对大量书法作品进行了妥善的装裱和保护，客观上起到了延年益寿、文化传承的作用。

051

《平复帖》卷

作者　陆机
年代　晋
质地　纸本
尺寸　纵 23.7 厘米　横 20.6 厘米
收藏单位　故宫博物院

陆机，字士衡，吴郡（今江苏苏州）人。三国东吴丞相陆逊之孙，大司马陆抗之子。少有异才，文章冠世。擅章草，为文名所掩。

《平复帖》字体为草隶书，共9行86字，用秃笔写于麻纸之上，笔意婉转，风格平淡质朴。《平复帖》为现存年代最早并真实可信的西晋名家法帖，在中国书法史上占有重要地位。此帖清初递经葛君常、王济、冯铨、梁清标、安岐等人之手，终归入乾隆内府，再赐给皇十一子成亲王永瑆。

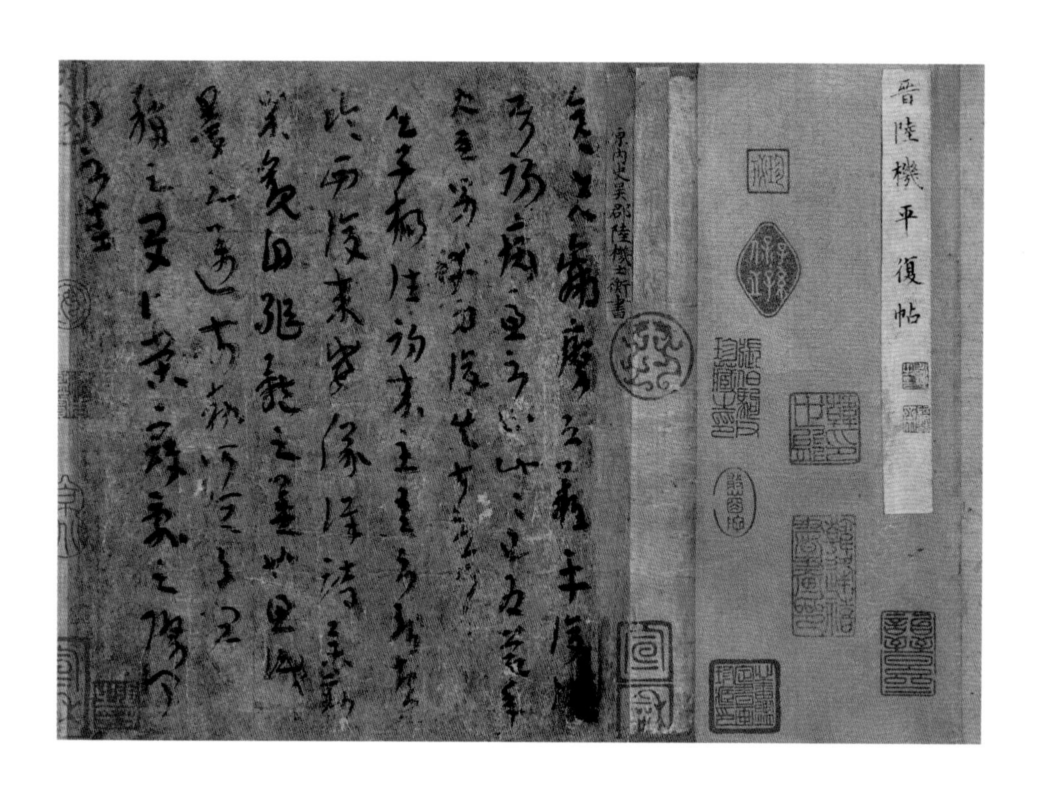

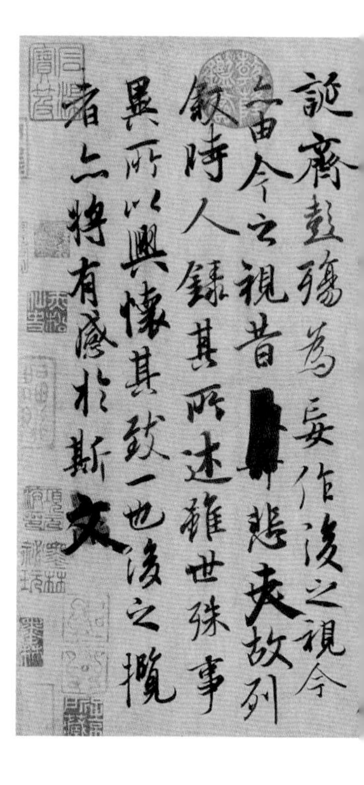

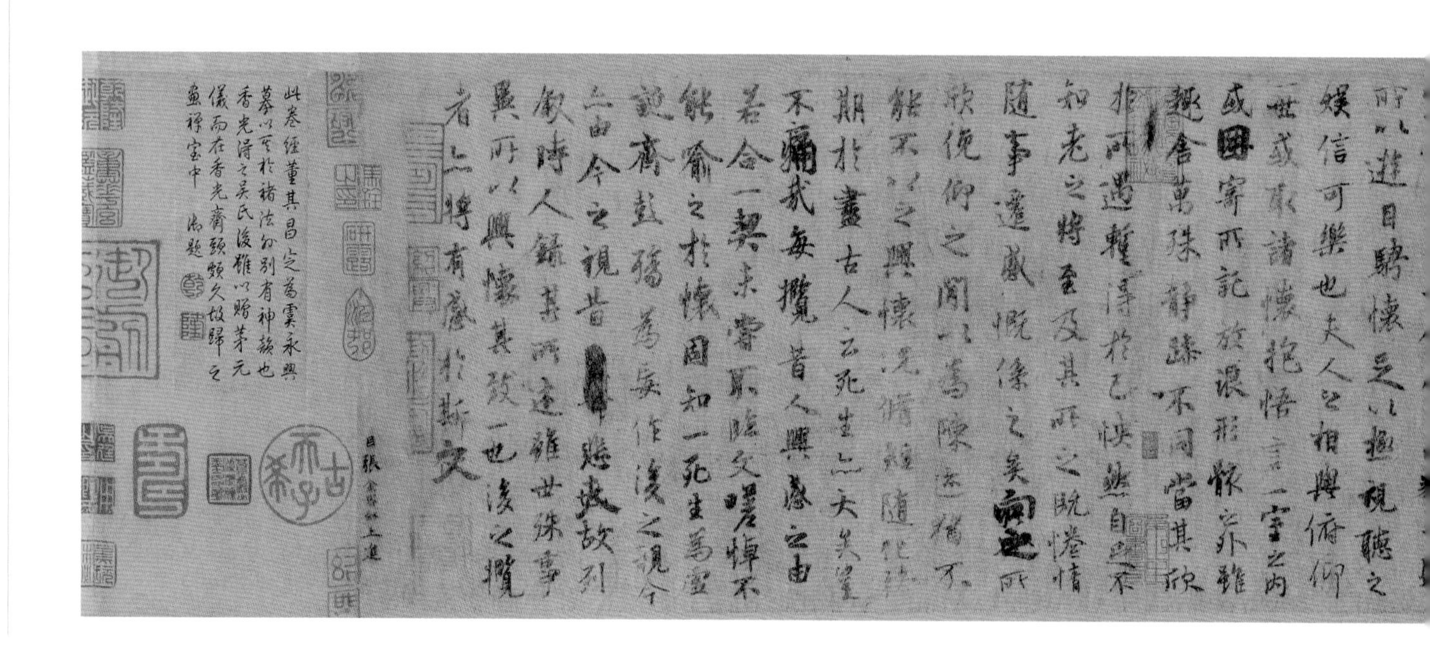

052

《兰亭序帖》卷（唐摹本）

作者　王羲之书　冯承素摹
年代　晋
质地　纸本
尺寸　纵 24.5 厘米　横 69.9 厘米
收藏单位　故宫博物院

冯承素，字万寿，长安信都（今陕西西安）人。唐代书法家。时评其书“笔势精妙，萧散朴拙”。

此卷用楮纸两幅拼接，前纸 13 行，后纸 15 行。因卷首有唐中宗李显神龙年号小印，故称“神龙本”，在传世摹本中最称精美，体现了王羲之书法遒媚多姿、神清骨秀的艺术风貌，为接近原迹的唐摹本。曾贮于重华宫，刻入“兰亭八柱”，列第三。

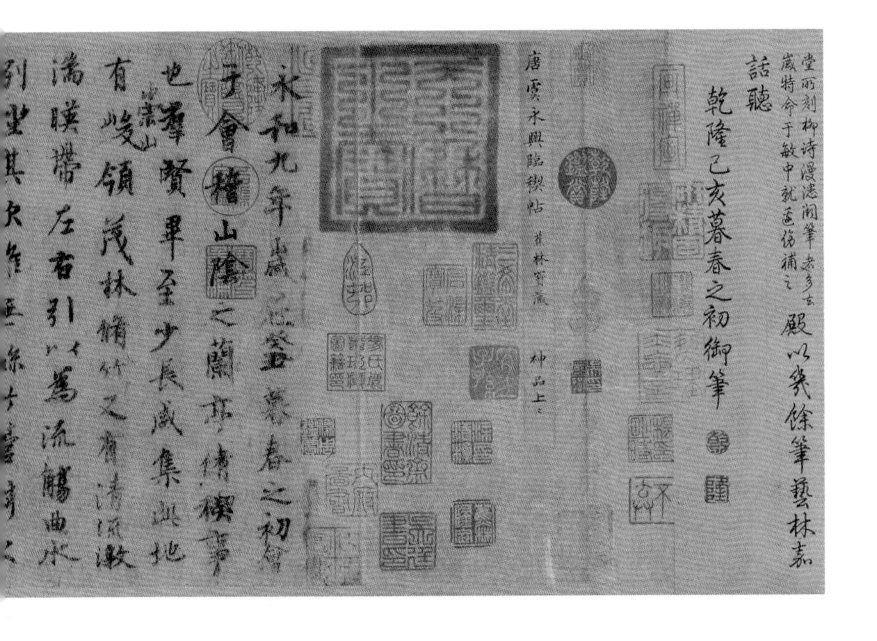

053

《兰亭序帖》卷（唐摹本）

作者　王羲之书　虞世南摹
年代　晋
质地　纸本
尺寸　纵 24.8 厘米　横 57.7 厘米
收藏单位　故宫博物院

虞世南，字伯施，越州余姚（今浙江余姚）人。精书法，擅真、行体，亲承智永传授，继承“二王”传统。与欧阳询、褚遂良、薛稷并称“初唐四家”。

此卷用两纸拼接，各 14 行，排列较松匀，近石刻“定武本”。因卷中有元代天历内府藏印，故亦称“天历本”。曾贮于重华宫，刻入“兰亭八柱”，列为第一。

054

《雨后帖》页（宋摹本）

作者　王羲之书（传）　佚名摹
年代　晋
质地　纸本
尺寸　纵 25.7 厘米　横 14.9 厘米
收藏单位　故宫博物院

王羲之，字逸少，琅琊（今山东临沂）人。因官至右军将军，又称“王右军”。其所创妍美流变的书体，对我国书法艺术的发展具有巨大贡献，有“书圣”之誉。

《雨后帖》传为王羲之所书的一通信札，有沉雄古雅之气，但从钤印、用纸、用笔方面分析，此帖应是古临本，书写年代在北宋至南宋绍兴以前。清代曾贮于养心殿。

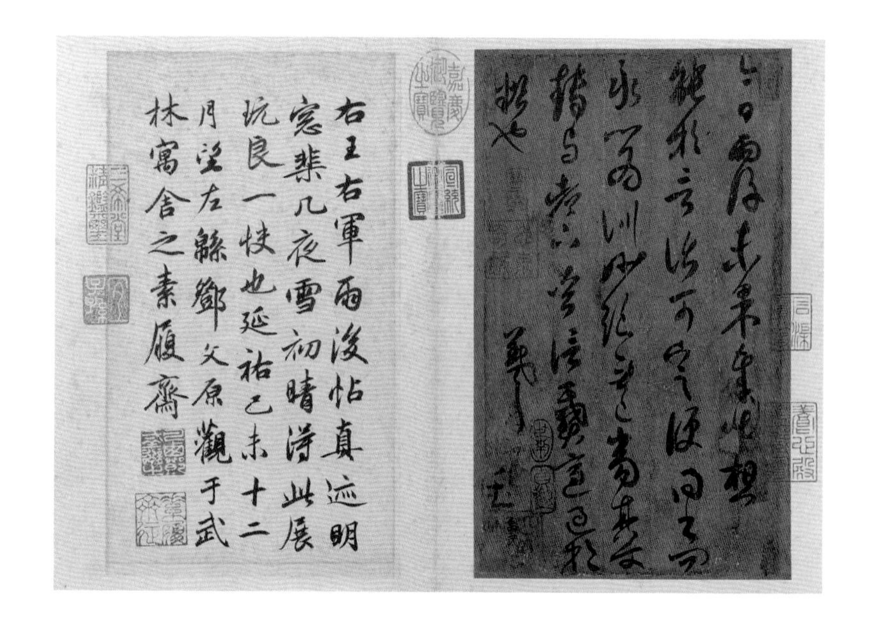

055

《中秋帖》卷（宋摹本）

作者　王献之书（传）　佚名摹
年代　晋
质地　纸本
尺寸　纵 27 厘米　横 11.9 厘米
收藏单位　故宫博物院

王献之，字子敬，琅琊（今山东临沂）人，王羲之第七子。因官至中书令，人称“王大令”。书精诸体，尤擅行草，与其父王羲之齐名，史称“二王”。

《中秋帖》行书 3 行，共 22 字，行气贯通，潇洒飘逸，是中国古代著名的书法作品，被列为“三希”之一。乾隆时期曾贮于养心殿西暖阁的三希堂。

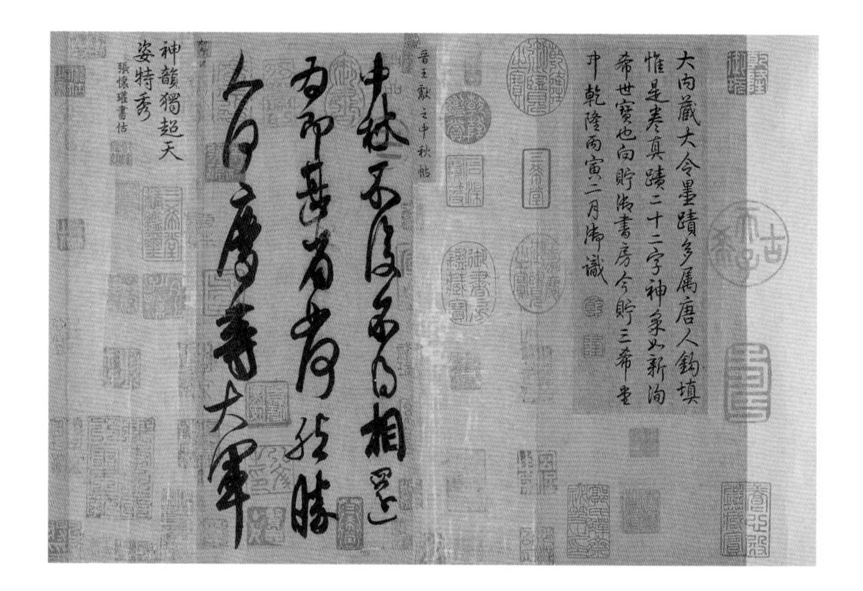

056

《伯远帖》卷（宋摹本）

作者　王珣书（传）　佚名摹
年代　晋
质地　纸本
尺寸　纵 25.1 厘米　横 17.2 厘米
收藏单位　故宫博物院

王珣，字元琳，小字法获，琅琊（今山东临沂）人。东晋著名书法家王导之孙，王洽之子，王羲之堂侄。三世以能书称，家范世学。

《伯远帖》共5行47字，书法风神俊朗，劲健灵动，在王氏家族书风的基础上自具面目，在中国书法史上具有崇高的地位，被列为“三希”之一。曾贮于养心殿三希堂。

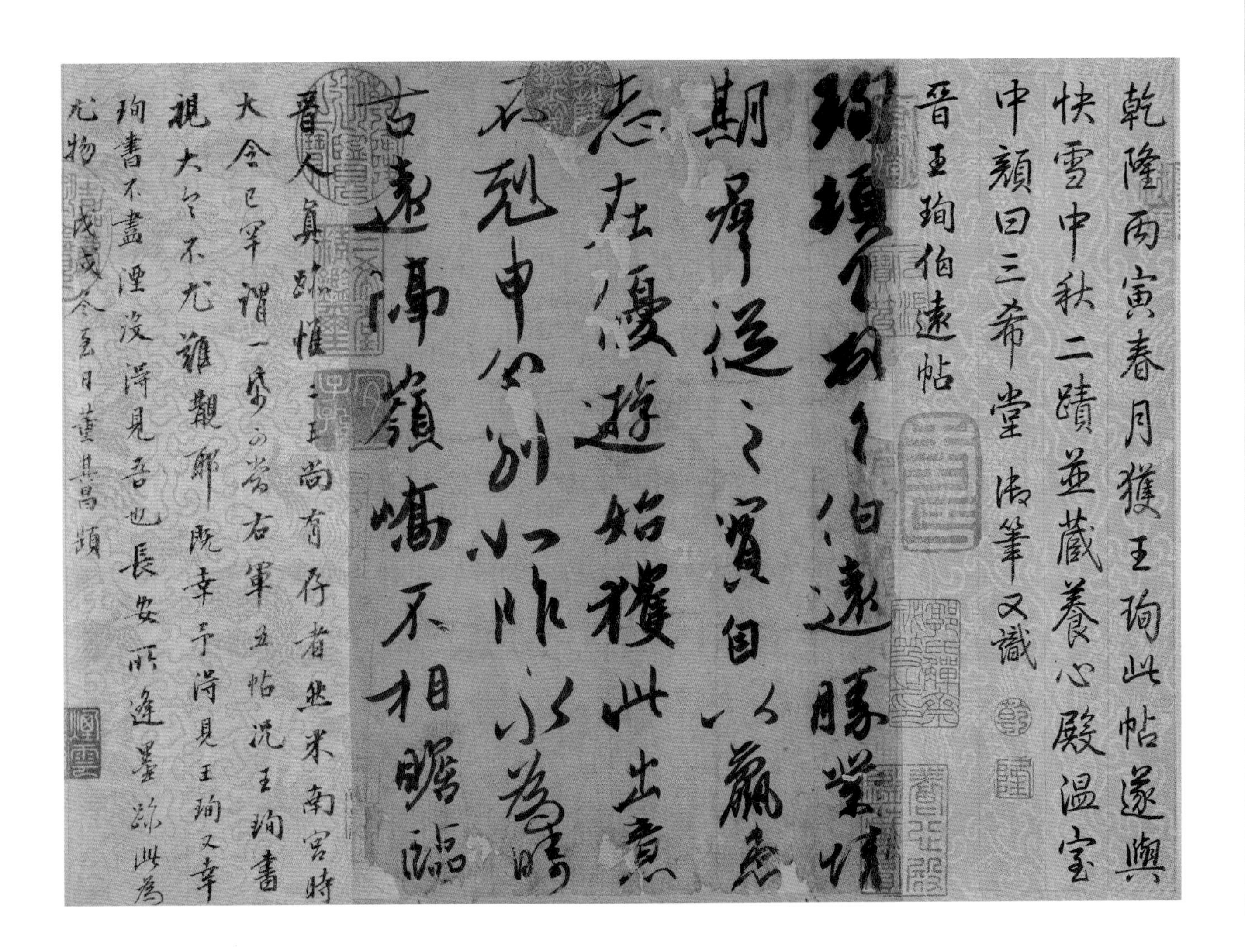

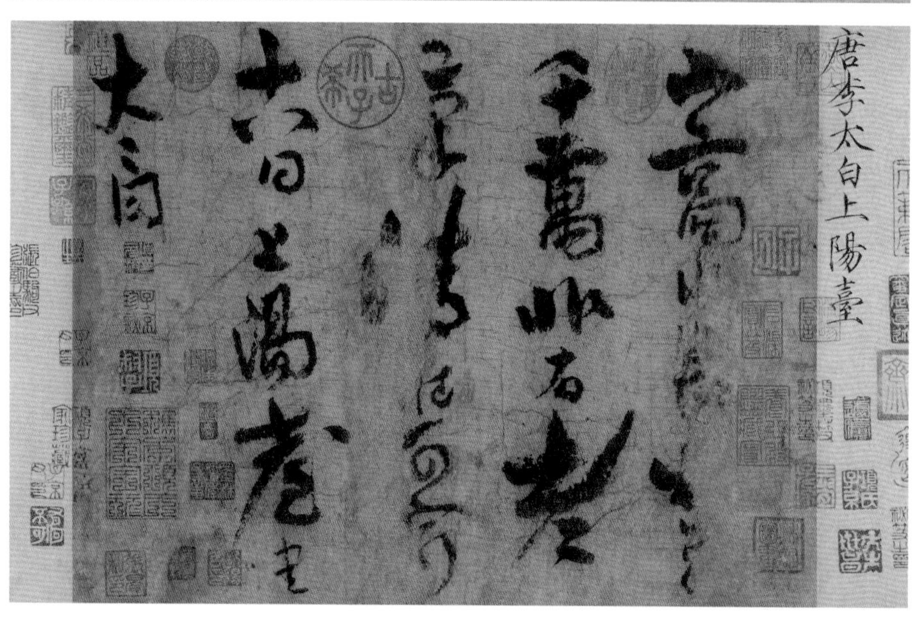
唐李太白上陽臺

057

《张翰帖》页

作者　欧阳询
年代　唐
质地　纸本
尺寸　纵 25.1 厘米　横 31.7 厘米
收藏单位　故宫博物院

欧阳询，字信本，潭州临湘（今湖南长沙）人。书学“二王”，吸收汉隶和魏晋以来楷法，法度森严，世称“欧体”，于后世影响深远。他与虞世南、褚遂良、薛稷并称为“初唐四家”。

《张翰帖》共 11 行 98 字，亦称《季鹰帖》，记西晋张翰故事。此帖字体修长，笔力刚劲挺拔，风格险峻，精神外露。曾经清代安岐收藏，后入乾隆内府。

058

《上阳台帖》卷

作者　李白
年代　唐
质地　纸本
尺寸　纵 28.5 厘米　横 38.1 厘米
收藏单位　故宫博物院

李白，字太白，一字长庚，号青莲居士。唐代的伟大诗人，被后人称为“诗仙”，亦擅书。

《上阳台帖》是李白所书自咏四言诗，全文 5 行 25 字，是其传世的唯一书迹。全篇落笔天纵，大类其诗，使人远想慨然。此帖在清代先为安岐所得，再入乾隆内府，曾贮于养心殿。

059

《张好好诗》卷

作者　杜牧
年代　唐
质地　纸本
尺寸　纵 28.2 厘米　横 162 厘米
收藏单位　故宫博物院

杜牧，字牧之，京兆万年（今陕西西安）人。唐代著名诗人，有《樊川集》传世，亦工书法。

此卷为少年歌妓张好好而作，是杜牧诗作名篇。书用硬笔，笔法劲健，颇多叉笔，是杜牧的仅存墨迹，也是稀见的唐代名人书法作品。此卷仍保留着北宋内府装潢式样。清乾隆年间入藏内府，曾贮于养心殿。

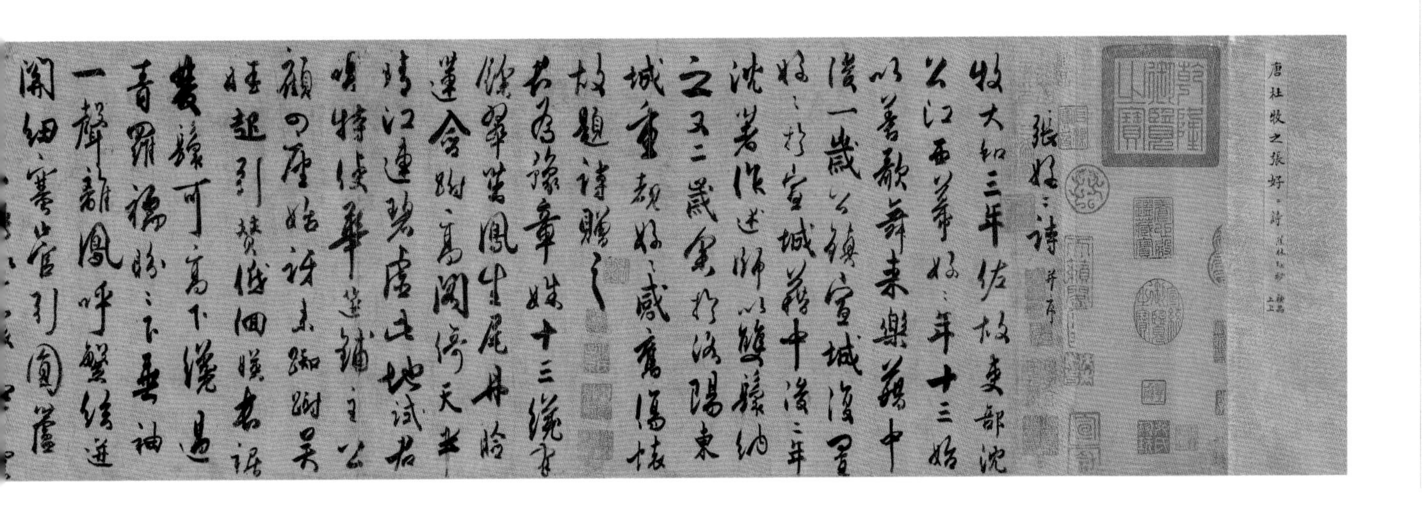

060

《刊谬补缺切韵》卷

作者 吴彩鸾
年代 唐
质地 纸本
尺寸 纵 25.5 厘米 横 47.8 厘米
收藏单位 故宫博物院

吴彩鸾，河南濮阳县人，家贫，以抄书为业。史载其小楷字体遒丽，用笔圆润，笔法纯熟，书写极速且精。

《刊谬补缺切韵》为唐王仁煦所撰。这件抄本凡 24 页，首页单面书，余皆两面书，共 47 面。装裱方式特殊，卷起如手卷，展卷时书页鳞次相积，故称“龙鳞装”，又称“旋风装”，可视为卷轴向书册过渡的一种装帧形式，存世极少。曾入清内府，贮于御书房。

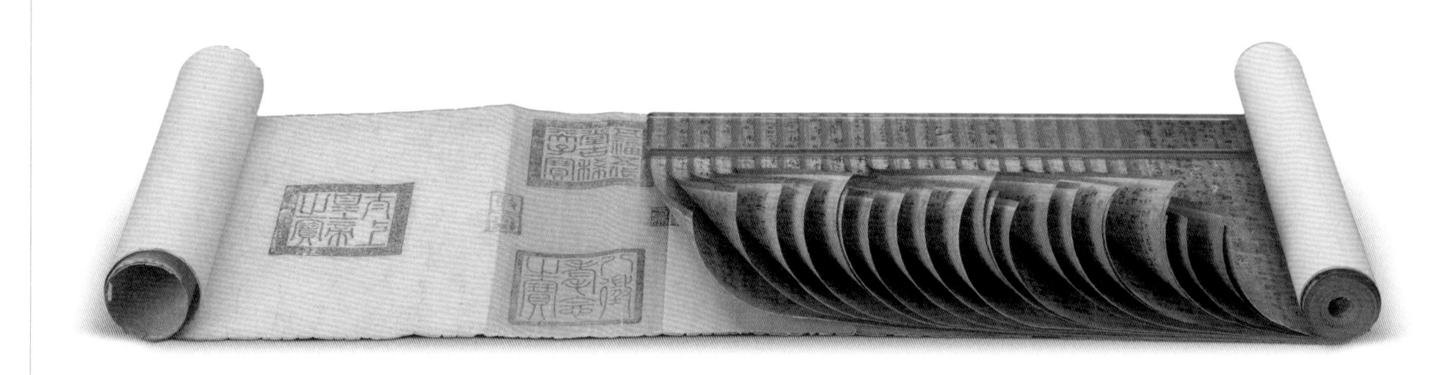

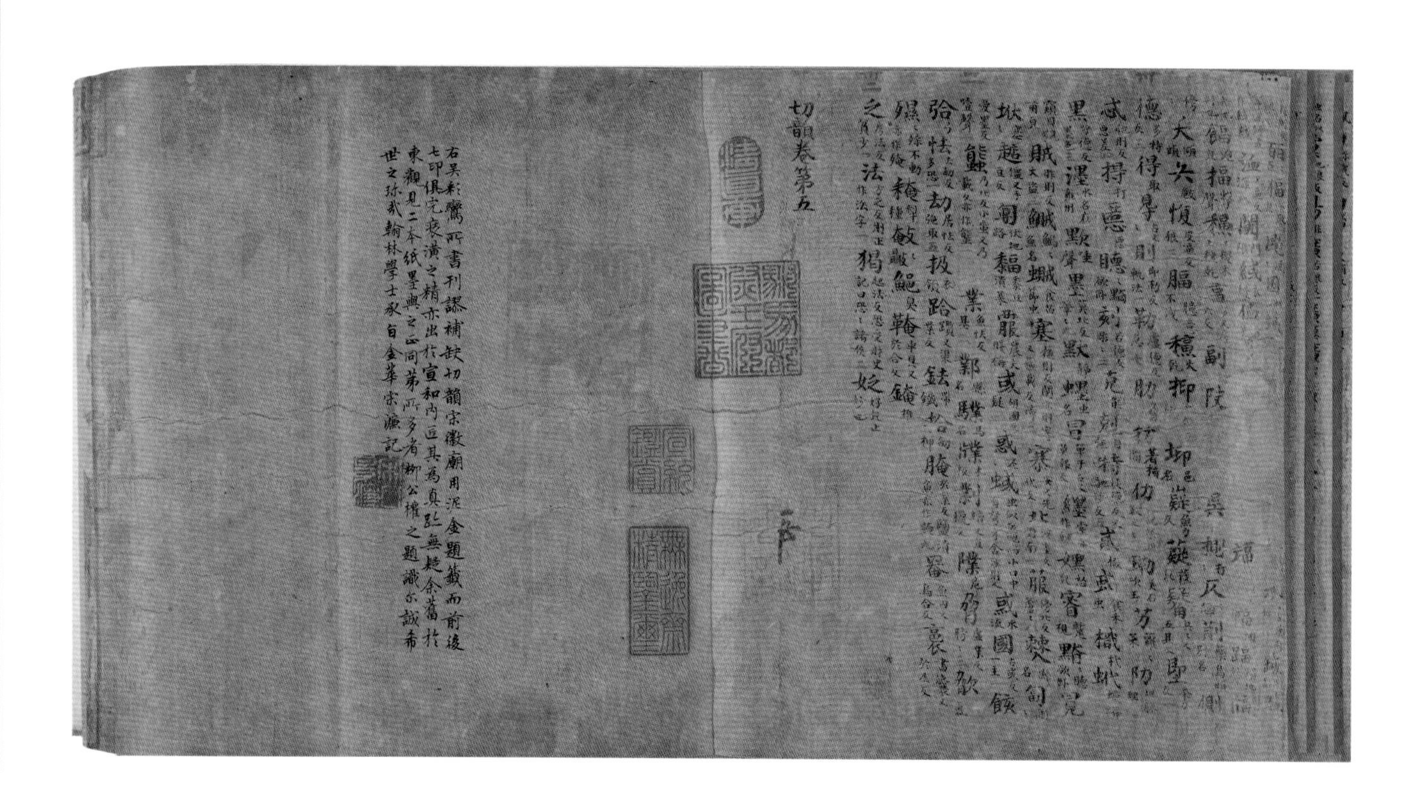

061

《夏热帖》卷

作者　杨凝式
年代　五代
质地　纸本
尺寸　纵 23.8 厘米　横 33 厘米
收藏单位　故宫博物院

杨凝式，字景度，陕西华阴人。其书法遒放，宗师欧阳询、颜真卿，笔势奇逸。

《夏热帖》是杨凝式写的一封信札。内容大致是，因天气炎热，送给僧人消夏饮料“酥密水”表示问候。此帖是杨凝式少见的传世草书作品，体势雄奇险崛，运笔爽利挺拔，为杨凝式书法代表作品之一。曾入清内府，贮于养心殿。

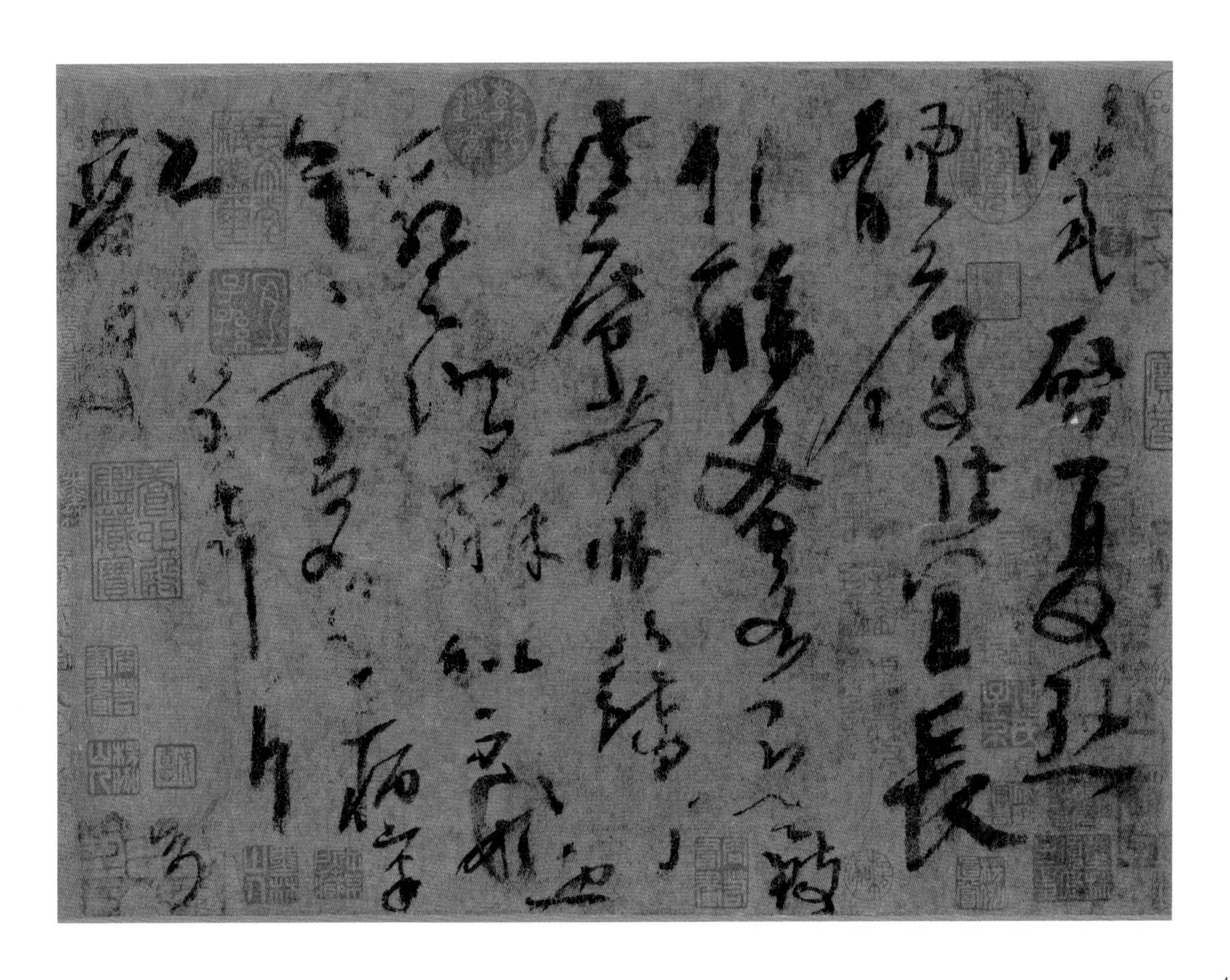

062

《古今译经图纪》卷

作者 佚名
年代 宋
质地 纸本
尺寸 纵 22.6 厘米 横 745.5 厘米
收藏单位 故宫博物院

唐太宗敕令于大慈恩寺翻经堂内壁描绘“古今译经图变”，后将该图做成画卷，当时玄奘的笔受者靖迈在画上记载自后汉迦叶摩腾至唐玄奘之间共 117 人之小传与所译经论，此即《古今译经图纪》，共四卷。本幅无名款，据书法风格和纸张分析，应为宋人所写。楷法端严，行气贯通，章法严谨。曾入乾隆内府，贮于乾清宫，《秘殿珠林》初编著录。

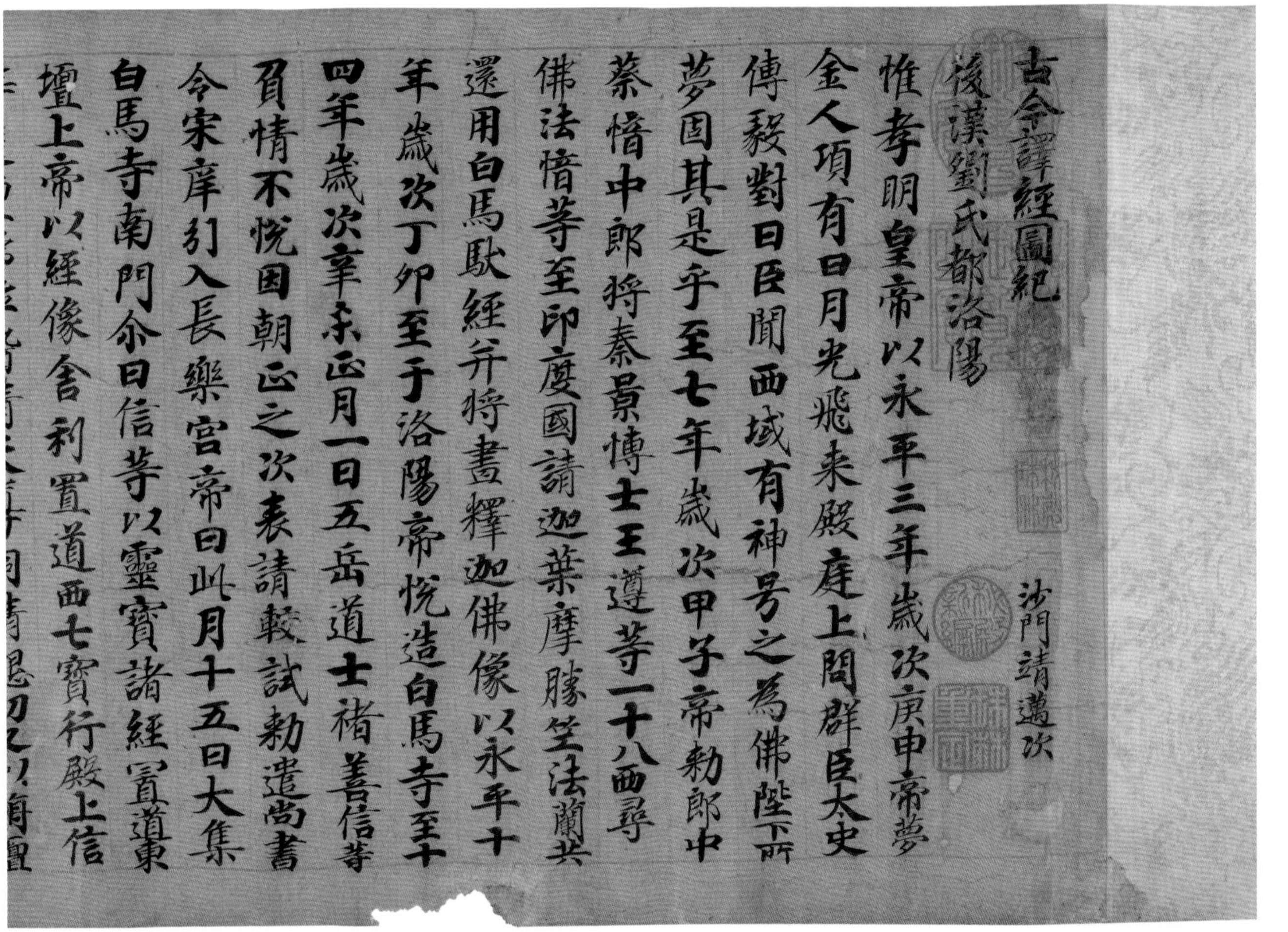

古今譯經圖紀

後漢劉氏都洛陽

沙門靖邁次

惟孝明皇帝以永平三年歲次庚申帝夢
金人項有日月光飛來殿庭上問群臣太史
傅毅對曰臣聞西域有神号之為佛陛下所
夢因其是乎至七年歲次甲子帝勅郎中
蔡愔中郎將秦景博士王遵等一十八西尋
佛法愔等至印度國請迦葉摩騰竺法蘭共
還用白馬䭾經并將畫釋迦佛像以永平十
年歲次丁卯至于洛陽帝悅造白馬寺至十
四年歲次辛未正月一日五岳道士褚善信等
負情不悅因朝正之次表請較試勅遣尚書
令宋庠引入長樂宮帝曰此月十五日大集
白馬寺南門尒日信等以靈寶諸經置道東
壇上帝以經像舍利置道西七寶行殿上信

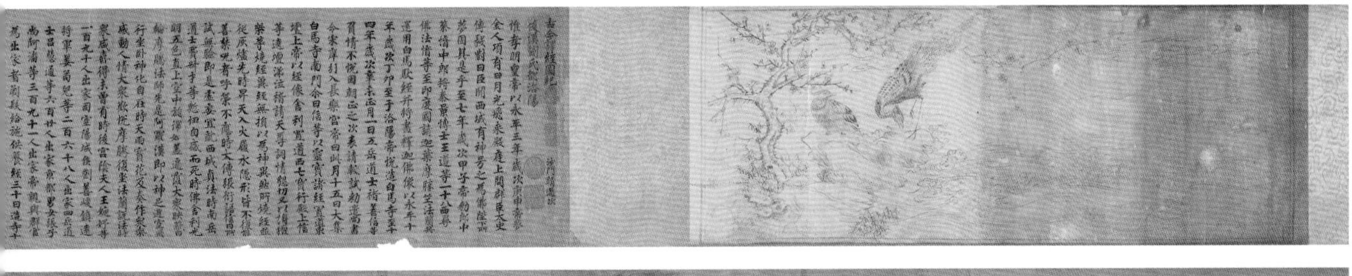

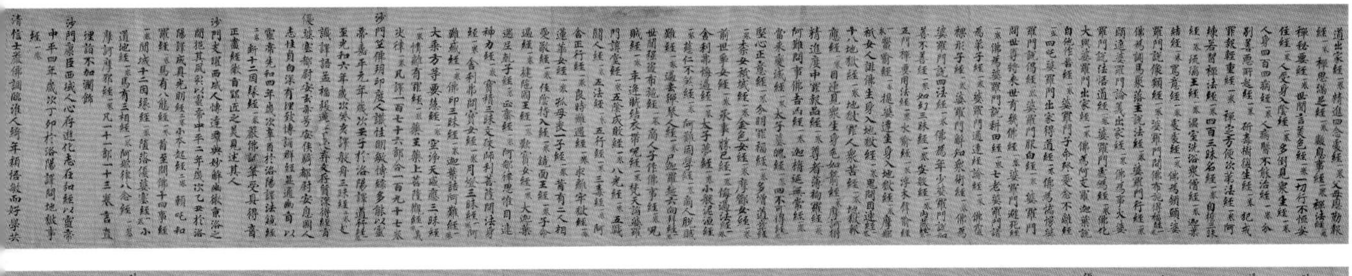

063

《自书诗》卷

作者　林逋
年代　宋
质地　纸本
尺寸　纵 32 厘米　横 302.6 厘米
收藏单位　故宫博物院

林逋，字君复，杭州钱塘（今浙江杭州）人。北宋诗人。擅诗文书画，又酷爱梅花、仙鹤，有“梅妻鹤子”之故事，世称“林和靖”。

此卷是林逋归隐西湖孤山时所作，写于宋仁宗天圣元年（1023），其书体瘦劲、秀逸、笔法厚重，后有苏轼书七言古诗一首，两段名人书法相映生辉，珠联璧合。曾入乾隆内府，贮于宁寿宫。

制誥李舍人以松扇二柄
并詩為遺次來韻
編松為蓮寄山中 無得
此激詩一通入手涼生殊自
屬可傾長聽隱居風
孤山雪中寫望
片山兼水遶 晴雪復漫漫
一逕何人到 中林盡
日看 遠分樵載重 斜（昨蓋切）
壓葦叢乾 樓閣蔽城

空階重疊上垣衣 白晝初
長社鶯歸 蒔畫海棠人
臥病春風時 漫動齋扉
殿直丁君自沂 適闕賦毋
惠顧聆語未發 因以拙詩
為索 病中援筆勉書
數章上塞
好事之意耳 時
皇上登寶位歲夏五月
孤山北齋手書林逋記

好春重至西湖曲 不愛山青與水綠 所
愛別館也林家 步步遠塵樹樹玉 讀云
處士今在否 我知斯人未免俗 新句先
生遺墨妙 日觀不厭繼以燭 五詩神合
暗香句 清峭雄渾無不足 宜令東坡抒
下風 健筆藏鋒詎豐肉 焉逃死後良史
無 峯色湖光皆實錄 即景合辭詠雙
絕 和吟堂謝已人曲 兩賢同傳社而祭
佳 叢祠倚松妙所惜 潛亦箇中人 念
祇享柴桑菊
乾隆丁丑二月望日題 即用卷中蘇軾
書後原韻 御筆

書和靖林處士詩後 蘇軾
吳儂生長湖山曲 呼吸湖光飲山

世言林和靖先生字不如詩 詩不如人 然觀
此卷亦自瘦勁有法 杜襄詩謂云書貴瘦
硬方通神 豈先生謂耶 世人貴耳 若無坡
翁詩 此卷當無以重價售者 第藉長公去
先生時代無幾 為長歌題其卷後 推重
至此 吾輩固當以坡翁語重之 並其本而
並其本耶 若題詩則又是其生平合作 愈見
渭君復多幸識然
丁亥春二月望
郡王世書于奉常齋中

金錯刀書狀蜿曲 璁瓏錦贉古色絲是謹
遺蹟乃驚人 林句蘇和兩珠玉 世間書卷
豈不多 半屬偽為半荏似 通清坡健此聯
珍煥覺紅光壓梁燭 携來印境證精神 三
度賡吟意未足 論帖早已包康腩 說偈亦
殊燒豬肉兩翁 出處縱殊致 一段高風有
史錄 佳湖山愛細芳蹤 異代同時通款曲
誰謂兩翁真往哉 後人常擬祠前竹
古歡粹如生鄰 矣長生學服蜀
乙酉暮春月御題三用蘇軾韻

不到西湖十五載 物景民情在心曲 重來情景
未殊前 祇覺鬢霜異綠柔 閒試步孤山陰 一
泓碧水漫群玉 其間知有處士墳 合神道碑已
絕俗 依然梅樹護墓門 千秋地下安添燭 樂飢
樂道趣有餘 廿年城市不及足 向題三詩和蘇
韻 真蹟不厭錦蠹肉 繼得二札仍疊吟 更識沈
作先我錄 携來展冊相印證 朗潤那藉招隱曲
緋細事晌命歸與 揮塵跡動清風竹 竹風拂徑
菜花黃雜弗紫桑 亦題菊
庚子暮春月御題四用蘇軾韻

史稱林逋力學好古 結廬西湖之孤山
二十年足不及城市 真宗聞其名 賜粟

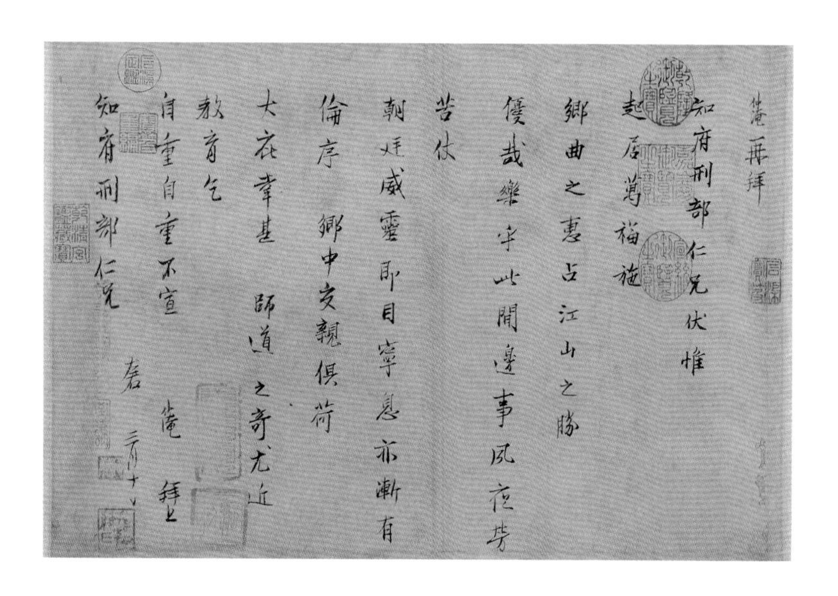

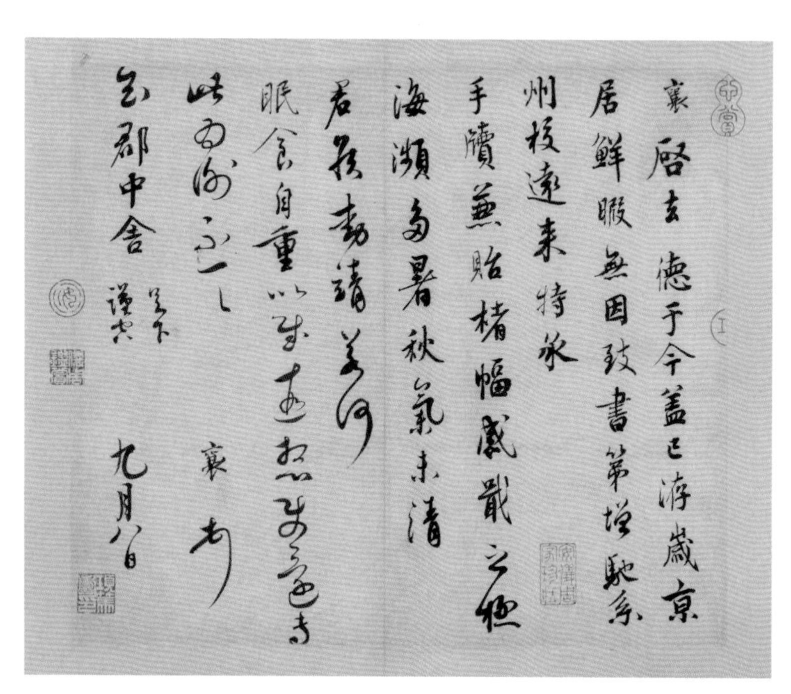

064

《边事帖》卷

作者　范仲淹
年代　宋
质地　纸本
尺寸　纵 32 厘米　横 39 厘米
收藏单位　故宫博物院

范仲淹，字希文，苏州吴县（今江苏苏州）人。中国古代杰出的政治家、军事家，在文学、书法方面亦有极高造诣。

此帖是庆历三年（1043）范仲淹在陕西招讨使任上写给苏州知府富严的，其中言及西北边事，具有很高的史料价值。全篇小行书清劲严整，瘦硬方正，风神独具。范氏墨迹传世极少，此帖尤为可贵。曾入乾隆内府，贮于乾清宫。

065

《京居帖》页

作者　蔡襄
年代　宋
质地　纸本
尺寸　纵 27.2 厘米　横 32 厘米
收藏单位　故宫博物院

蔡襄，字君谟，兴化仙游（今属福建）人。擅诗文，书法在当时享有很高的声誉，被推为本朝第一，与苏轼、黄庭坚、米芾并称“宋四家”。

此帖书法清健圆润，约为蔡襄 40 余岁所作，为蔡氏行楷书代表作。此帖作为蔡氏自书诗札册之一，曾被收入乾隆内府，著录于《石渠宝笈》三编，贮于延春阁。

066

《山堂帖》页

作者　蔡襄
年代　宋
质地　纸本
尺寸　纵 24.8 厘米　横 26.7 厘米
收藏单位　故宫博物院

帖中二诗分别作于治平三年（1066）三月十二日、十三日，书于同月十五日，蔡氏时年55岁，是极晚年之作。书法圆润，但仍未离颜真卿法派。曾入乾隆内府，著录于《石渠宝笈》三编，贮于延春阁。

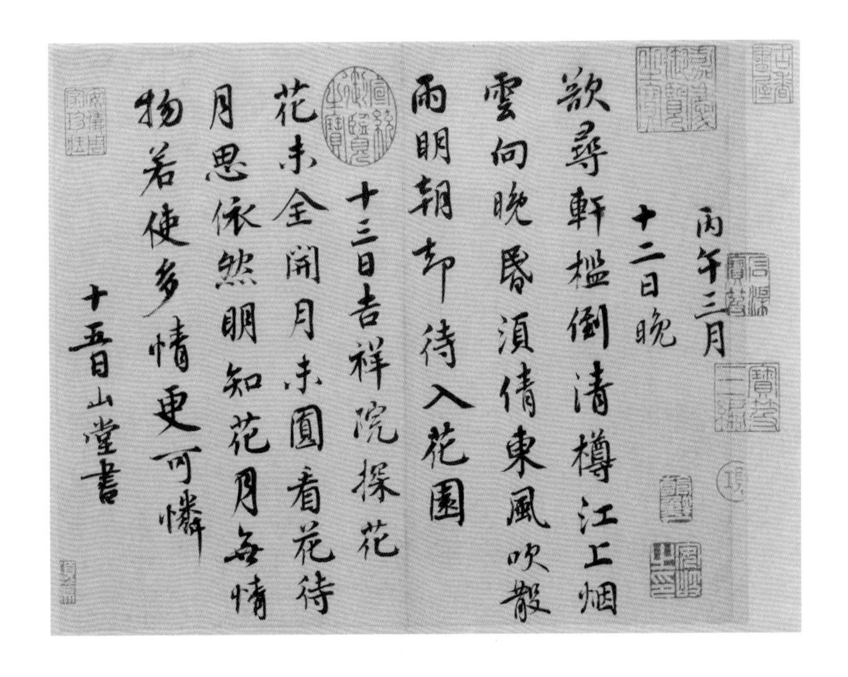

067

《治平帖》卷

作者　苏轼
年代　宋
质地　纸本
尺寸　纵 29.2 厘米　横 45.2 厘米
收藏单位　故宫博物院

苏轼，字子瞻，号东坡居士，眉山（今属四川）人。北宋文学家，“唐宋八大家”之一。与父洵、弟辙合称“三苏”。擅长行书、楷书，与黄庭坚、米芾、蔡襄并称“宋四家”。

此帖是苏轼书写的信札，内容主要是委托乡僧照管坟茔之事，当是苏轼于北宋熙宁年间在京师时所作，时年30余岁。该帖笔法精细，字体遒媚，正如赵孟頫所称“字画风流韵胜”。

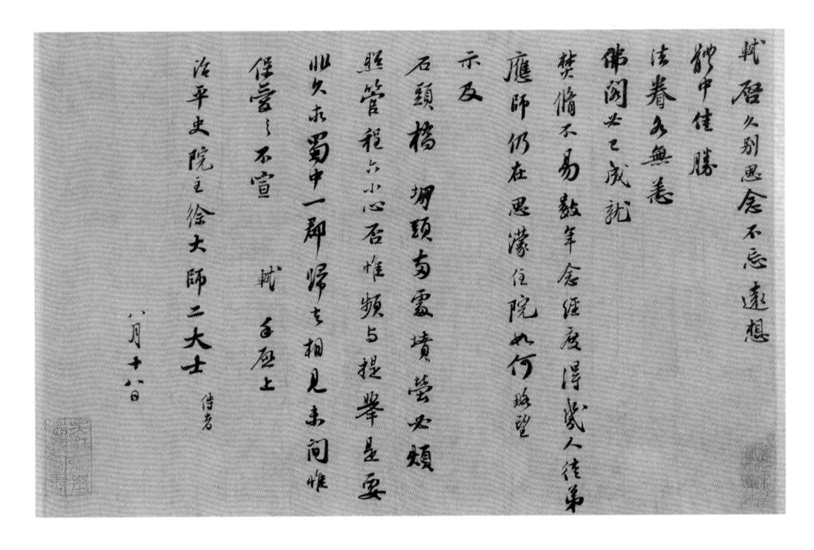

068

《人来得书帖》卷

作者　苏轼
年代　宋
质地　纸本
尺寸　纵 29.5 厘米　横 45.1 厘米
收藏单位　故宫博物院

此帖是苏轼为陈慥的哥哥伯诚之死而写给陈慥的慰问信。虽为书札，但下笔自然流畅，劲媚秀逸，笔笔交代分明，精心用意，是苏轼由早年书步入中年书的佳作。

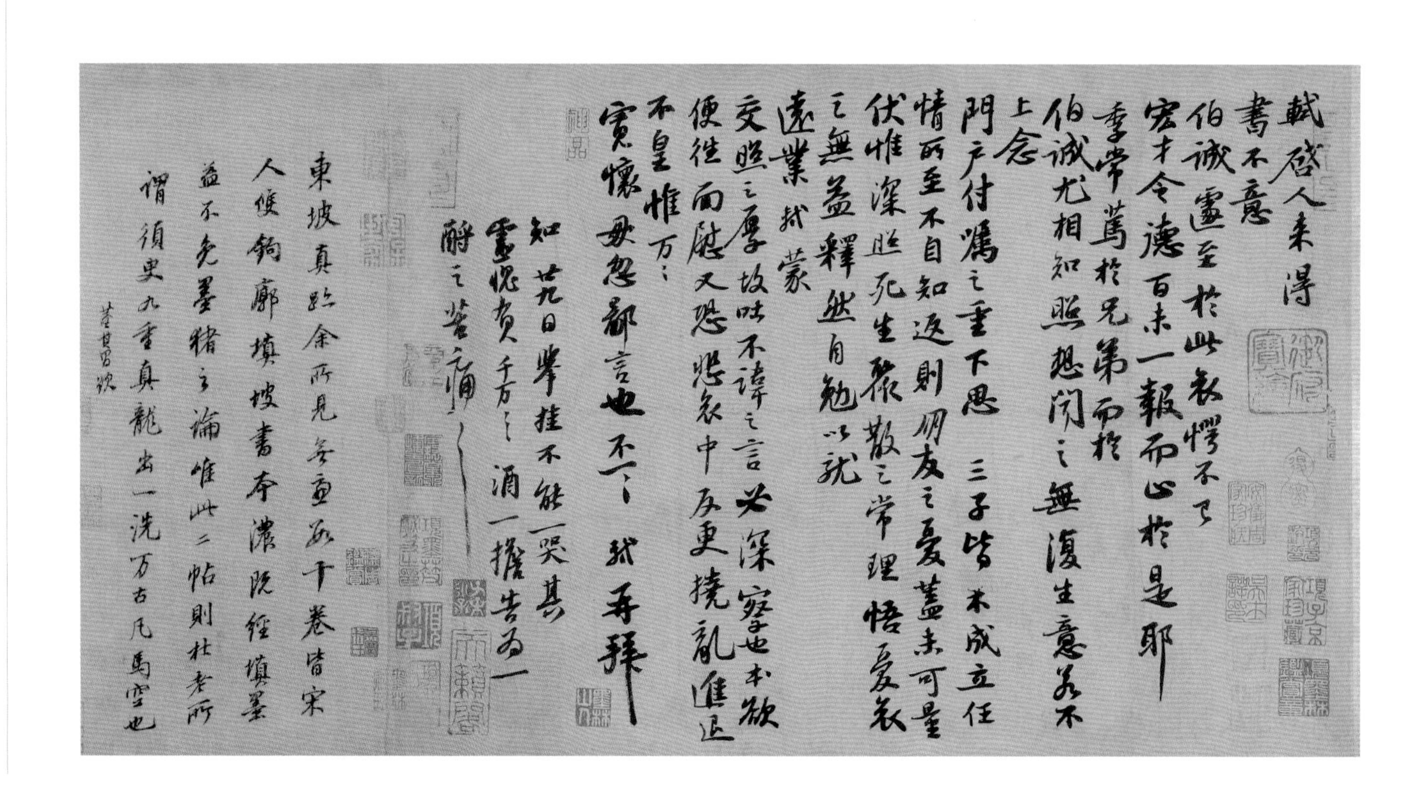

069

《惟清道人帖》页

作者　黄庭坚
年代　宋
质地　纸本
尺寸　纵 29.3 厘米　横 31.8 厘米
收藏单位　故宫博物院

黄庭坚，字鲁直，号山谷道人，又号涪翁，洪州分宁（今江西修水）人。以擅长书法著称，其楷体字势开张，笔力刚劲；草体盘曲回旋，变化无方，被誉为“宋四家”之一。

此帖记录了惟清道人的操行品质及其与张商英（天觉）的交往。行间宽绰而字间紧密，笔画多取横势，结体欹侧，左低右高，有峭拔之态，充分体现了黄庭坚小行书的特点，为其代表作品。此帖为清宫旧藏，曾收入《法书大观册》。

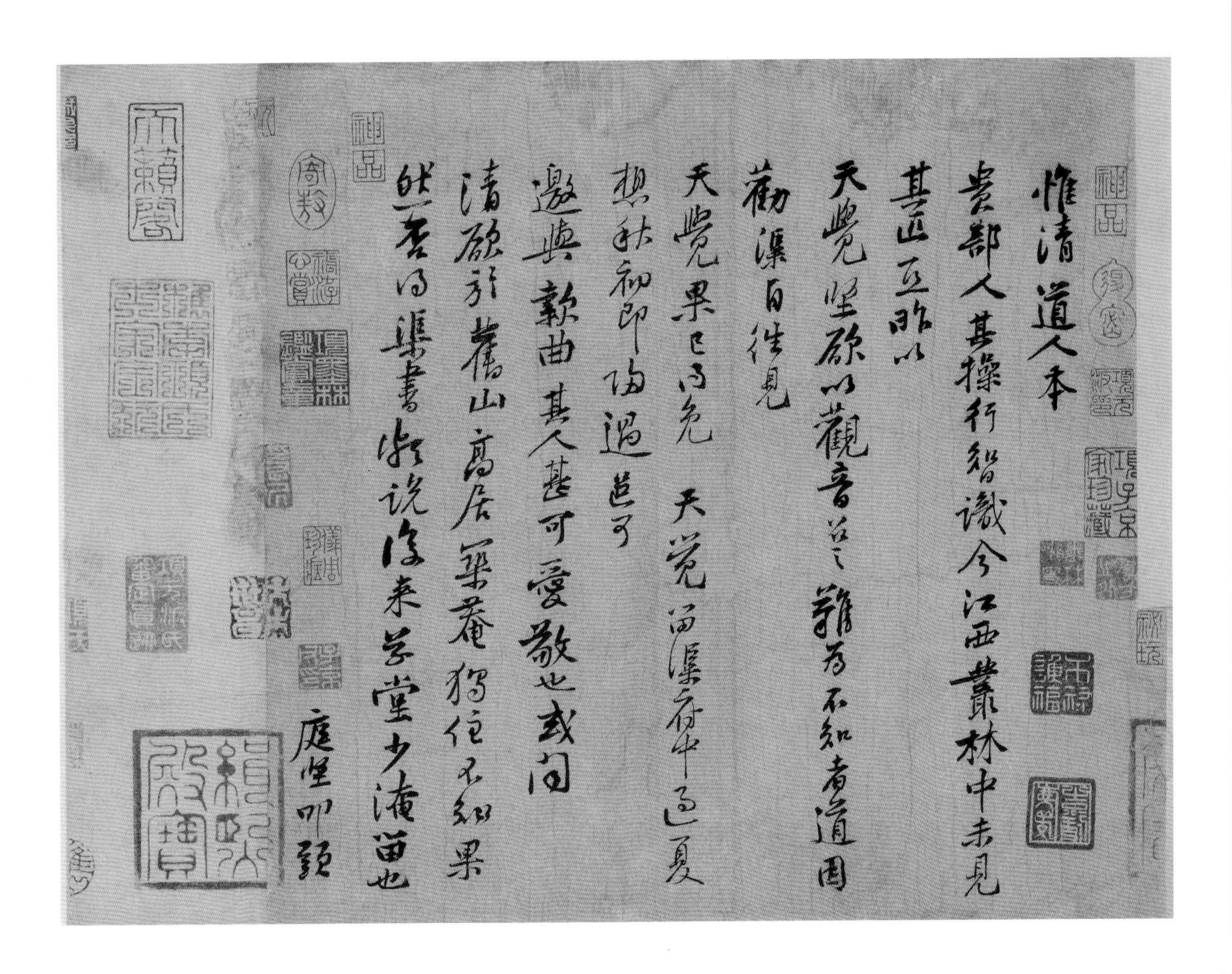

070

《诸上座帖》卷

作者　黄庭坚
年代　宋
质地　纸本
尺寸　纵 33 厘米　横 729.5 厘米
收藏单位　故宫博物院

《诸上座帖》是黄庭坚为友人李任道所录写的五代金陵僧人文益的《语录》。此帖笔意纵横，气势苍浑雄伟，字法奇宕，如马脱缰，显示出作者悬腕摄锋运笔的高超书艺。清初藏孙承泽砚山斋，后归王鸿绪，乾隆时收入内府，贮于御书房。

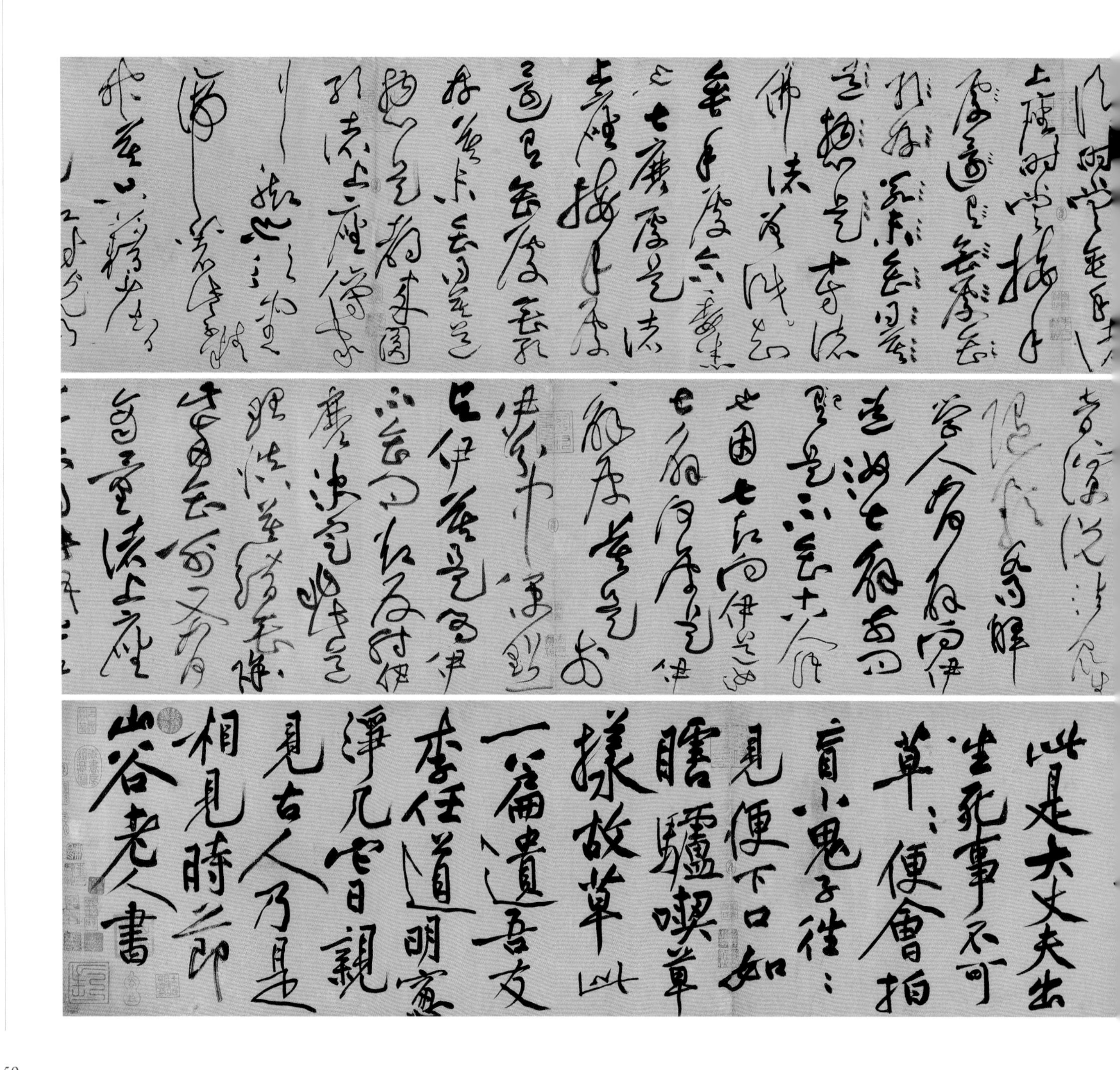

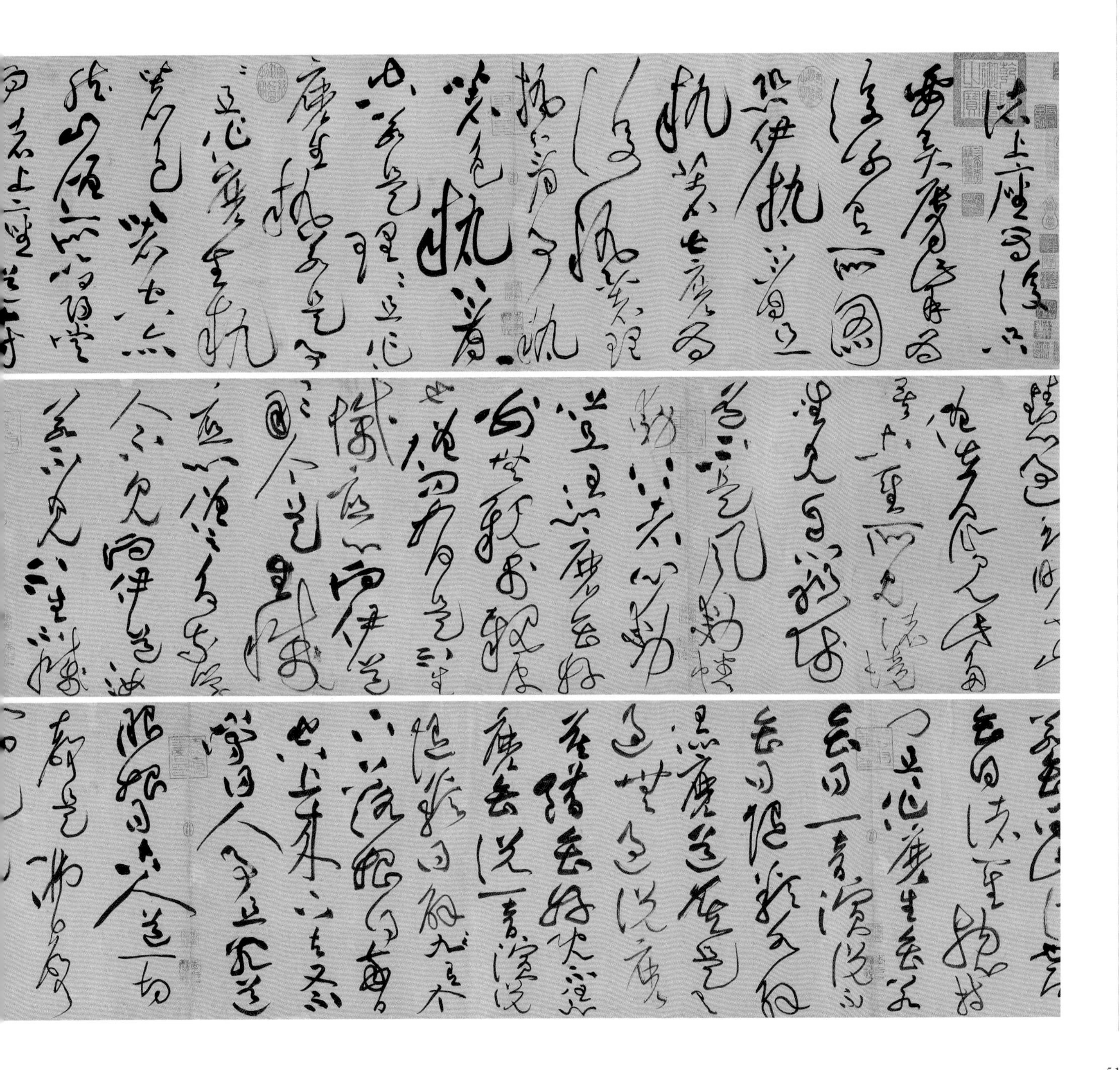

071

《自书诗》卷

作者　王诜
年代　宋
质地　纸本
尺寸　纵 31.3 厘米　横 271.9 厘米
收藏单位　故宫博物院

王诜，字晋卿，山西太原人。工诗文，长于书画，尤擅山水，师法李成。

本卷分三段，首段记述了作者在去清颍途中受阻，与韩维（持国）、范镇（景仁）于西湖泛舟之事；中段与末段分别为三公在颍昌湖上诗作及王诜和蝶恋花词一阙。应书于北宋元祐元年（1086）。该卷下笔痛快淋漓，结体紧实，笔多横放，锋芒毕露，独具风貌。曾入乾隆内府，贮于淳化轩。

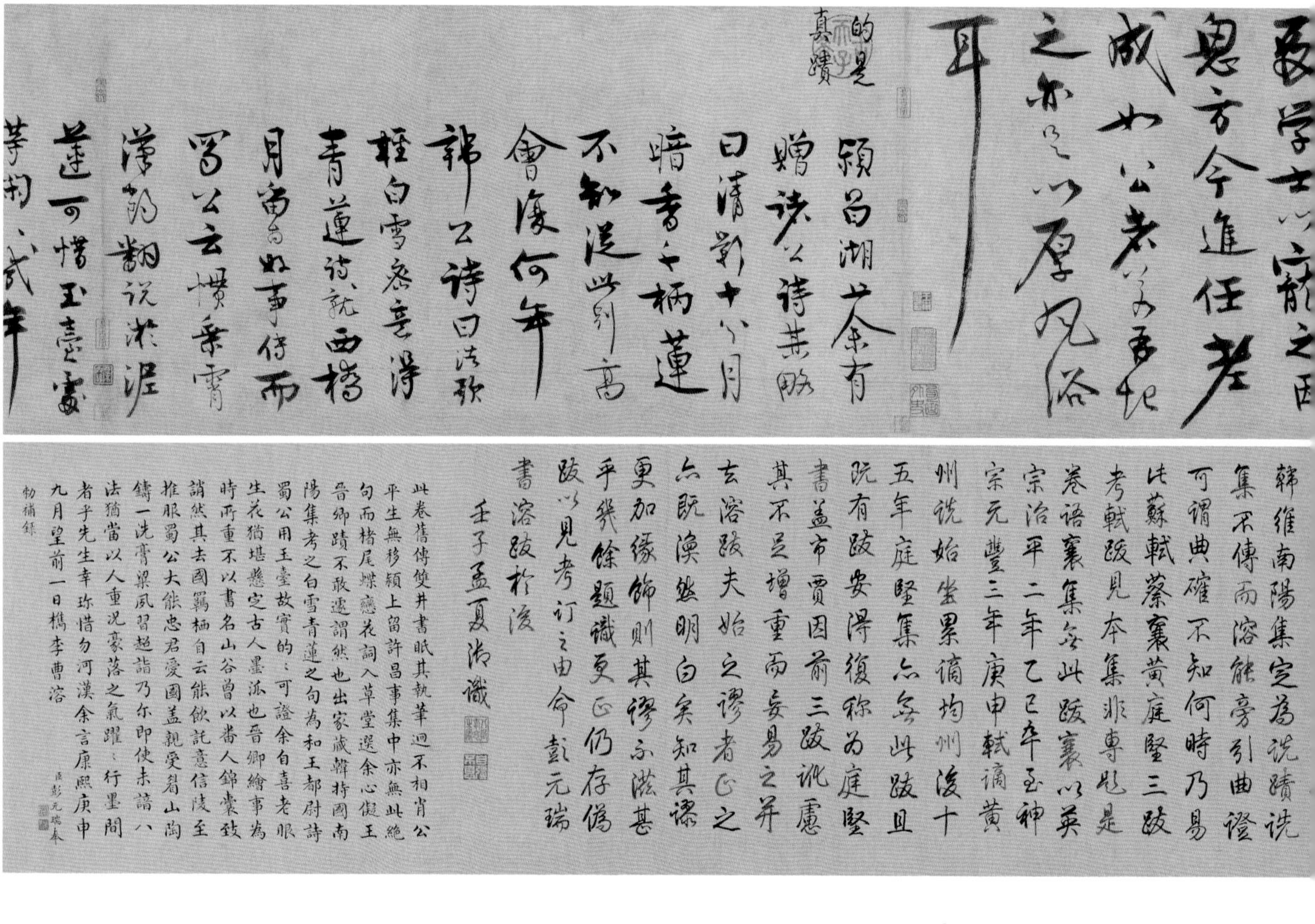

余前年思歸清潁
道出許昌謁潞公
由西湖之別館赴武
一月常與韓持國
范景仁泛舟當絲使人
頓忘去國流離之
恨也韓公溫潤
厚風度高雅固已
可愛范公雖老而
精神不衰議論
純正白須紅面動靜
醞酣時余有所賦
詠公即取紅蓮箋
命筆書初不經思
佳辭麗句須刻而
成坐客莫不驚歎也

莫可惜玉壺空
等閑、等閑過年
蓋公不喜釋氏
故有是句云耳
一笑也
小雨初晴回晚照金翠
樓臺倒影芙蓉沼楊
柳垂垂風裊裊嫩荷無
數青鈿小似此園林無限
好流落歸來到了心
情少坐到黃昏人悄悄
更應添得朱顏老
右蝶戀花
余舊不飲酒近年稍能飲
亦多醉中所作耳

王詵自書詩詞筆勢豪健
宋紙精潔雖無名款爲真

072

《拜中岳命诗帖》卷

作者　米芾
年代　宋
质地　纸本
尺寸　纵 29.3 厘米　横 53 厘米
收藏单位　故宫博物院

米芾，字元章，号鹿门居士、襄阳漫士、海岳外史，宋徽宗时任书画学博士，人称“米南宫”。书法初宗“二王”、颜真卿，后博采众长，自成一家。为宋代“尚意”书风的代表书家，与蔡襄、苏轼、黄庭坚并称“宋四家”。

此帖用笔变化多端，结体欹侧多姿，具真率自然之趣，人书俱老，可称米氏代表作。曾入乾隆内府，贮于养心殿。

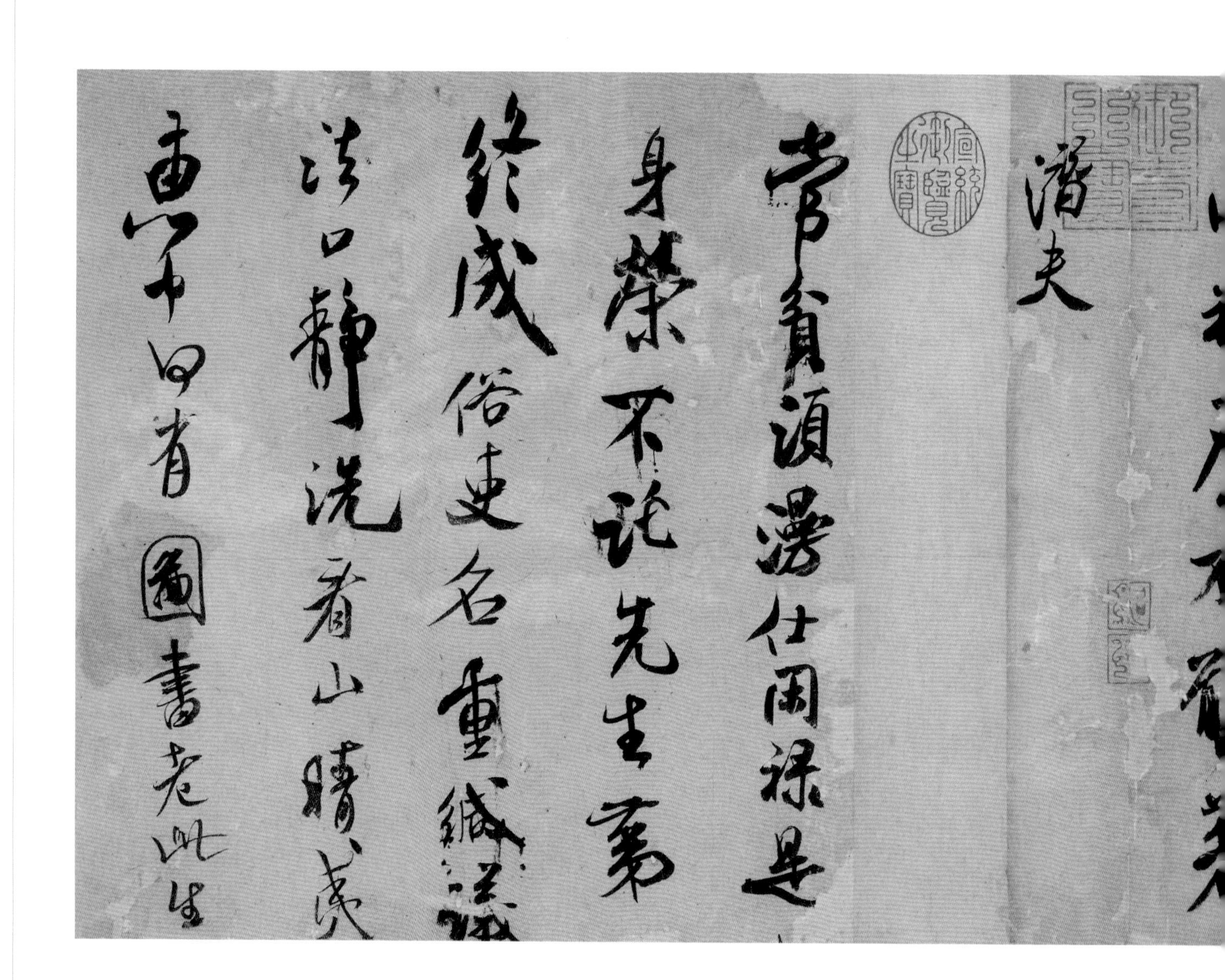

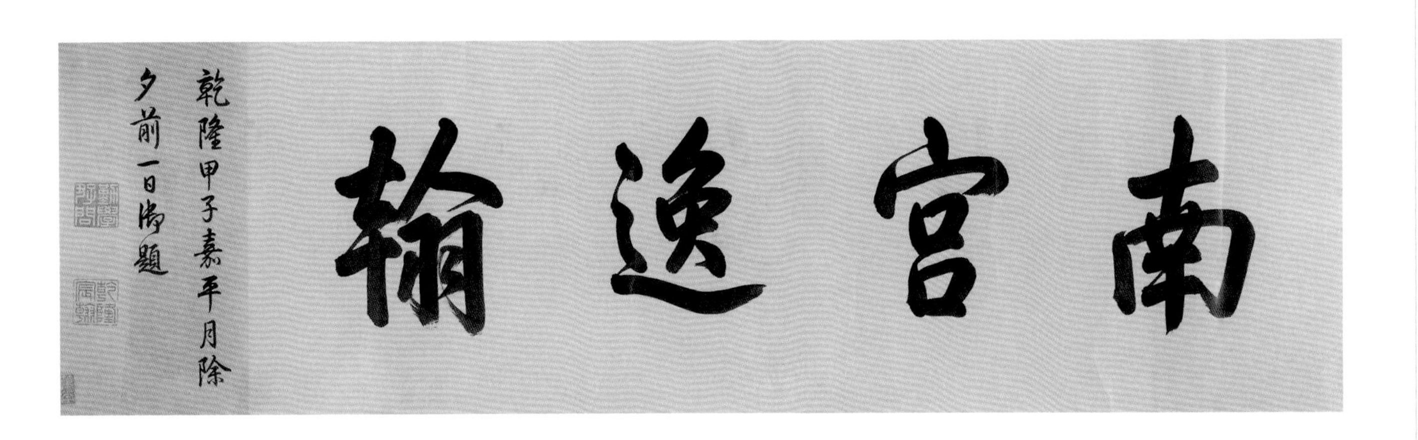
南宮逸翰
乾隆甲子嘉平月除夕前一日御題

拜中岳命作
芾
雲水心常結塵風
面久盧重尋釣
鼇客初入選仙
圖鼠雀真官耗
龍虵与衆俱却懷

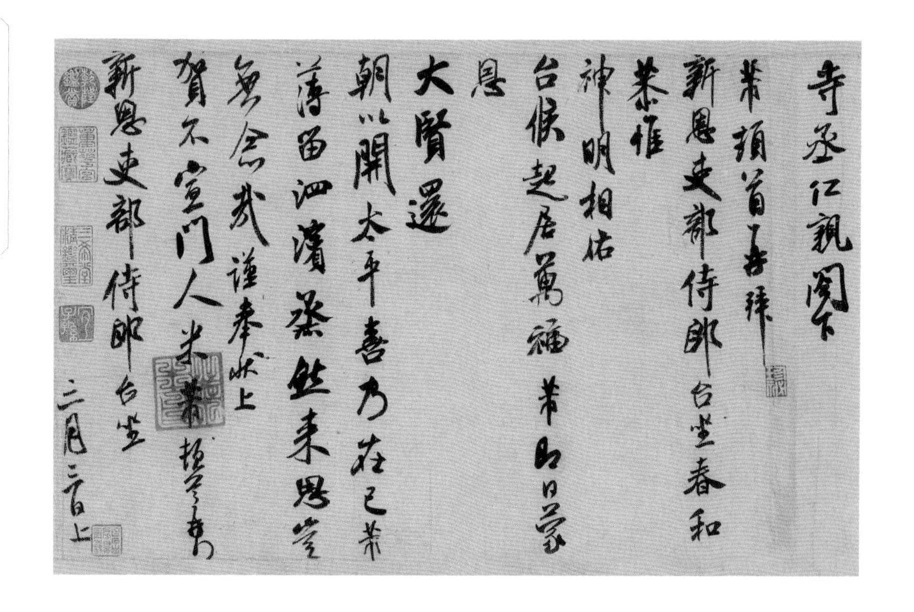

073

《新恩帖》页

作者 米芾
年代 宋
质地 纸本
尺寸 纵 33.3 厘米 横 48.5 厘米
收藏单位 故宫博物院

此帖是给一位新任吏部侍郎的贺信，系米芾 50 岁后的晚期作品，神完气足，炉火纯青，个人风格已十分成熟。曾入乾隆内府，《石渠宝笈》续编著录，贮于重华宫。

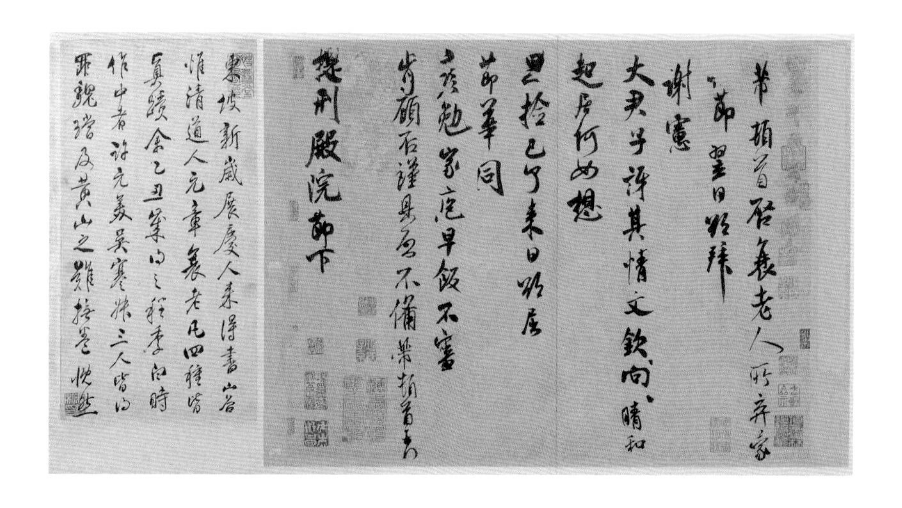

074

《衰老帖》页

作者 米芾
年代 宋
质地 纸本
尺寸 纵 34.5 厘米 横 45.6 厘米
收藏单位 故宫博物院

此帖用笔顿挫分明，布局攲斜正侧，顺乎自然，佐以侧锋，整幅书法沉着而不滞，娴熟而不俗，超迈飞动，意气横出。

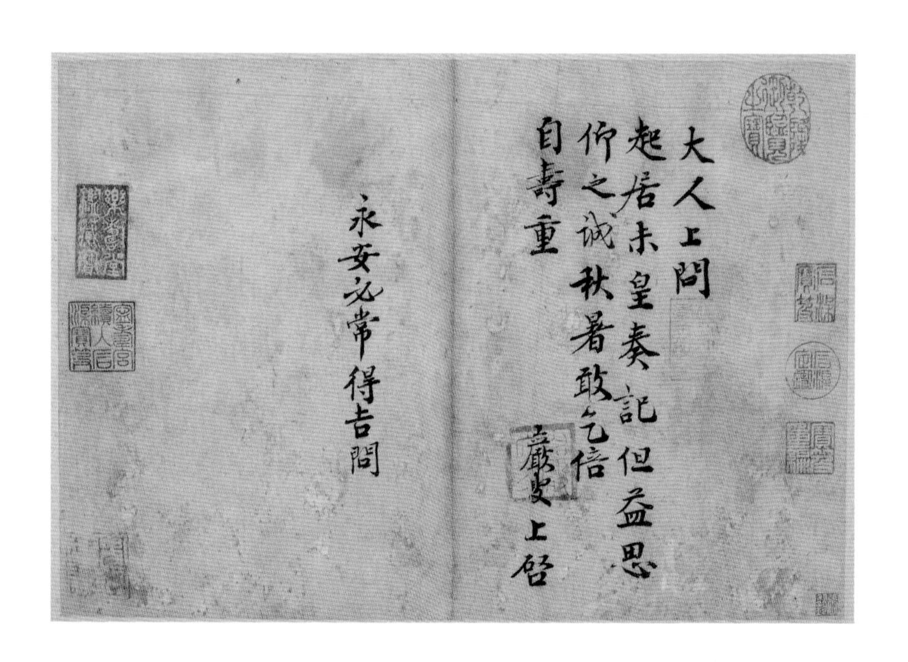

075

《大人上问帖》页

作者 王岩叟
年代 宋
质地 纸本
尺寸 纵 26 厘米 横 38.2 厘米
收藏单位 故宫博物院

王岩叟，字彦霖，大名清平（今山东临清）人。一生才华横溢，政绩卓著。为人做事高风亮节，为世人称道。论著颇多，工书法，正书遒劲浑厚。

此帖楷法严整，丰厚端稳，骨力洞达，又不失生动气韵，堪称佳作。曾入乾隆内府，《石渠宝笈》续编著录，贮于宁寿宫。

076

《闰中秋月诗帖》页

作者　赵佶
年代　宋
质地　纸本
尺寸　纵 35 厘米　横 45.5 厘米
收藏单位　故宫博物院

赵佶，即宋徽宗，北宋皇帝、书画家。在位时广收历代文物、书画，极一时之盛，亲自主持翰林图画院，编辑《宣和书谱》、《宣和画谱》。能书善画，自创书法“瘦金体”。

此帖为宋徽宗自书《闰中秋月》七律一首，用笔劲健挺拔而又不失妩媚，笔画如游丝行空、缠绵飘逸。曾作为《宋元宝翰》册中的一幅收录于《石渠宝笈》初编，贮于养心殿。

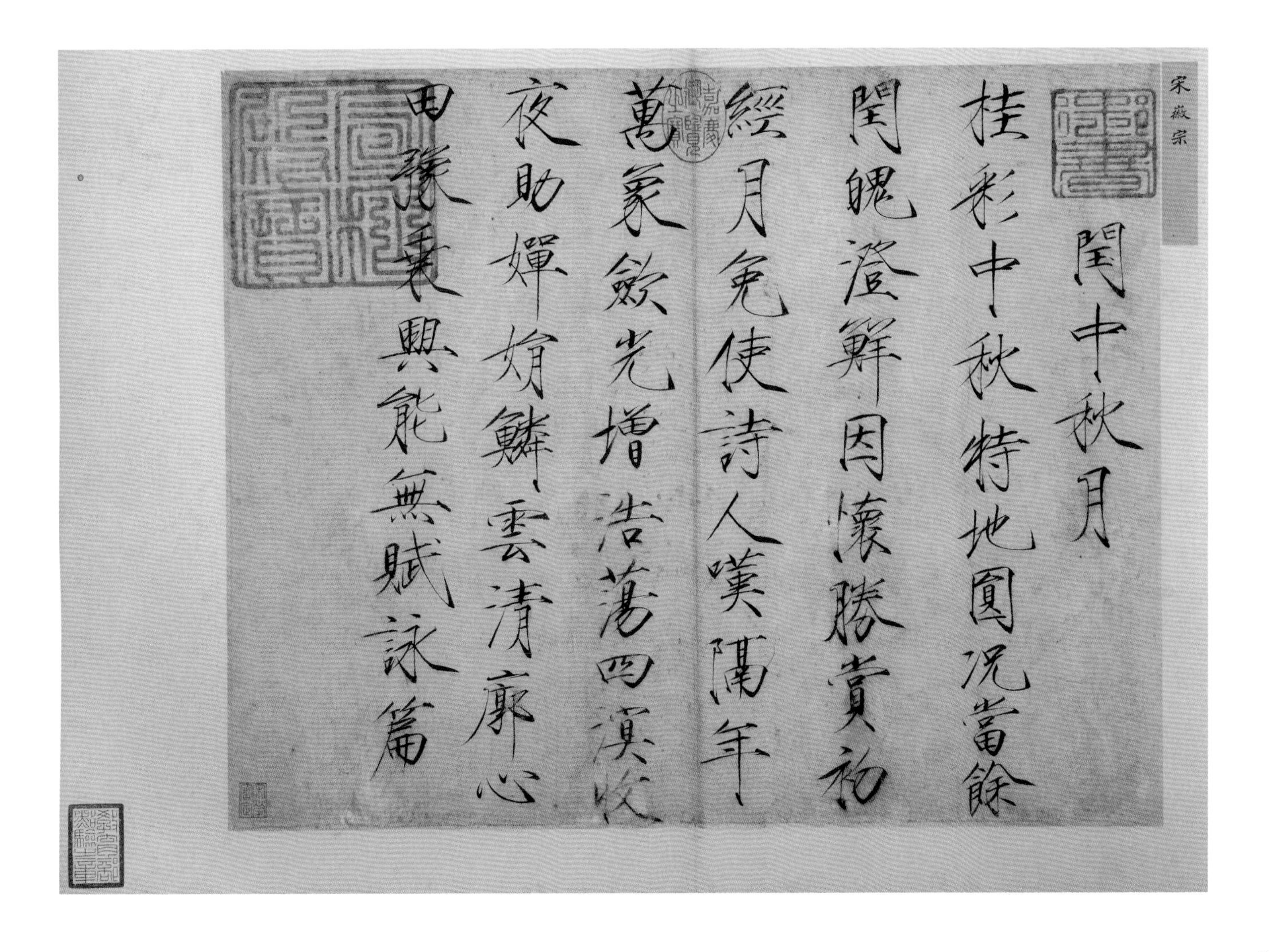

077

《怀成都十韵诗》卷

作者 陆游
年代 宋
质地 纸本
尺寸 纵 34.6 厘米 横 82.4 厘米
收藏单位 故宫博物院

陆游，字务观，号放翁，越州山阴（今浙江绍兴）人。南宋伟大的爱国主义诗人，亦擅书法，笔姿瘦硬清新，风格独具。然为诗名所掩，知之者稀。

此卷为陆游晚年为其友人手录旧日所作七言古诗一首，内容描写作者 50 岁左右在成都做官时的生活景况。格调豪放跌宕，书风亦瘦硬通神，可谓词翰双美。曾入乾隆内府，贮于御书房。

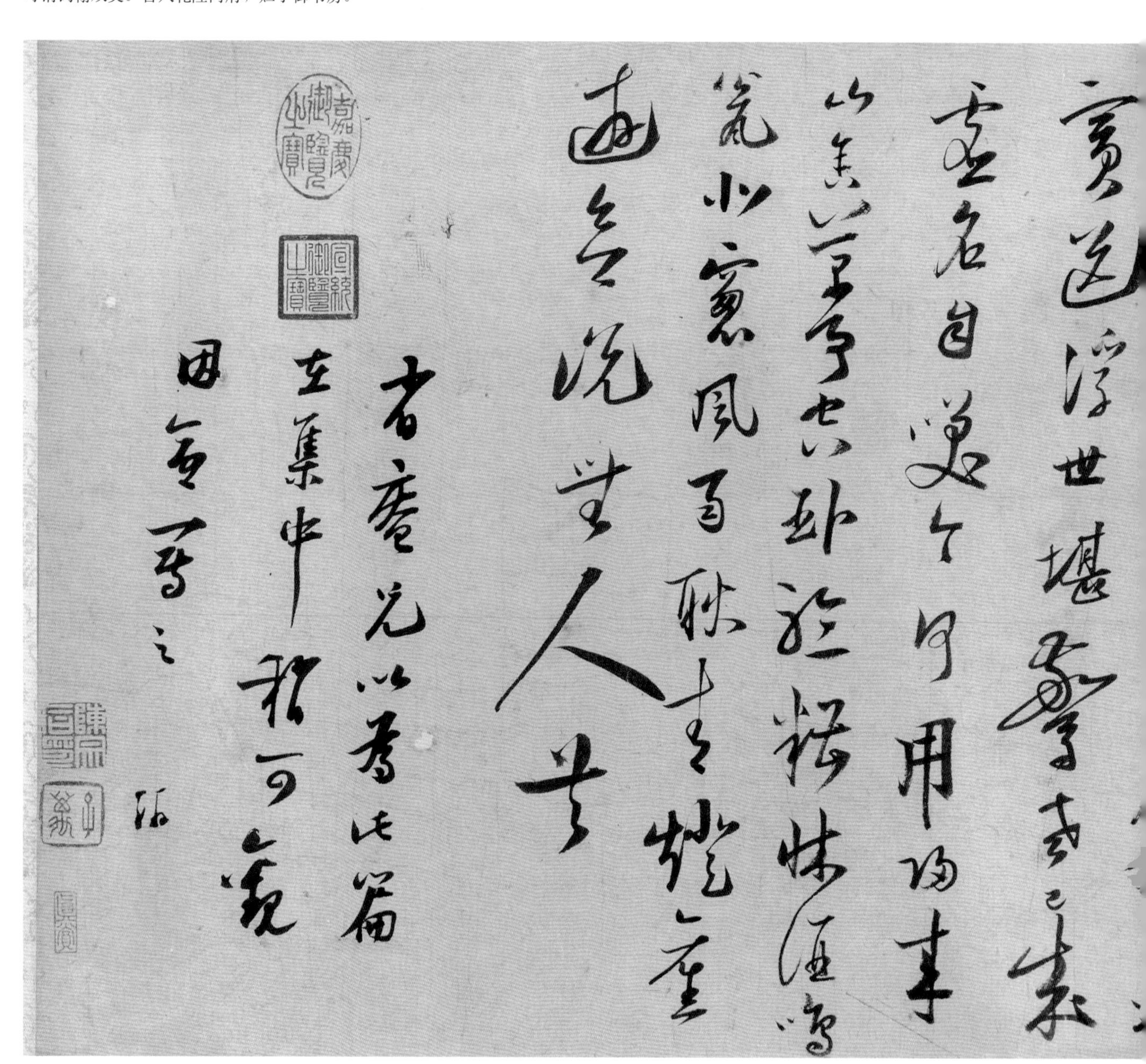

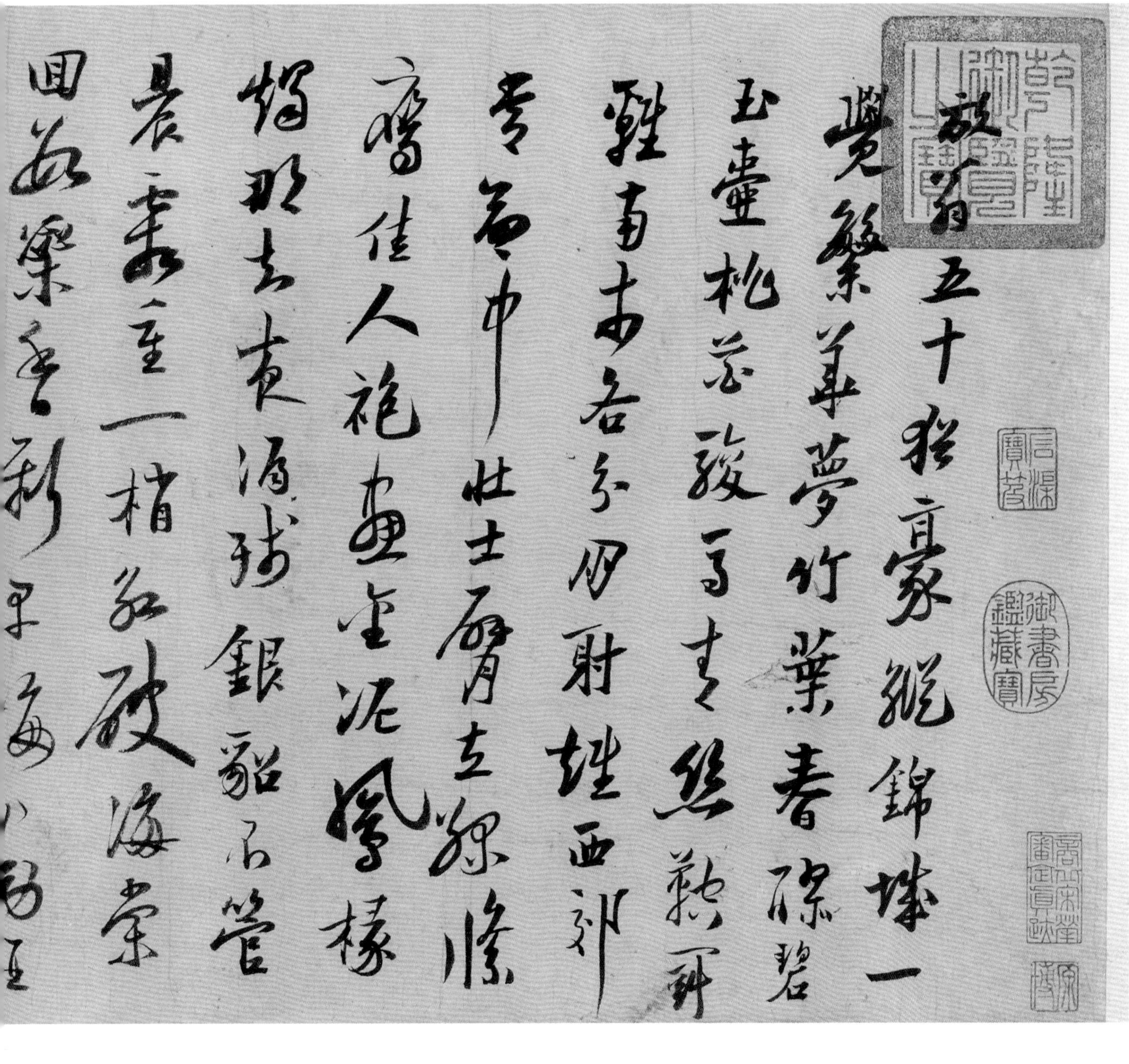

078

《城南唱和诗》卷

作者　朱熹
年代　宋
质地　纸本
尺寸　纵 31.5 厘米　横 275.5 厘米
收藏单位　故宫博物院

朱熹，字元晦，号晦庵，人称考亭先生，徽州婺源（今江西上饶）人。南宋著名的理学家。工书，早年学钟繇，擅行草，尤擅小字，下笔沉着典雅。

此卷为朱熹早年书法，笔势迅疾，无意求工，而点画波磔无一不合书家规矩，韵度润逸，苍逸可喜，是朱熹书法代表作。为清宫旧藏，曾贮于延春阁。

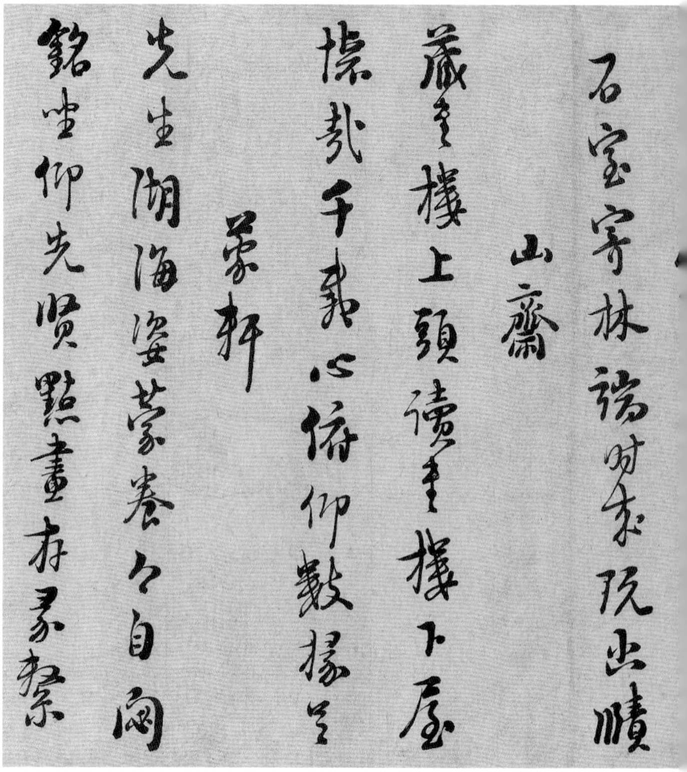

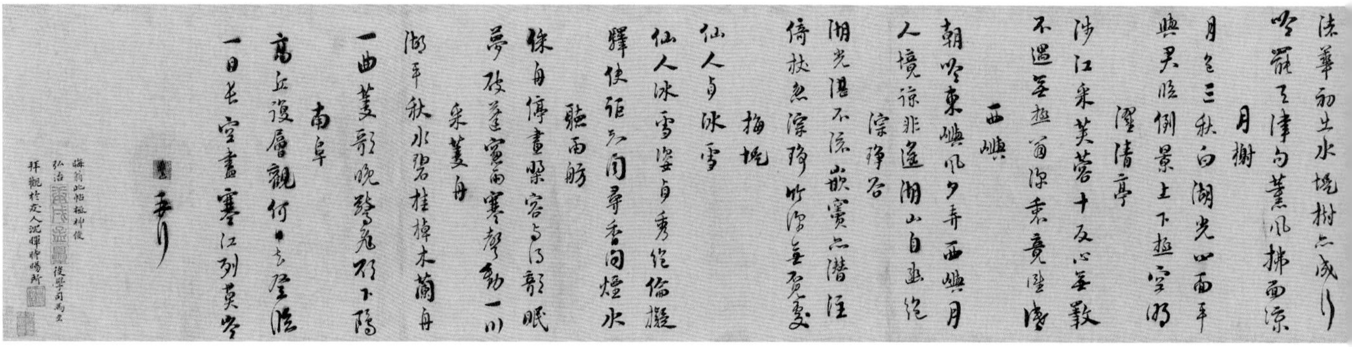

小山幽桂叢，歲莫藹佳色。花落洞庭波，秋風渺何極。

詠歸橋

綠漲平橋水，朱欄跨水橋。舞雩千載事，歷歷在今朝。

舡齋

考槃雖在陸，滉瀁水雲深。正尔滄洲趣，難忘魏闕心。

麗澤堂

堂後林陰密，堂前湖水深。感君懷我意，千里夢相尋。

蘭澗

光風浮碧澗，蘭杜日猗猗。竟歲無人采，含薰祇自知。

元晦夫子手蹟

奉同

敬夫兄城南之作

納湖

詩筒連畫卷，坐看復成吟。想象南湖水，秋來幾許深。

東渚

小山幽桂叢，歲莫藹佳色。花落洞庭波，秋風渺何極。

詠歸橋

綠漲平橋水，朱欄跨水橋。舞雩千載事，歷歷在今朝。

舡齋

考槃雖在陸，滉瀁水雲深。正尔滄洲趣，難忘魏闕心。

麗澤堂

堂後林陰密，堂前湖水深。感君懷我意，千里夢相尋。

蘭澗

光風浮碧澗，蘭杜日猗猗。竟歲無人采，含薰祇自知。

書樓

君家一編書，不自[illegible]上[illegible]。石室寄林端，時來玩幽賾。

山齋

藏書樓上頭，讀書樓下屋。懷哉千載心，俯仰數椽足。

蒙軒

先生湖海姿，蒙養今自閟。銘坐仰先賢，點畫存[illegible]。

石瀨

疏此竹下渠，漱彼澗中石。暮館[illegible]

079

《度人经》册

作者　张即之
年代　宋
质地　纸本
尺寸　纵 30.7 厘米　横 14.1 厘米　（每页）
收藏单位　故宫博物院

张即之，字温夫，号樗寮，南宋和州（今安徽和县）人。以擅书名世，书宗唐人，结体严谨，笔法险劲，对当时书坛影响很大。

《度人经》是道教经名，全称《太上洞玄灵宝无量度人上品妙经》，为南北道教中通行的主要经典。此册书法平正秀劲，纸墨精好，用笔秀颖。曾经《秘殿珠林》续编著录，贮于养心殿。

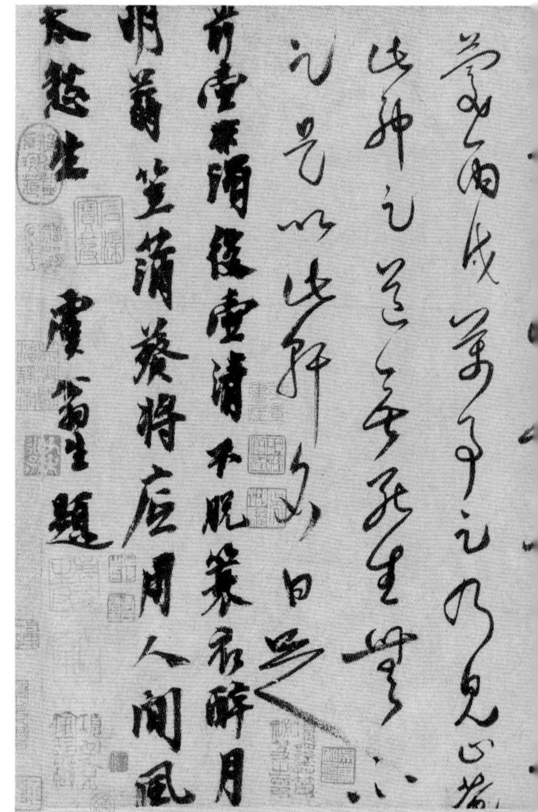

080

《足轩铭》卷

作者　葛长庚
年代　宋
质地　纸本
尺寸　纵 32.5 厘米　横 81.5 厘米
收藏单位　故宫博物院

葛长庚，号白玉蟾，南宋闽清（今福建闽清）人。道士，嘉定间设教区，成为宋元道教南宗。擅草书，有龙翔凤翥之势，兼擅篆隶。

此卷款署“宝庆丙戌”，即南宋宝庆二年（1226），葛长庚时年33岁。整件作品笔势清劲爽健，用意超凡脱俗，有晋人风度，为名家精品，世所罕见。

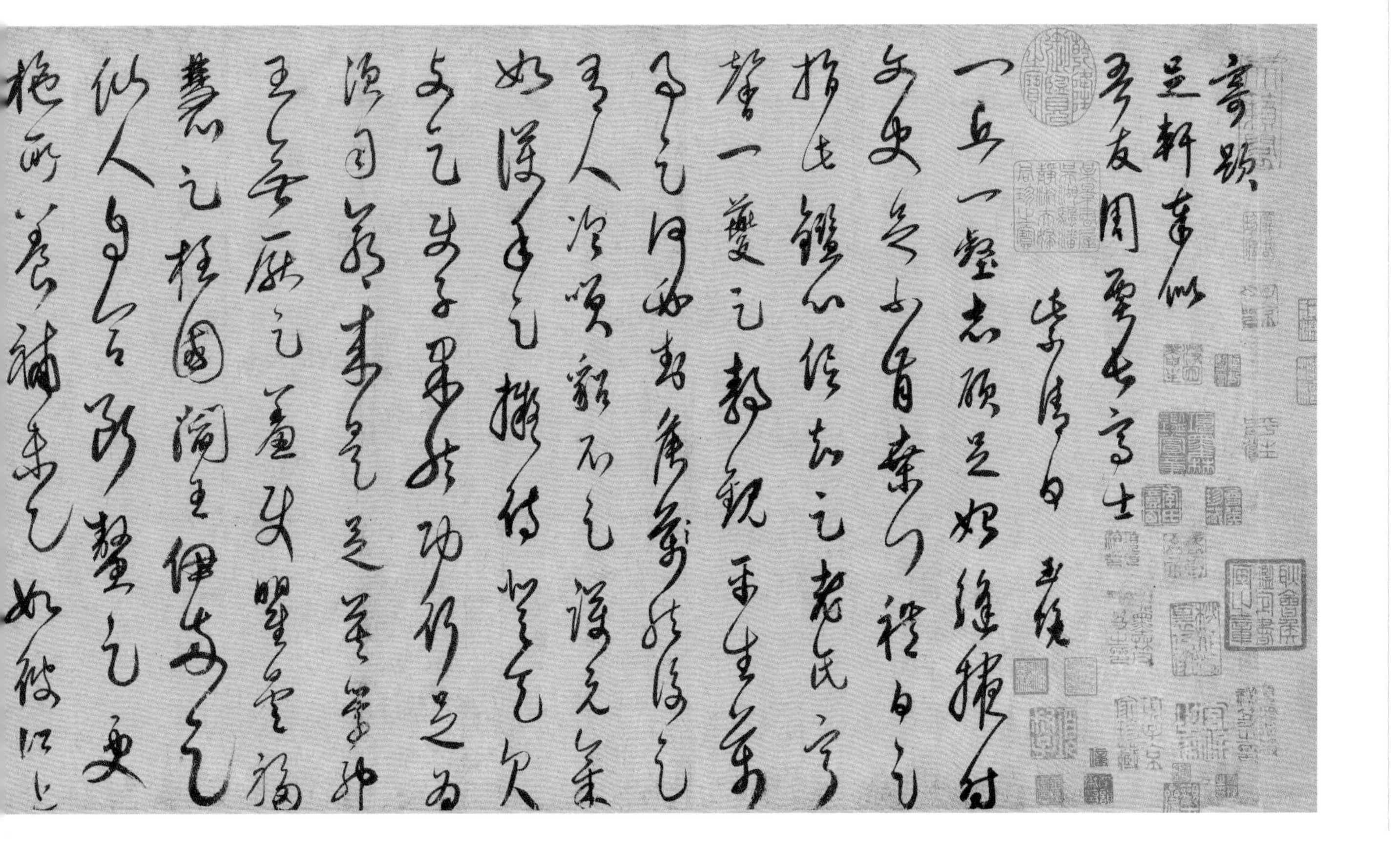

081

《行次昭陵诗》卷

作者　鲜于枢
年代　元
质地　纸本
尺寸　纵 32 厘米　横 342 厘米
收藏单位　故宫博物院

鲜于枢，字伯几，号困学民、虎林隐吏、直寄道人、西溪翁，自署渔阳（今属北京）人，寓居扬州，后至杭州。工书法，尤擅行草，取法唐人，在元代与赵孟頫齐名。

此卷为鲜于枢录写的杜甫《行次昭陵》五言诗，结体疏朗，笔势雄浑，是鲜于枢大字行书的代表作品。曾入乾隆内府，贮于御书房。

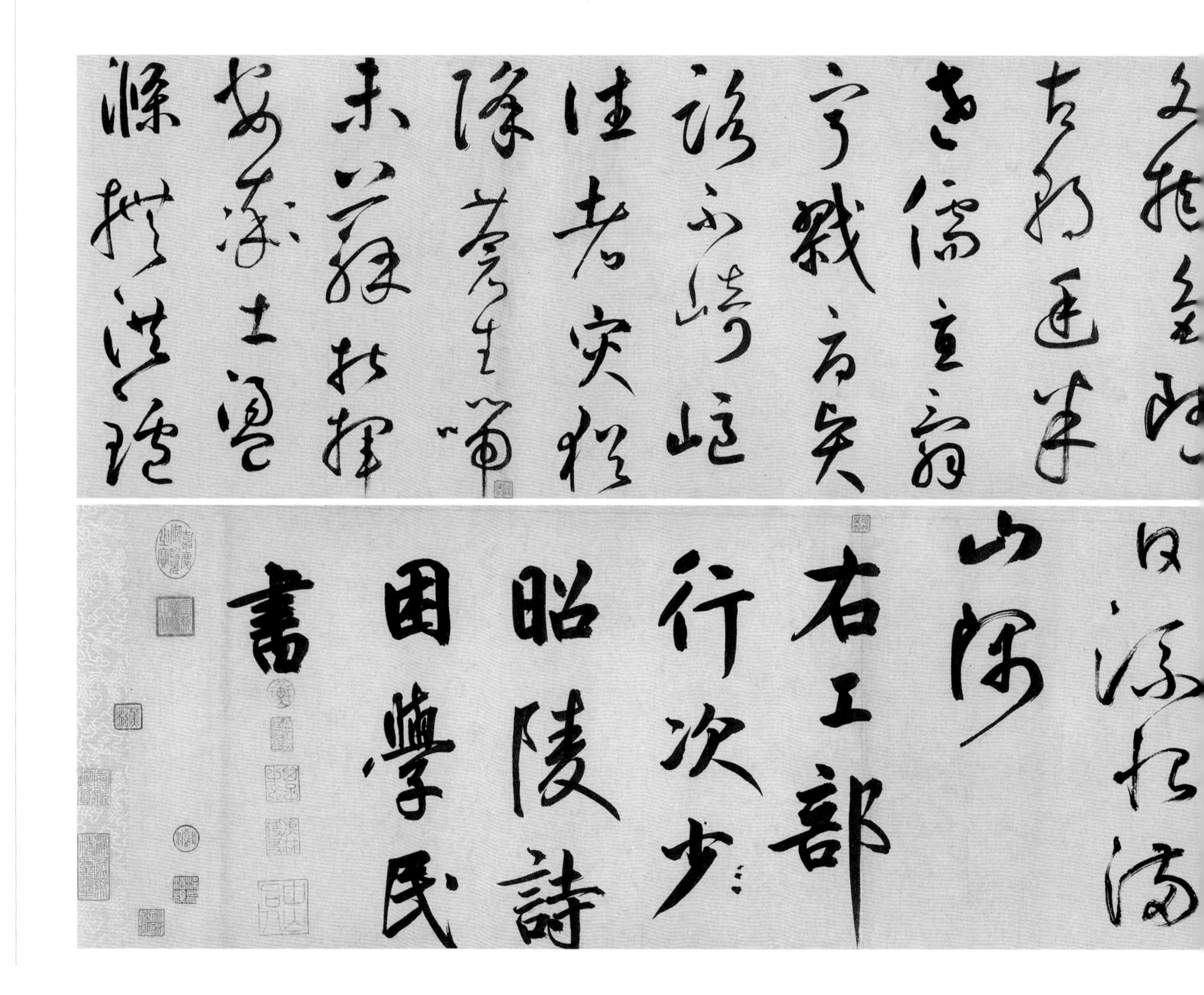

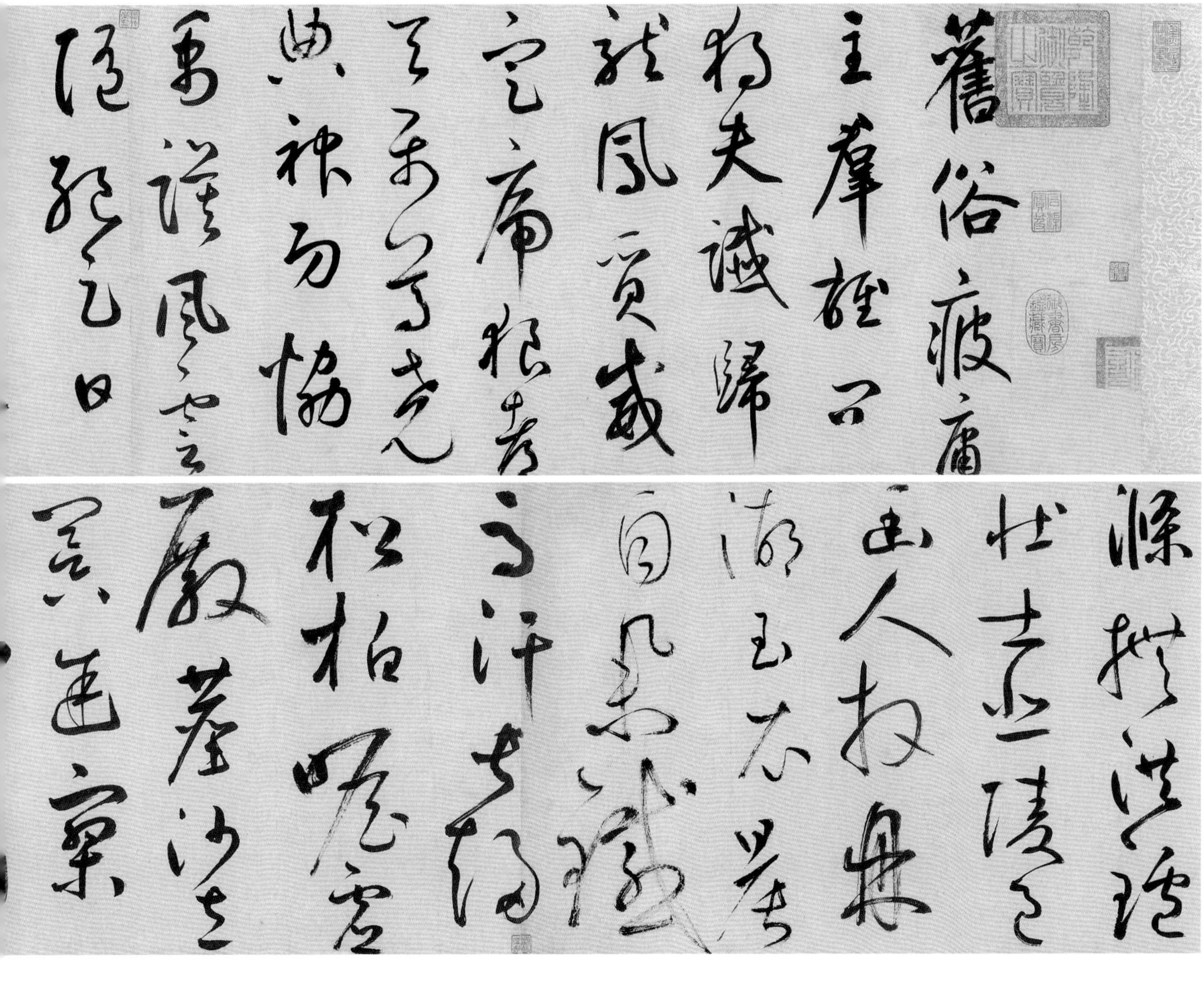

082

《绝交书》卷

作者　赵孟頫
年代　元
质地　纸本
尺寸　纵 21.8 厘米　横 254.7 厘米
收藏单位　故宫博物院

赵孟頫，字子昂，号松雪、水精宫道人，吴兴（今浙江湖州）人。元代画家、书法家。书法钟繇、“二王”、李邕、宋高宗赵构及历代诸家，篆、隶、真、草各臻神妙。其绘画、书风和书学主张对当时及后世影响巨大而深远。

此卷录嵇康《与山巨源绝交书》，书于延祐六年（1319）。全篇纵放跌宕，笔力劲健，是赵孟頫晚年代表作。曾入乾隆内府，贮于重华宫。

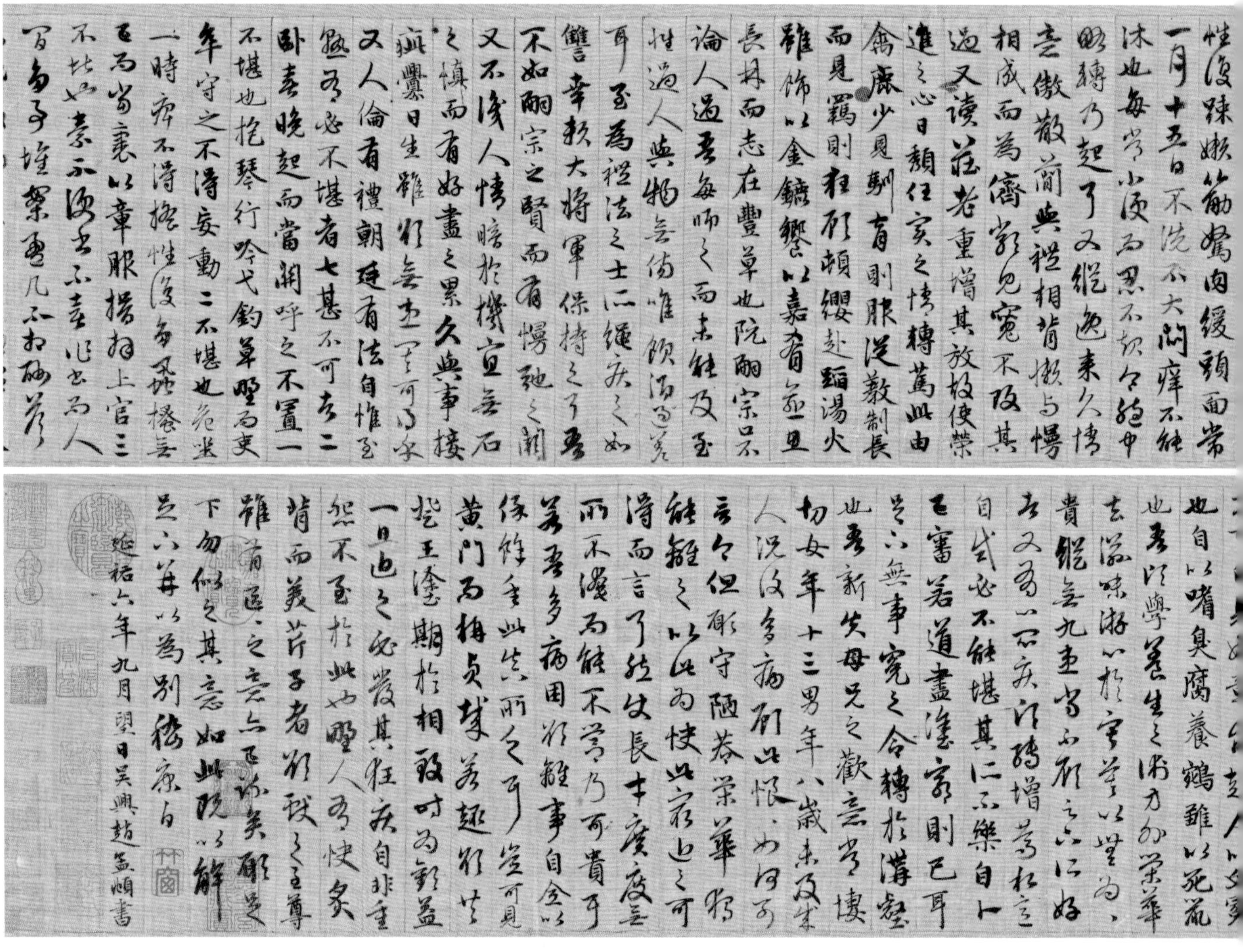

松雪真跡

後學文彭題

嵇叔夜與山巨源絕交書
康白足下昔稱吾於潁川吾嘗
謂之知言然經怪此意尚未熟
悉於足下何從便得之也前年
從河東還顯宗阿都說足下議
以吾自代事雖不行知足下故不知
之足下傍通多可而少怪吾直性狹
中多所不堪偶與足下相知耳
間聞足下遷惕然不喜恐足下羞
庖人之獨割引尸祝以自助手薦
鸞刀漫之羶腥故具為足下陳
其可否吾昔讀書得并介之人
或謂無之今乃信其真有耳性
有所不堪真不可強今空語同知
有達人無所不堪外不殊俗而內
不失正與一世同其波流而悔吝
不生耳老子莊周吾之師也親
居賤職柳下惠東方朔達人也
安乎卑位吾豈敢短之哉又仲尼
兼愛不羞執鞭子文無欲卿相而
三登令尹是乃君子思濟物之意
也所謂達人能兼善而不渝窮
則自得而無悶以此觀之故堯
舜之君世許由之巖棲子房之佐
漢接輿之行歌其揆一也仰瞻
數君可謂能遂其志者也故君
子百行殊塗而同致循性而動
各附所安故有處朝廷而不
出入山林而不反之論且延陵高

犯教傷義欲自勉強則不
能久四不堪也不喜弔喪而人道
以此為重己為未見恕者所怨至
欲見中傷者雖瞿然自責然性
不可化欲降心順俗則詭故不情
亦終不能獲無咎無譽如此五
不堪也不喜俗人而當與之共事
或賓客盈坐鳴聲聒耳囂
塵臭處千變百伎在人目前
六不堪也心不耐煩而官事鞅掌
機務纏其心世故繁其慮七不
堪也又每非湯武而薄周孔在人
間不止此事會顯世教所不容此
甚不可一也剛腸疾惡輕肆直
言遇事便發此甚不可二也以
促中小心之性統此九患不有外
難當有內病寧可久處人
間邪又聞道士遺言餌術
黃精令人久壽意甚信之
遊山澤觀魚鳥心甚樂之一
行作吏此事便廢安能舍其所樂
而從其所懼哉夫人之相
知貴識其天性因而濟之禹
不偪伯成子高全其節也仲尼
不假蓋於子夏護其短也近諸葛
孔明不偪元直以入蜀華子魚不
強幼安以卿相此可謂能相終
始真相知者也足下見直木必不可
以為輪曲者不可以為桷蓋不

083

《洛神赋》册

作者 赵孟頫
年代 元
质地 纸本
尺寸 纵 29 厘米 横 220.9 厘米
收藏单位 故宫博物院

此册书曹植所作《洛神赋》，行中兼楷，妍美洒脱，结构端正匀称，运笔圆润灵秀，显示出赵孟頫博取众长而自成一体的艺术特色。曾入乾隆内府，贮于御书房。

洛神賦 并序 曹子建
黃初三年余朝京師還濟洛川古人有言斯水
之神名曰宓妃感宋玉對楚王神女之事遂作
斯賦其詞曰
余從京域言歸東藩背伊闕越轘轅經通谷
陵景山日既西傾車殆馬煩爾迺稅駕乎蘅皋
秣駟乎芝田容與乎陽林流眄乎洛川於是精
移神駭忽焉思散俯則未察仰以殊觀睹一麗
人于巖之畔迺援御者而告之曰爾有覿於彼者
乎彼何人斯若此之豔也御者對曰臣聞河洛之
神名曰宓妃然則君王之所見無迺是乎其狀若
何臣願聞之余告之曰其形也翩若驚鴻婉若遊龍
榮耀秋菊華茂春松髣髴兮若輕雲之蔽月
飄颻兮若流風之迴雪遠而望之皎若太陽升朝
霞迫而察之灼若芙蕖出淥波穠纖得衷脩短
合度肩若削成腰如約素延頸秀項皓質呈露
芳澤無加鉛華弗御雲髻峨峨脩眉聯娟丹脣
外朗皓齒內鮮明眸善睞靨輔承權柔情綽
瓌姿豔逸儀靜體閑柔情綽態媚於語言
奇服曠世骨像應圖披羅衣之璀粲兮珥瑤碧
之華琚戴金翠之首飾綴明珠以耀軀踐遠遊
之文履曳霧綃之輕裾微幽蘭之芳藹兮步踟
躕於山隅於是忽焉縱體以遨以嬉左倚采旄
右蔭桂旗攘皓腕於神滸兮采湍瀨之玄芝
余情悅其淑美兮心振蕩而不怡無良媒以接
歡兮託微波而通辭願誠素之先達兮解玉珮以
要之嗟佳人之信脩羌習禮而明詩抗瓊珶以和
余兮指潛淵以為期執拳拳之款實兮懼斯靈
之我欺感交甫之棄言兮悵猶豫而狐疑收和顏
以靜志兮申禮防以自持於是洛靈感焉徙倚
彷徨神光離合乍陰乍陽擢輕軀以鶴立若將飛
而未翔踐椒塗之郁烈步蘅薄而流芳超長吟
以慕遠兮聲哀厲而彌長爾迺眾靈雜遝命儔
嘯侶或戲清流或翔神渚或採明珠或拾翠羽
從南湘之二妃攜漢濱之遊女歎匏瓜之無匹兮
詠牽牛之獨處揚輕袿之猗靡兮翳脩袖以延佇
體迅飛鳧飄忽若神陵波微步羅襪生塵動
無常則若危若安進止難期若往若還轉眄流
精光潤玉顏含辭未吐氣若幽蘭華容婀娜
令我忘飧於是屏翳收風川后靜波馮夷鳴鼓女
媧清歌騰文魚以警乘鳴玉鸞以偕逝六龍儼其
齊首載雲車之容裔鯨鯢踊而夾轂水禽翔而
為衛於是越北沚過南岡紆素領迴清陽動朱
脣以徐言陳交接之大綱恨人神之道殊兮怨
盛年之莫當抗羅袂以掩涕兮淚流襟之浪浪
悼良會之永絕兮哀一逝而異鄉無微情以效愛
兮獻江南之明璫雖潛處於太陰長寄心於君
王忽不悟其所舍悵神宵而蔽光於是背下陵
高足往神留遺情想像顧望懷愁冀靈體之復
形御輕舟而上遡浮長川而忘返思綿綿而增慕
夜耿耿而不寐霑繁霜而至曙命僕夫而就駕吾
將歸乎東路攬騑轡以抗策悵盤桓而不能去
延祐六年八月五日吳興趙孟頫書

084

《上中峰札》卷

作者　赵孟頫
年代　元
质地　纸本
尺寸　纵 30.5 厘米　横 63 厘米
收藏单位　故宫博物院

此帖是赵孟頫写给中峰和尚的信札。中峰和尚，俗姓孙，赵孟頫对其执弟子礼。信札书于延祐五年（1318），赵孟頫时年 65 岁，是其老年佳作。曾入乾隆内府，《石渠宝笈》著录。

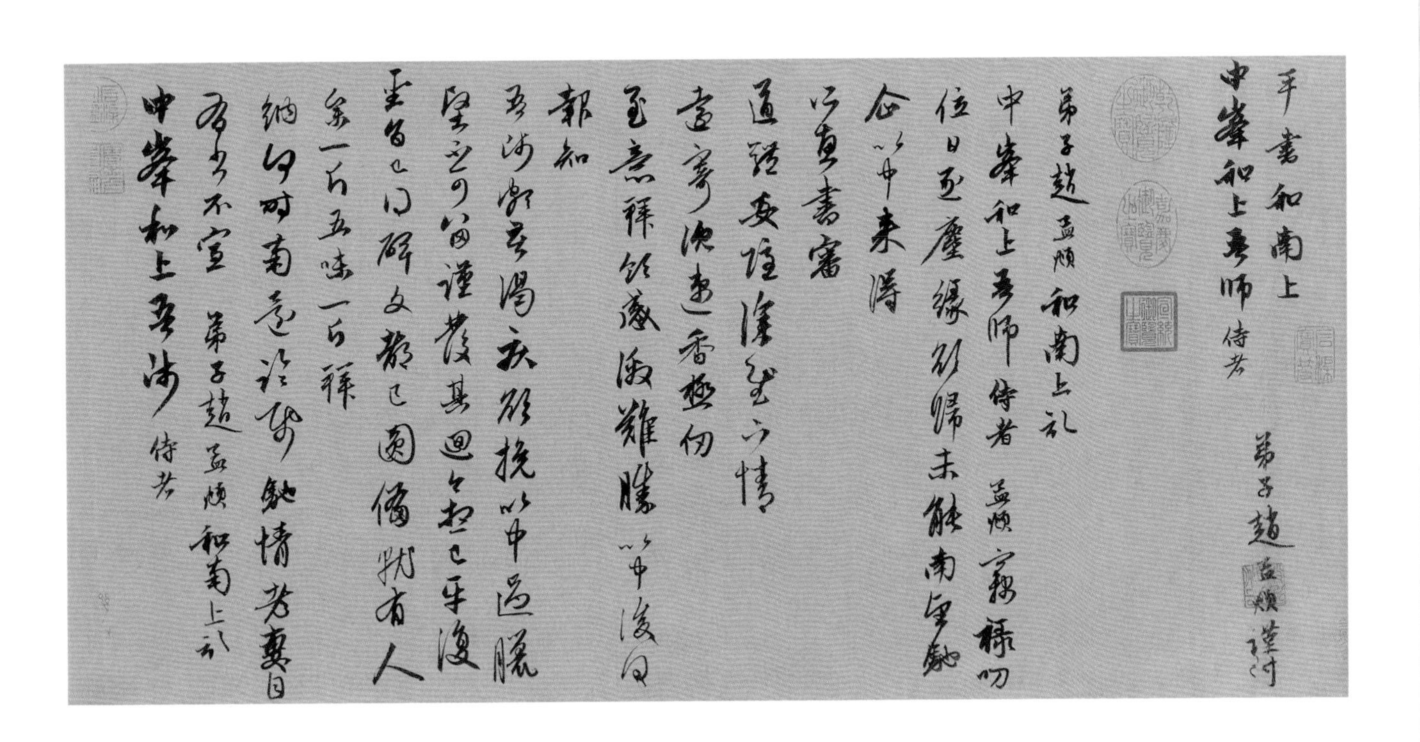

085

《急就章》卷

作者　邓文原
年代　元
质地　纸本
尺寸　纵 23.3 厘米　横 398.7 厘米
收藏单位　故宫博物院

邓文原，字善之，人称素履先生，绵州（今四川绵阳）人。擅正、行、草书，尤以章草著称于世，与赵孟頫、鲜于枢齐名。

此卷书于元大德三年（1299），以章草书写，全篇运笔娴雅峻利，神采飞动，不仅具有章草古朴的风格，并且掺有楷书劲健流美之笔意。曾入乾隆内府，贮于乾清宫。

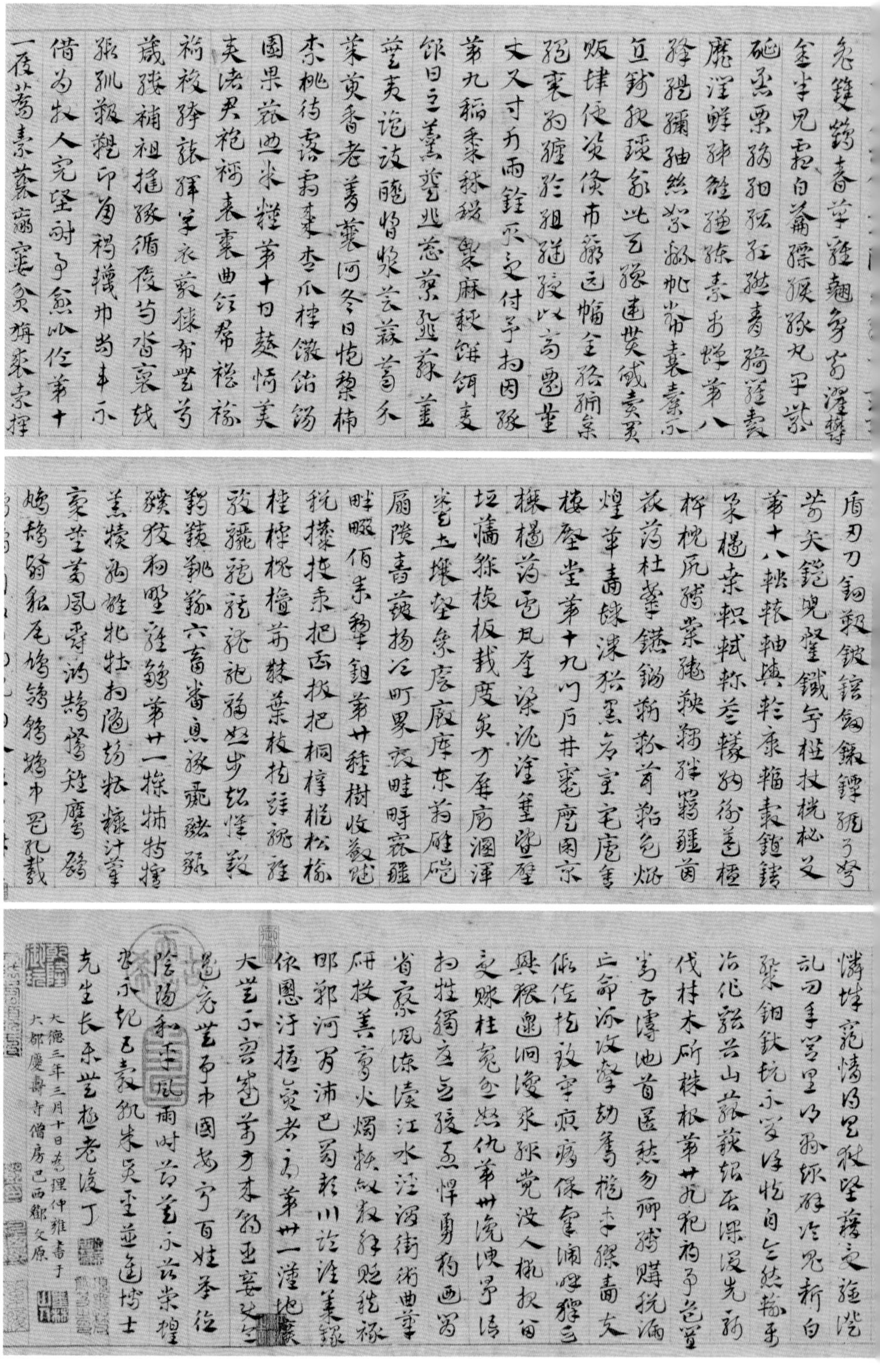

急就奇觚與眾異羅列諸物
名姓字分別部居不雜廁用
日約少誠快意勉力務之必有
喜請道其章宋延年鄭子方
衛益壽史步昌周千秋趙孺卿
爰展世高辟兵第二鄧萬歲秦
妙房郝利親馮漢彊戴護郡景
君明董奉德桓賢良任逢時侯
仲郎由廣國榮惠常烏承祿令
狐橫朱交便孔何傷師猛虎石
敢當所不侵龍未央伊嬰齊第
三翟回慶畢稚季昭小兄柳堯
舜藥禹湯淳于登費通光柘
恩舒路正陽霍聖宮顏文章莞
財曾偏呂張魯賀憙灌宜王程
忠信吳仲皇許終古賈友倉陳元
始韓魏唐第四掖宮調相杜楊衣
富貴李尹桑蕭彭祖屈宗談樊
愛君崔孝讓姚得賜燕楚嚴薛
勝客聶邛將求男弟過說長祝
慈敬寶豐好龐賞發騫士梁
米椅好范建羌豹謹善第五亭
可長尚次女亭涉憶田細兒谷內
黃榮桂林溫直徐葵緒守郎稼
莉雜弘敬萬美芳毛遺羽馬牛
羊尚次倩丘鳥圖陰寶上聚絮
第六褚回池榮偉房臧罷軍橋
鬱庶霸遂萬叔口洽弟功建初
寶陽康輔福宣棄奴殷滿息充
申屠賀倖侯公孫都慈仁他郭破

一夜蕎素蔡竊寔負猗求宗捍
褒夷氏去俗內家李附訊渾菓
熒打稱宴巫戒貊捻筅什伍陳粲
衣服尚前金銀鐵鈇鑽錐釜鍑
鍪鍛鑄鉛錫鐙錠鐎鉤斧銍
鑿鉏第十二銅鍾鼎鉼鋗匜銚
釭鐧鍵鉆冶錮竹器簦笠簟籧
篨芼蔔蓧莒萬英蕪麓萆苴
帚筐篋簍橢盂槃案桮閜椀
蠡斗參升半卮觛槫榼椑榹匕
箸簪甀盆盎甕求壺第十三甑
甗甂甌瓨甖豕猶羆京豺殺
簡笵札檢署槧牘家板杞所產
芯口茶水衣科斗梃甂蔘鯉鮒
蝦鱣鮐鮑鰕妻妁嬿嫁寅僅佳
奴婢私槃枕休杠蒲蒻藿席銑
蔚詠以各異工寬丙莫條決縱浮
莆沐浴揃搣寡合同穆飭刻畫堂
寸雙係臂琅玕虎魄龍璧碧珠
璣玫瑰甕玉玦環佩靡從容射
鬾辟邪除群凶第十五竽瑟空
侯琴筑鉦鐘磬鞀簫鼙鼓音
雜會數謳聲倡優俳笑觀倚庭
侍酒行觴宿昔酲府宰切割給使
令薪炭萑葦炊生膹膾炙胾
各有形酸鹹酢淡辨濁清第十六
紈紹猶猎息臭程沽酒釀醪稽檠
桯桑面博越扣易經守候贅黃
點鼓狗以欲姊坐葉目耳鼻口脣
舌齗牙齒頰頤頸項肩臂肘腕

鳩鴿鶉鴳鴟鴿鵠鶴鷂巾罷孔戴
鷁鶵鶩驚相視豹狐距虛豺羊
兕貍兔飛鼯狼麋麞第廿二蒸
蓬蘂茯皮弦疫冬氣泄注役疣
張痂疕疥癘瘖聾癰疽瘛瘲
癭瘦疢痼瘀疴狂忘喜瘕
痛麻疱病消渴歐逆救道漿痹
熱瘻痔眴瞯眼苦疼寒廢迺腎
面第廿三悉毒和藥逐李邪黃芩
伏令礜蕳如牡蒙甘草菀藜蘆烏
喙付子椒元華半夏皂莢艾橐吾
芎藭厚朴桂栝樓款東貝母薑狼
牙遠志續斷參土瓜亭歷桔梗龜
骨枯第廿四雷矢雚菌蓋兔盧卜
問遣祟父母恐祠祀保家緒年巧
緒室禱鬼神寵柏椁棺槥遂
誦喪弔悲哀面目腫泣殯祭壙
墓冢諸物盡訖五官出宦學諷詩
孝經論第廿五春秋尚書律令文治
禮掌故底厲才志能通達多見聞
名顯絕殊異等倫超擢推舉白黑
分積行上究為牧人丞相御史郎中
君適公卿傅僕勳前後常侍諸
將軍第廿六列侯封邑有土臣積
學而致當冠神海緣網京兆執治
氏廢黎平端樹昭枕變化述惑子
奴新姦邪並室公理訊吏之確決
自治因司農少府國之淵援家錢
穀主辦均第廿七宰陶造獄法律
存涂罰治偽叔死人遇討正詭筆

086

《一庵首坐诗帖》页

作者　袁桷
年代　元
质地　纸本
尺寸　纵 31.5 厘米　横 89.7 厘米
收藏单位　故宫博物院

袁桷，字伯长，号清容居士，庆元（今浙江庆元）人。其书法规整，不露锋芒，《元史》记载："朝廷制册，勋臣碑铭，多出其手。"

文中"一庵"为元朝僧人释寿宁的号。释寿宁，字无为，永嘉（今浙江永嘉）人，时任静安寺（在今上海市）住持。此页书法整体布置尽其停匀，用笔得力于晋唐，颇具法度，行笔柔韧，神采可爱，古意犹存。

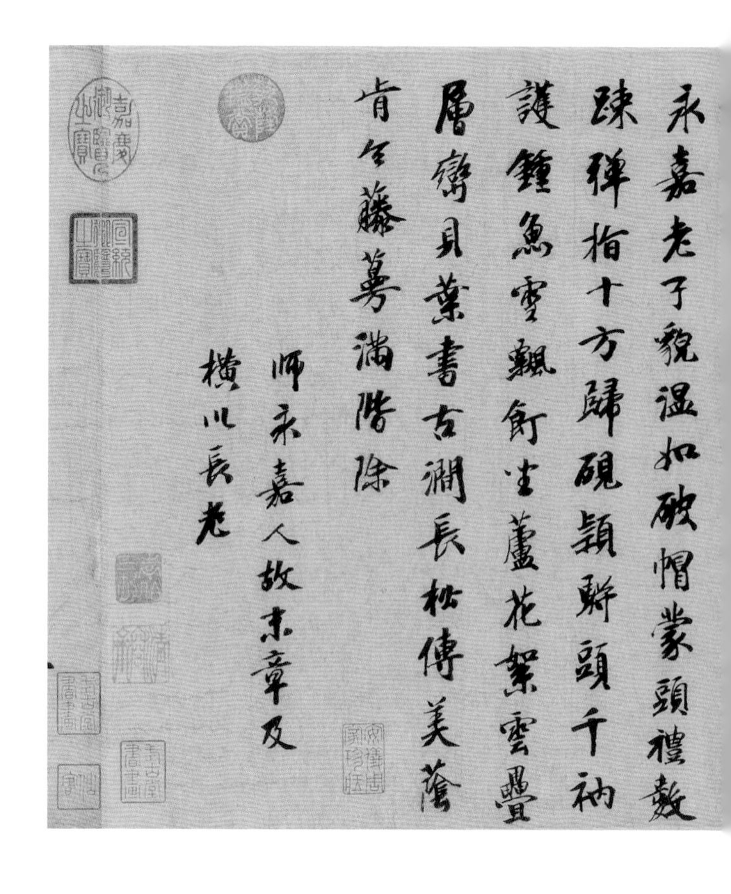

087

《四禽言诗》卷

作者　郭畀
年代　元
质地　纸本
尺寸　纵 30.5 厘米　横 112.4 厘米
收藏单位　故宫博物院

郭畀，字天锡，号云山、景星子，丹徒（今江苏丹徒）人。工书画，书学赵孟頫。

此卷录南宋梁栋《四禽言诗》。梁栋，字隆吉，湘州（今属湖北）人，宋末诗人。此卷书于延祐五年戊午（1318），书法端秀多姿，劲利挺拔。曾入乾隆内府，经《石渠宝笈》续编著录，贮于御书房。

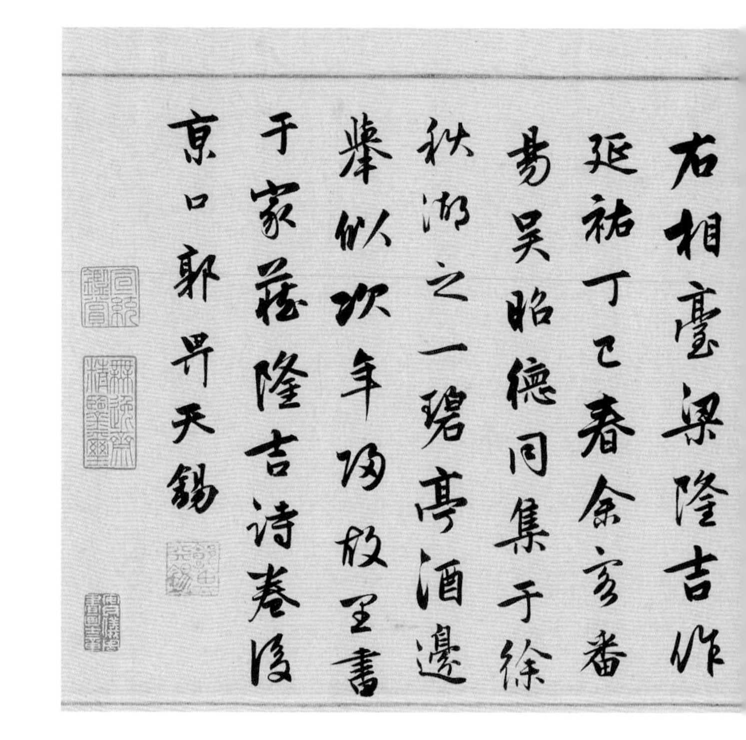

一箋首堂以寄大慈比得會于萬壽
深湛宏博連辱
和篇不可虛其雅意用韻奉謝

楠和南

堂堂相國布金寺曾許高人住夏
來不見烏衣游別墅時看金彈
落生臺千林有響風調瑟萬
壑無聲雲舞杯積罷楞嚴誰
與伴獨於松徑且徘徊
蕭齋圖綠長深苔忽見談空客
度來已信虛空那有相極知明
鏡本非臺閒門倚息雲生几振
錫忘言水覆杯獨鶴九皋清唳
徹背於林下以徘徊
少年學道悟真如晚歲驅馳出
鬢疏碧落倦游同病鶴金門聽
[illegible]

四禽言

脫卻布袴貧家僅有
一尺布寒機剪盡無
可裁可人不來廉叔
度脫卻布袴
不如歸去錦官宮殿
迷春樹天津橋上三
兩聲叫破中原無處
住不如歸去
提葫蘆今年酒賤頻頻
沽眾人皆醉我亦醉
哀哉誰問醒三閭提
葫蘆
行不得也哥哥湖南湖
北秋水多九疑山前叫

088

《滴龙说》卷

作者　康里巎巎
年代　元
质地　纸本
尺寸　纵 28.8 厘米　横 137.9 厘米
收藏单位　故宫博物院

康里巎巎，字子山，号正斋、恕叟等，色目康里部（今属哈萨克斯坦）人。工书法，楷书师虞世南，行、草书学钟繇、王羲之，是当时著名的少数民族书法家。

《滴龙说》是唐代著名思想家、文学家柳宗元赠送友人叶彦中而作的一篇寓言。此卷得王羲之笔意，用笔精巧娴熟，线条圆润流畅，笔画轻重粗细极为分明，富有强烈的节奏感，是作者草书代表作之一。曾入乾隆内府。

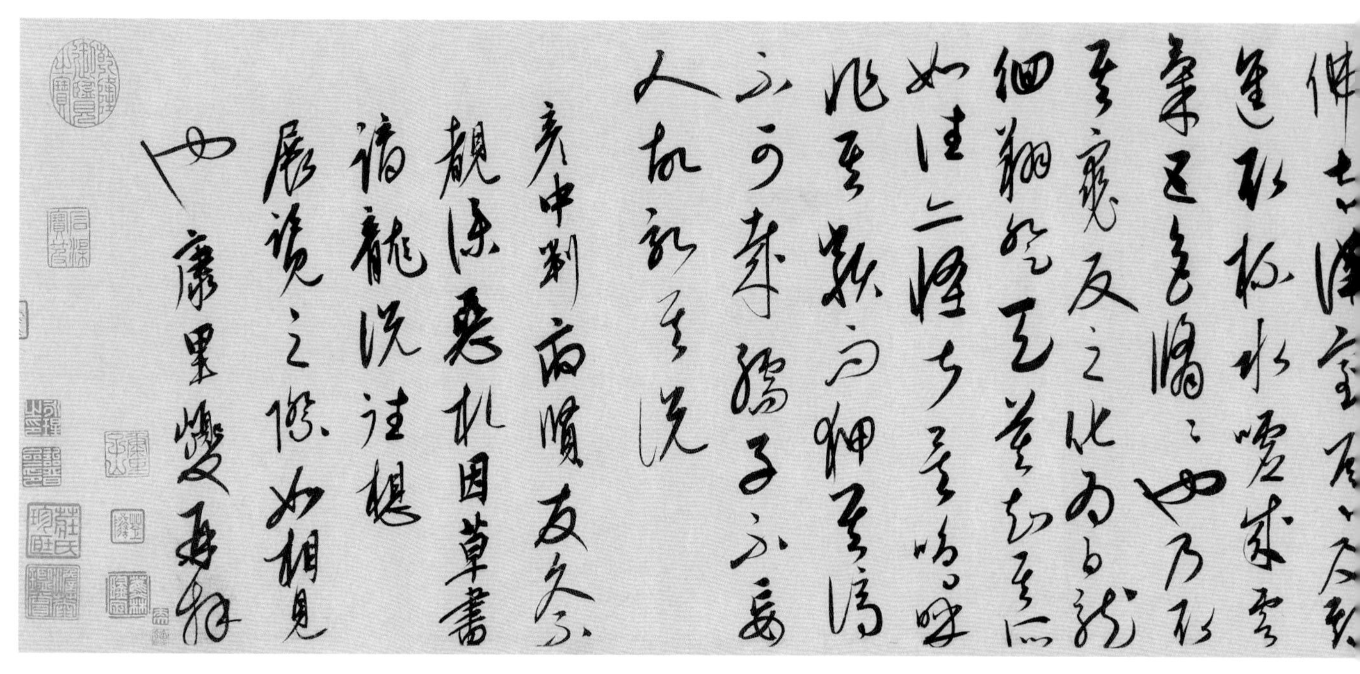

089

《陈氏方寸楼记》卷

作者　危素
年代　元
质地　纸本
尺寸　纵 23.4 厘米　横 102 厘米
收藏单位　故宫博物院

危素，字太朴，一字云林，临川（今江西抚州）人。善书法，曾受康里巎巎传授，工楷书、行书、草书诸体，尤精楷书。

此卷是危素为宋将仕郎陈府君营造的小楼所撰并书的记文。其书法点画严谨，结体平正工稳，清劲古朴，字形大小一律，章法纵横有序。曾入乾隆内府。

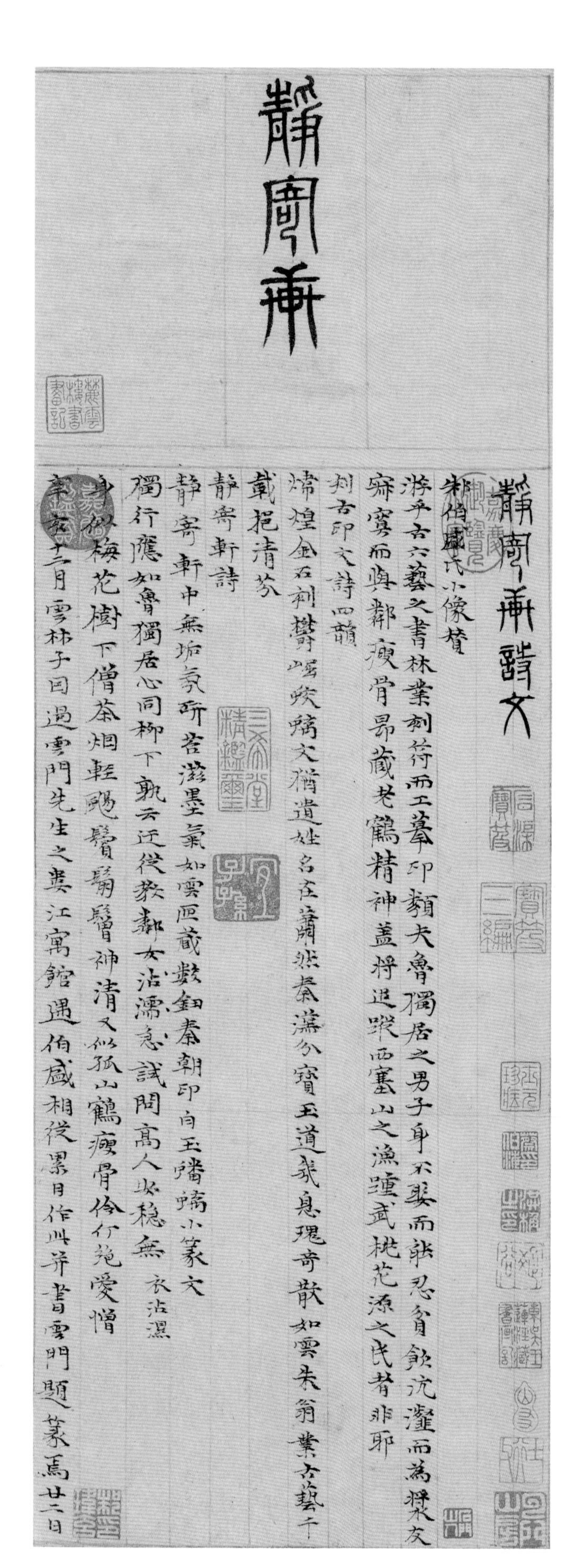

090

《静寄轩诗文》卷

作者　倪瓒
年代　明
质地　纸本
尺寸　纵 62.9 厘米　横 23.3 厘米
收藏单位　故宫博物院

倪瓒，字元镇，号幼霞，别号云林子等，无锡（今属江苏省）人。工诗文，擅山水、竹石，长于书法。书法从古隶入手，又以“二王”为宗。后人把他和黄公望、吴镇、王蒙并称为“元四家”。

此件是倪瓒为友人朱珪所作，书于洪武四年（1371），倪瓒时年 71 岁。全篇笔力精致，毫无滞涩之处，结字略扁，内紧外舒，收笔时顿笔稳重，圭角突出，于质朴遒劲中带有很重的隶书笔意。曾入嘉庆内府，《石渠宝笈》三编著录。

091

《太白酒歌》轴

作者　宋广
年代　明
质地　纸本
尺寸　纵 87 厘米　横 33.6 厘米
收藏单位　故宫博物院

宋广，字昌裔，河南南阳人。擅行、草书，师法王羲之、王献之、张旭、怀素，略变其体，书风纵横俊拔，时与宋克、宋璲俱以善书知名，人称“三宋”。

此轴录唐代李白《月下独酌四首》之二。全篇笔画精熟，流利飞动，风度洒脱，是其草书的典型面貌。曾入乾隆内府。

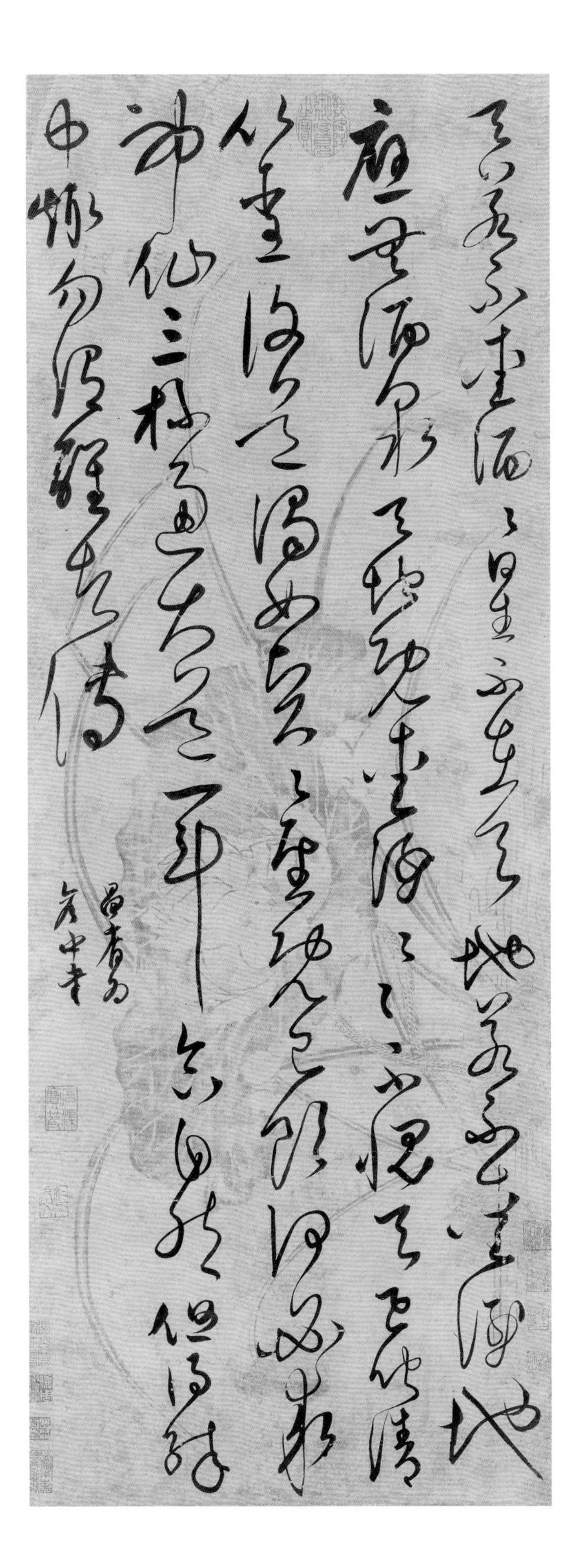

092

《四箴》页

作者　沈度
年代　明
质地　纸本
尺寸　纵 29 厘米　横 14.5 厘米
收藏单位　故宫博物院

沈度，字民则，号自乐，华亭（今上海松江）人。其书法光洁明丽，婉转端秀，点画圆润平和，代表了明初“台阁体”的最高成就。与弟沈粲并称“二沈”。

“四箴”是宋代理学大师程颐根据《论语》中“非礼勿视，非礼勿听，非礼勿言，非礼勿动”发展而成的道德戒律。此作楷法紧结遒丽，具唐人法度，又不过分甜润，是沈度“台阁体”书法的代表作。曾入乾隆内府，贮于御书房。

視箴
心兮本虛應物無迹操之有要
視為之則蔽交於前其中則遷
制之於外以安其內克己復禮
久而成誠矣

聽箴
人有秉彝本乎天性知誘
物化遂亡其正卓彼先覺
知止有定閑邪存誠非禮
勿聽

言箴
人心之動因言以宣發禁躁妄內
斯靜專矧是樞機興戎出好吉凶
榮辱惟其所召傷易則誕傷煩則
支己肆物忤出悖來違非法不道
欽哉訓辭

動箴
哲人知幾誠之於思志士勵行
守之於為順理則裕從欲惟危
造次克念戰兢自持習與性成
聖賢同歸

093

《游七星岩诗》页

作者　解缙
年代　明
质地　纸本
尺寸　纵 23.3 厘米　横 61.3 厘米
收藏单位　故宫博物院

解缙，字缙绅，号春雨，江西吉水人。明初重臣。擅狂草，挥洒如风雨，自成一格。

《游七星岩诗》见于解缙《文毅集》卷五《题临桂七星岩》，共三首，此处增至四首。七星岩位于广西桂林东七星山，隋唐以来即为游览胜地。此作书于永乐六年（1408），解缙时年 40 岁。其书艺臻至成熟自化，笔墨奔放，傲让相缀而意向谨严。

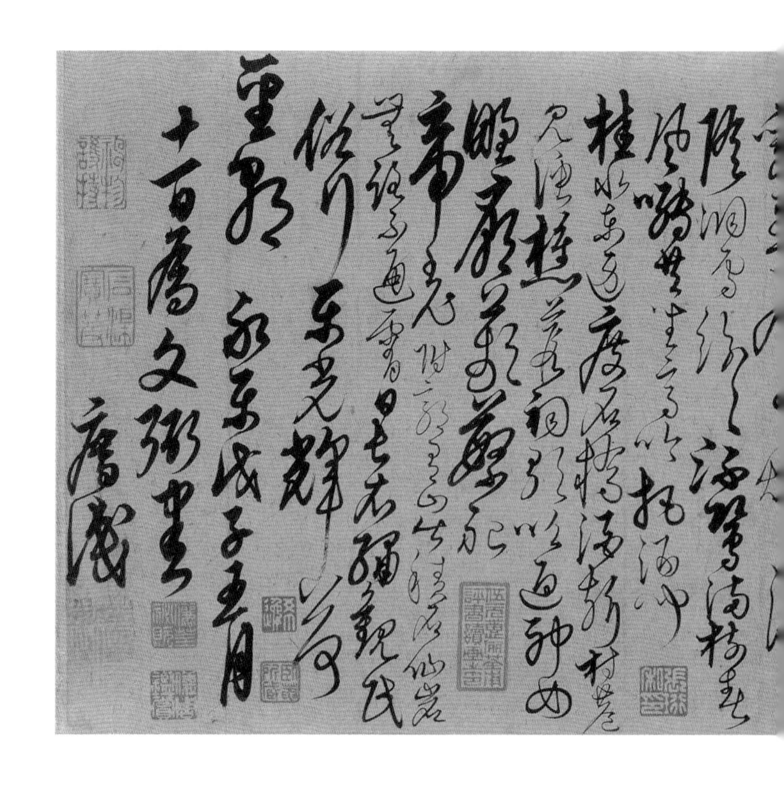

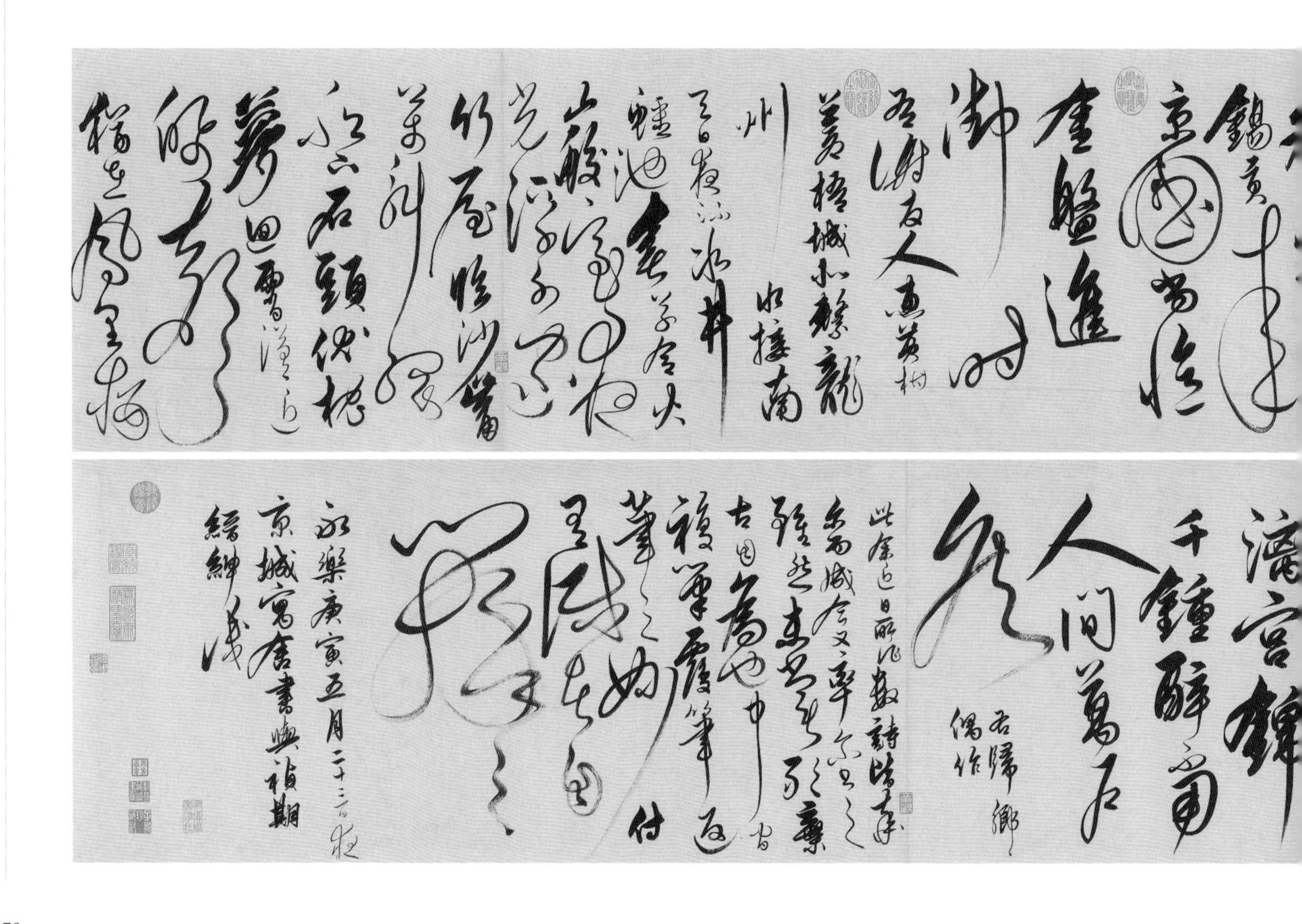

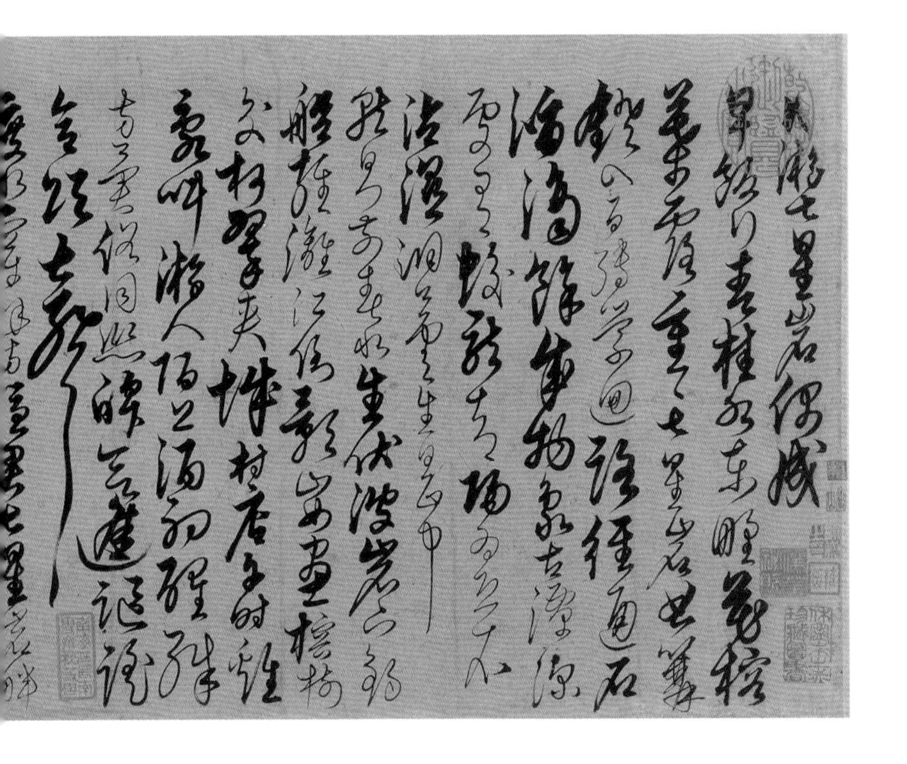

094

《自书诗》卷

作者 解缙
年代 明
质地 纸本
尺寸 纵 34.3 厘米 横 472 厘米
收藏单位 故宫博物院

本幅共录解缙自作诗7首，是作者于1407—1410年在广西、交趾为官期间所作。此卷创作于永乐八年（1410），解缙时年42岁，书法纵横超逸，奔放洒脱，章法经营尤见匠心，全篇一气呵成，神气自备。从卷末自识中解缙流露出他本人对此卷也颇为得意。曾入乾隆内府，贮于御书房。

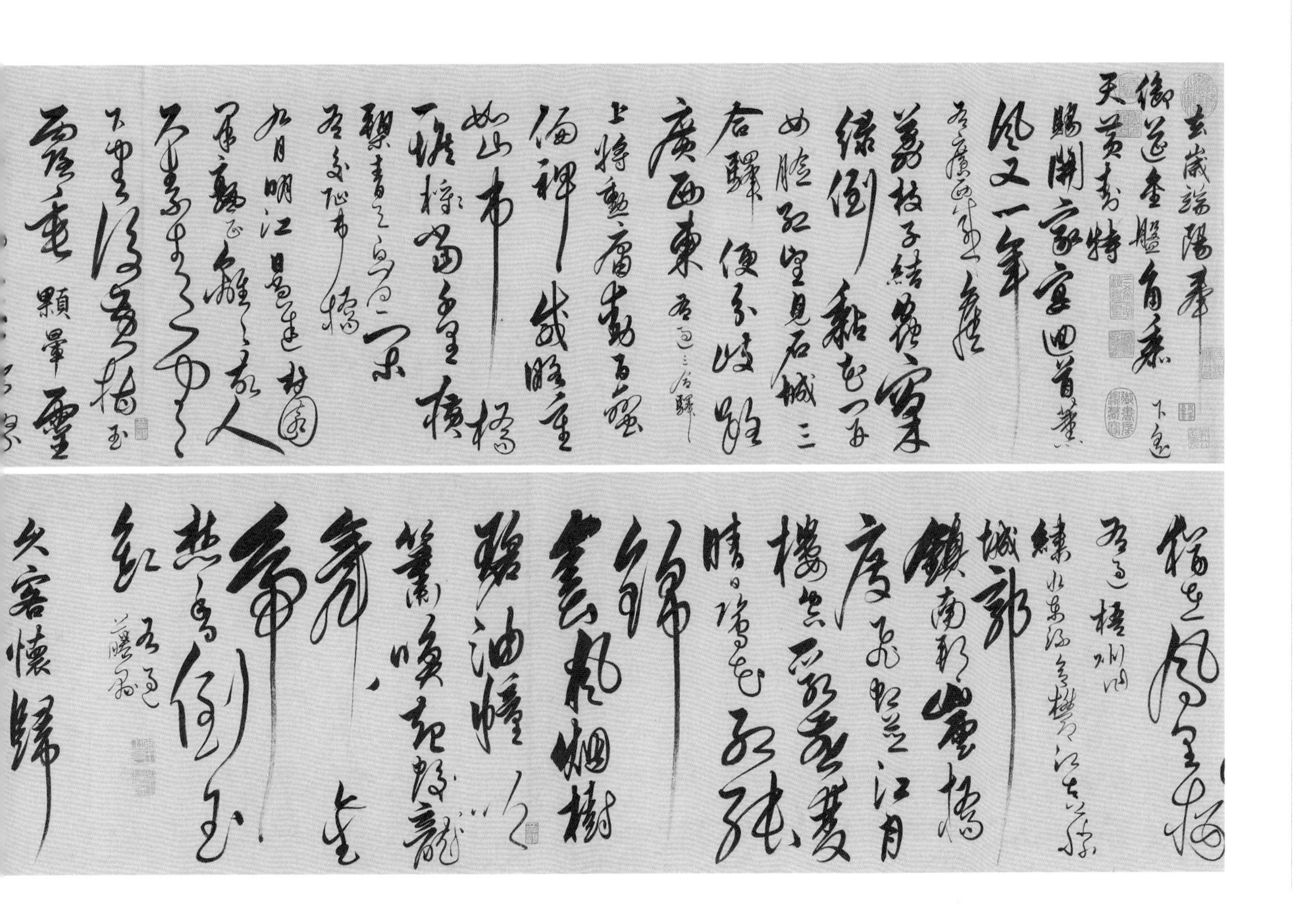

095

《千字文》卷

作者 沈粲
年代 明
质地 纸本
尺寸 纵 25.2 厘米 横 576 厘米
收藏单位 故宫博物院

沈粲，字民望，号简庵，华亭（今上海松江）人。擅草书，师法宋璲，以遒丽取胜。与兄沈度并称“大小学士”。

此卷书周兴嗣《千字文》以应友人徐尚宾之求。全篇运笔迅疾流畅，点画遒劲峭利，表现出其晚年书法的纯熟功力和旺盛的艺术创造力。书于明正统十二年（1447），时沈粲 69 岁。曾入乾隆内府，贮于养心殿。

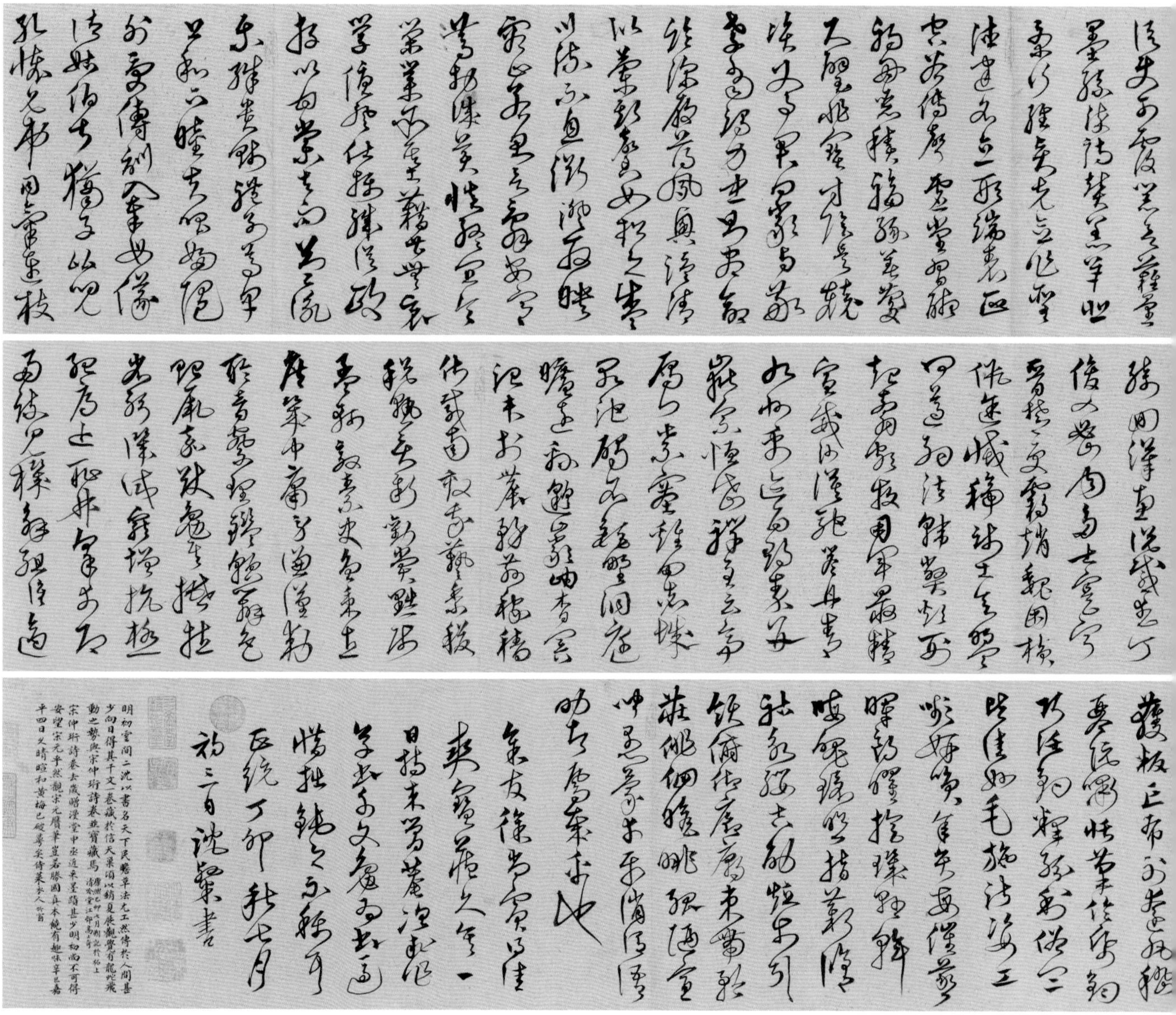

千字文

敕員外散騎侍郎周興嗣次韻

天地玄黃宇宙洪荒
日月盈昃辰宿列張
寒來暑往秋收冬藏
閏餘成歲律呂調陽
雲騰致雨露結為霜
金生麗水玉出崑岡
劍號巨闕珠稱夜光
果珍李柰菜重芥薑
海鹹河淡鱗潛羽翔
龍師火帝鳥官人皇
始制文字乃服衣裳
推位讓國有虞陶唐
弔民伐罪周發殷湯
坐朝問道垂拱平章
愛育黎首臣伏戎羌
遐邇壹體率賓歸王
鳴鳳在樹白駒食場
化被草木賴及萬方
蓋此身髮四大五常
恭惟鞠養豈敢毀傷

孔懷兄弟同氣連枝
交友投分切磨箴規
仁慈隱惻造次弗離
節義廉退顛沛匪虧
性靜情逸心動神疲
守真志滿逐物意移
堅持雅操好爵自縻
都邑華夏東西二京
背邙面洛浮渭據涇
宮殿盤鬱樓觀飛驚
圖寫禽獸畫彩仙靈
丙舍傍啟甲帳對楹
肆筵設席鼓瑟吹笙
升階納陛弁轉疑星
右通廣內左達承明
既集墳典亦聚群英
杜稿鍾隸漆書壁經
府羅將相路俠槐卿
戶封八縣家給千兵
高冠陪輦驅轂振纓
世祿侈富車駕肥輕
策功茂實勒碑刻銘

殆辱近恥林皋幸即
兩疏見機解組誰逼
索居閑處沉默寂寥
求古尋論散慮逍遙
欣奏累遣戚謝歡招
渠荷的歷園莽抽條
枇杷晚翠梧桐蚤凋
陳根委翳落葉飄颻
游鵾獨運凌摩絳
霄耽讀翫市寓目囊
箱具膳餐飯適口充
腸飽飫烹宰饑厭糟
糠親戚故舊老少異
糧易輶攸畏屬耳
垣牆妾御績紡侍巾
帷房紈扇圓潔銀燭
煒煌晝眠夕寐藍筍
象床弦歌酒讌接杯
舉觴矯手頓足悅豫
且康嫡後嗣續祭祀
烝嘗稽顙再拜悚懼
恐惶箋牒簡要顧答
審詳骸垢想浴執熱

096

《节录张载东铭》册

作者 姜立纲
年代 明
质地 纸本
每页尺寸 纵 28.7 厘米 横 14.8 厘米
收藏单位 故宫博物院

姜立纲，字廷宪，号东溪，明代瑞安（今属浙江）人。擅楷书，清劲方正，自成一家。宫殿匾额多出其笔。

此册书录宋张载《正蒙》篇中的一文，用笔劲健方正，结体紧密，笔墨厚重，得力于柳公权书法，但一些笔画过于板滞僵硬，未脱“台阁体”遗风。曾入乾隆内府，贮于御书房。

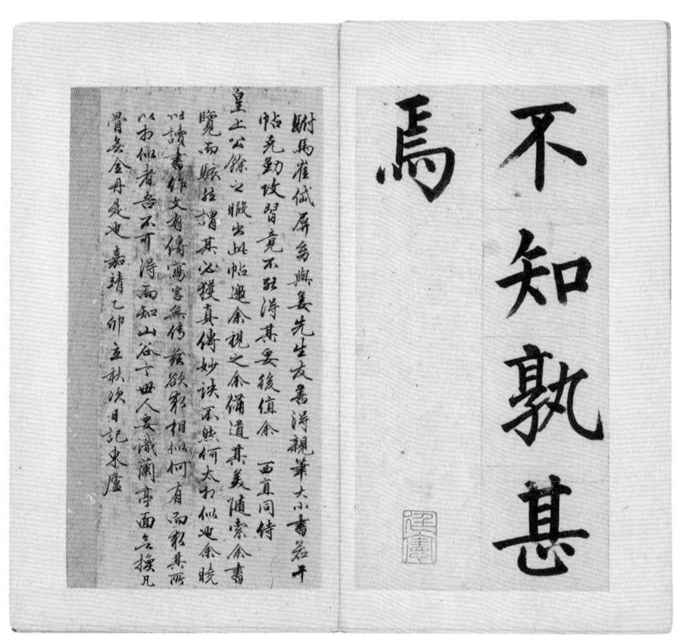

097

《韩夫人墓志铭》册

作者 吴宽
年代 明
质地 纸本
每页尺寸 纵 27.1 厘米 横 28.9 厘米
收藏单位 故宫博物院

吴宽，字原博，号匏庵，长洲（今江苏苏州）人。擅书法，规模颜真卿、苏轼，为明代著名书法家。

此墓志铭为吴宽为韩夫人金氏所撰并书，从韩夫人去世时间推断，此时吴宽应在60余岁。全篇结构紧密，字体方整，端庄浑厚，气势庄严。曾入乾隆内府，贮于御书房。

韓夫人金氏墓志銘

都察院右都御史韓公以成化

戊戌卒于家

朝廷嘗遣官治墳于吳縣雅宜

山之原後二十年其配夫人金

氏没其子數具疏告哀

天子識公生時多著勞績而夫人

實公配也特下禮工二部議蓋

大臣妻受封而卒者例

賜祭而治墳後允合葬者近例

098

《自书诗》卷

作者　唐寅
年代　明
质地　纸本
尺寸　纵 23.3 厘米　横 551.3 厘米
收藏单位　故宫博物院

唐寅，字伯虎，一字子畏，号六如居士，吴县（今江苏苏州）人。才气横溢，诗文擅名，与祝允明、文徵明、徐祯卿并称“江南四才子”，画名更著，与沈周、文徵明、仇英并称“吴门四家”。

此卷为唐寅所作诗并自书，共 24 首。全篇结构严谨，圆转遒丽，丰润优雅，形成劲骨于内、美形于外、缜密流便的独特风格，诗、书并美，珠联璧合。曾入嘉庆内府，《石渠宝笈》三编著录。

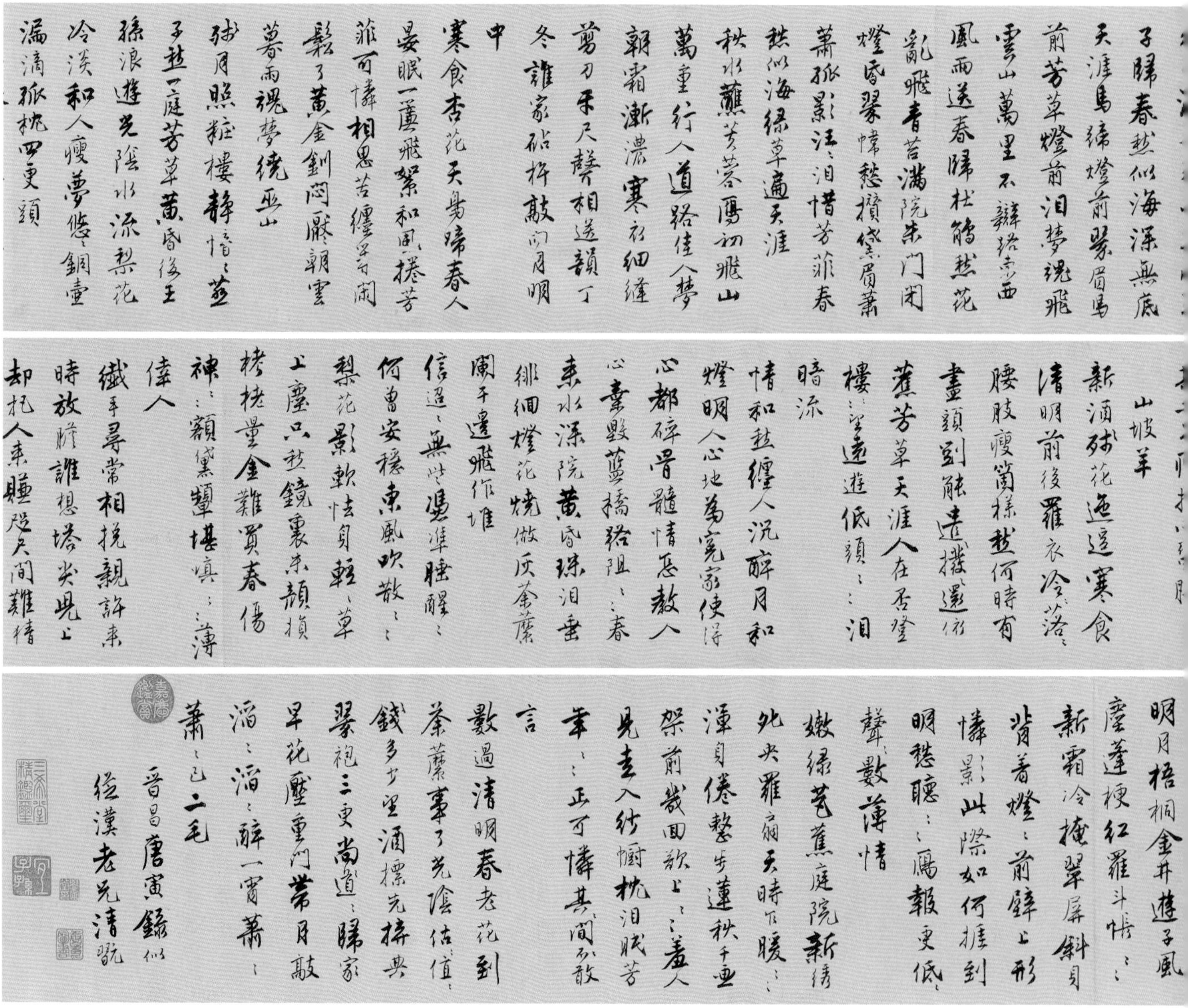

集賢賓

紅樓西閣天仙御玉人
乘月吹簫一曲涼州聲
裊裊到此際離愁多少
青鸞信杳魂夢斷十
洲三島春色老香滿地
桐花風掃
閑庭細草天色暝瀟瀟
風雨清明萬斛春愁
無酒病偏不肯容人睡
醒殘花弄影明月上滿
枝青杏金剪冷羅袖上
淚沾紅粉
冰肌玉骨香旖旎藕花
深處亭池碧玉闌干誰
共倚章臺負了涼風如水
光陰撚指又早是破瓜
年紀鸞鏡裏只怕道
崔嶶憔悴
春深小院飛細雨杏花
消息何如報道東君速
夜去須索要團圓他住
金杯滿斟怎不念紅顏
春對君前取書影上

冷淡和人瘦夢悠悠銅壺
漏滴孤枕四更頭
羅袖摟春寒對飛花淚
眼濕無心相弄閒雨嘗
塵迷鏡鸞愁埋枕山蘼
蕪草綠王孫遊遠遠倚
闌干丁寧魚雁風水路
途難
蝴蝶杏園春惜芳菲紅
袖人東風九十愁纏病證
衣懶薰爐燼濕翠煙
波魚鳥無音信夜黃昏
空庭細雨燈影照孤身
孤枕伴殘燈悄無言珠
淚零濃霜打窗外夜冷
淒涼五更纏繆四星愁
腸早已安排定恨才人
長門賦裏難說這裏情
燈火夜闌珊繡簾風花
影裏不除釵剪賤孤館
心兒漸酸口兒漸乾此時
愁比天長錠夢巫山雲
收雨散神女怨青鸞
日轉杏花梢送春歸把
[illegible]

時放膽誰想塔尖兒上
卻把人來瞞殷天間難猜
對面山風雲氣色多少
濃和淡鐵打心腸也痛
酸寬怨怎得魚兒上鉤
竿盤桓難道磚階沒
縫鎖
暖融融溫香肌體笑吟
吟嬌羞蓉上牡丹芍藥
都難比繫樓時心頭
氣一絲魂靈飛散青
霄裏便死甘心說甚
的釵垂垂寶髻披香脂脂
尚有餘
燕子妝樓春曉滴滴香
眠春老海棠報道道花
開早夜又朝光陰信手
拋甫能參得燈兒了蓋
子樓頭月又高春宵宵
嘆孤寥裙腰腰香漸
消
窗下鷄鳴天曉天際王
孫芳草煙波瞻蕩蕩
鱗翁香翠黛濃愁眉
怎樣描東風瞞得鸞

歸去来兮辭

歸去来兮田園將蕪胡不歸既自以心為形役
奚惆悵而獨悲悟已往之不諫知来者之可追實
迷塗其未遠覺今是而昨非舟摇摇以輕颺風飄飄
而吹衣問征夫以前路恨晨光之熹微乃瞻衡宇載
欣載奔僮僕歡迎稚子候門三逕就荒松菊猶存攜
幼入室有酒盈樽引壺觴以自酌眄庭柯以怡顔倚南
窗以寄傲審容膝之易安園日涉以成趣門雖設而長
關策扶老以流憩時矯首而遐觀雲無心而出岫鳥倦
飛而知還景翳翳以將入撫孤松而盤桓歸去来兮請
息交以絶遊世與我而相違復駕言兮焉求悦親戚
之情話樂琴書以消憂農人告余以春及將有事於
西疇或命巾車或棹孤舟既窈窕以尋壑亦崎嶇而
經丘木欣欣以向榮泉涓涓而始流善萬物之得時
感吾生之行休已矣乎寓形宇内復幾時曷不委心任去
留胡為乎遑遑兮欲何之富貴非吾願帝鄉不可期懷
良辰以孤往或植杖而耘耔登東皋以舒嘯臨清流而
賦詩聊乘化以歸盡樂夫天命復奚疑

辛亥九月十一日横塘舟中書　徵明　時年八十又二

099

《归去来兮辞》页

作者　文徵明
年代　明
质地　纸本
尺寸　纵 13.7 厘米　横 16.1 厘米
收藏单位　故宫博物院

文徵明，原名壁，字徵明，后以字行，改字徵仲，长洲（今江苏苏州）人。书法上与祝允明、王宠并誉为“吴中三家”。

《归去来兮辞》是东晋诗人陶渊明的著名篇章，反映了他弃官归隐田园后的心境。此页书于明嘉靖三十年（1551），文徵明时年 82 岁。通篇以小楷抄录，笔法清俊儒雅，结体方整紧劲，字势修长俊逸，行气贯通，精细严谨，为文氏小楷书杰作。

100

《临柳公权兰亭诗》卷

作者 董其昌
年代 明
质地 纸本
尺寸 纵 27.2 厘米 横 1070 厘米
收藏单位 故宫博物院

董其昌，字玄宰，号思白，又号香光居士，华亭（今上海松江）人。工书法，在书画理论方面论著颇多，影响深远。

柳公权书《兰亭诗》原为 37 首，此本为 34 首。此卷书于明万历四十六年（1618），董其昌时年 64 岁。书风出以己意，运笔潇洒，转折灵活，字间与行间表现出映带关系和顾盼姿态，神完意足。曾入乾隆内府，贮于重华宫，列为“兰亭八柱”之一。

绘画篇

清朝是满族建立的政权，但是，清政府并不排斥汉民族的传统文化，在承接明皇宫所藏的历代书画、珍宝首饰及生活用具的基础上，又通过臣子进献、抄家收缴、出资购买等途径从民间广泛征集藏物。历经康雍乾盛世之后，皇家的收藏达到了前所未有的规模，仅皇宫内收贮的名画就达数万件之多，可谓盛极一时。

这些藏画中不仅有以水墨、重彩、浅绛、工笔、写意、白描等多种技法表现的画作，而且山水、花鸟、人物、瓜果、翎毛、走兽、虫鱼等数种画科齐现。其中有年代久远的稀世孤本，如中国早期绘画中的经典之作：宋人摹的具有一代画圣顾恺之神韵的《洛神赋图》、存世卷轴画中最早的山水画作展子虔（传）《游春图》、唐代最生动的宫廷纪实画阎立本《步辇图》卷（宋摹本）、现存最早的人物写真连环画卷顾闳中（传）《韩熙载夜宴图》，以及具有重要历史价值的张择端《清明上河图》，等等。同时，其中还有展现出较为鲜明的艺术史意识和时代特点的元明时期主要流派和画家的重要作品：如通过元代赵孟頫《秋郊饮马图》卷、钱选《秋江待渡图》卷及“元四家”中黄公望《快雪时晴图》卷、倪瓒《梧竹秀石图》轴、王蒙《夏日山居图》轴可见，在蒙古族称帝的元代，来自汉族失意的士大夫画家和在野的文人画家们的画作在继承中国传统绘画的基础上，又以追求古意和士气为重，与宋代尽意求工、注重形似的意趣大相径庭。

又如，通过明代“浙派”戴进《升平村乐图》卷、“江夏派”吴伟《歌舞图》轴及宫廷画家李在《阔渚遥峰图》轴、倪端《聘庞图》轴等藏品，可以感受到明早期绘画，无论山水画还是人物画、花鸟画，均在取法宋人郭熙及李唐、刘松年、马远诸家的基础上，又融入了元人的水墨写意传统，从而形成笔墨苍劲、粗犷的画风。通过明中期“吴门画派”代表人物沈周的《空林积雨图》页、文徵明的《洛原草堂图》轴、唐寅的《事茗图》轴及仇英的《桃村草堂图》轴等画作可见，明中期的画家在宗法宋人笔墨的同时，又在极力推崇“元四家”的韵致；他们强调人品与画品的统一，同时更注重诗、书、画、印的结合，以此展现其全面的文化素养和艺术品位。通过明代晚期“华亭派”董其昌《关山雪霁图》卷、“苏松派”赵左《仿黄公望富春大岭图》卷、“武林派”蓝瑛《秋老梧桐图》轴等画作可见，尽管晚明以地域为划分的画派众多，但是他们的画作风格基本相同，都追寻着董其昌秀逸清雅的画风和“崇南贬北”的主张，作品具有注重笔墨气韵、追求秀逸崇古的格调。

值得一提的是，随着清王朝的日渐衰败，清宫典藏绘画曾遭到各种劫难：1860 年英法联军和 1900 年德、法、日、美等八国联军的抢掠，1923 年建福宫中藏品楼——延春阁的焚毁，以及 1945 年吉林长春“小白楼”的哄抢……其中东晋顾恺之《女史箴图》卷（宋摹本）、唐李思训《青绿山水图》轴、五代巨然《茂林叠嶂图》轴等，现藏于大英博物馆；元王蒙《琴书自娱图》轴、元朱德润《雨山喧瀑图》轴、明文徵明《东林避暑图》卷等数以千计的书画作品，已在建福宫的火灾中化为灰烬。

现今，清宫典藏的画作留存有限而且分藏在各博物馆和私人藏家手中，它们在展示着清宫皇家收藏绘画品位的同时，亦展现了中国画独特的神采与魅力。

101

《洛神赋图》卷（宋摹本）

作者　顾恺之绘（传）　佚名摹
年代　晋
质地　绢本
尺寸　纵 27.1 厘米　横 572.8 厘米
收藏单位　故宫博物院

顾恺之，字长康，小字虎头，晋陵无锡（今江苏无锡）人。工诗赋、书法，尤擅绘画，凡人物、佛像、禽兽、山水皆能，时有“才绝、画绝、痴绝”之称。

此卷是根据曹植所写《洛神赋》而创作的故事画，分段描绘赋的内容，构图连贯，设色浓艳，画法古拙，山石树木钩填无皴，系初唐以前画风，但从画法、绢、色等方面研究，当为宋人摹本。曾入乾隆内府，贮于御书房。

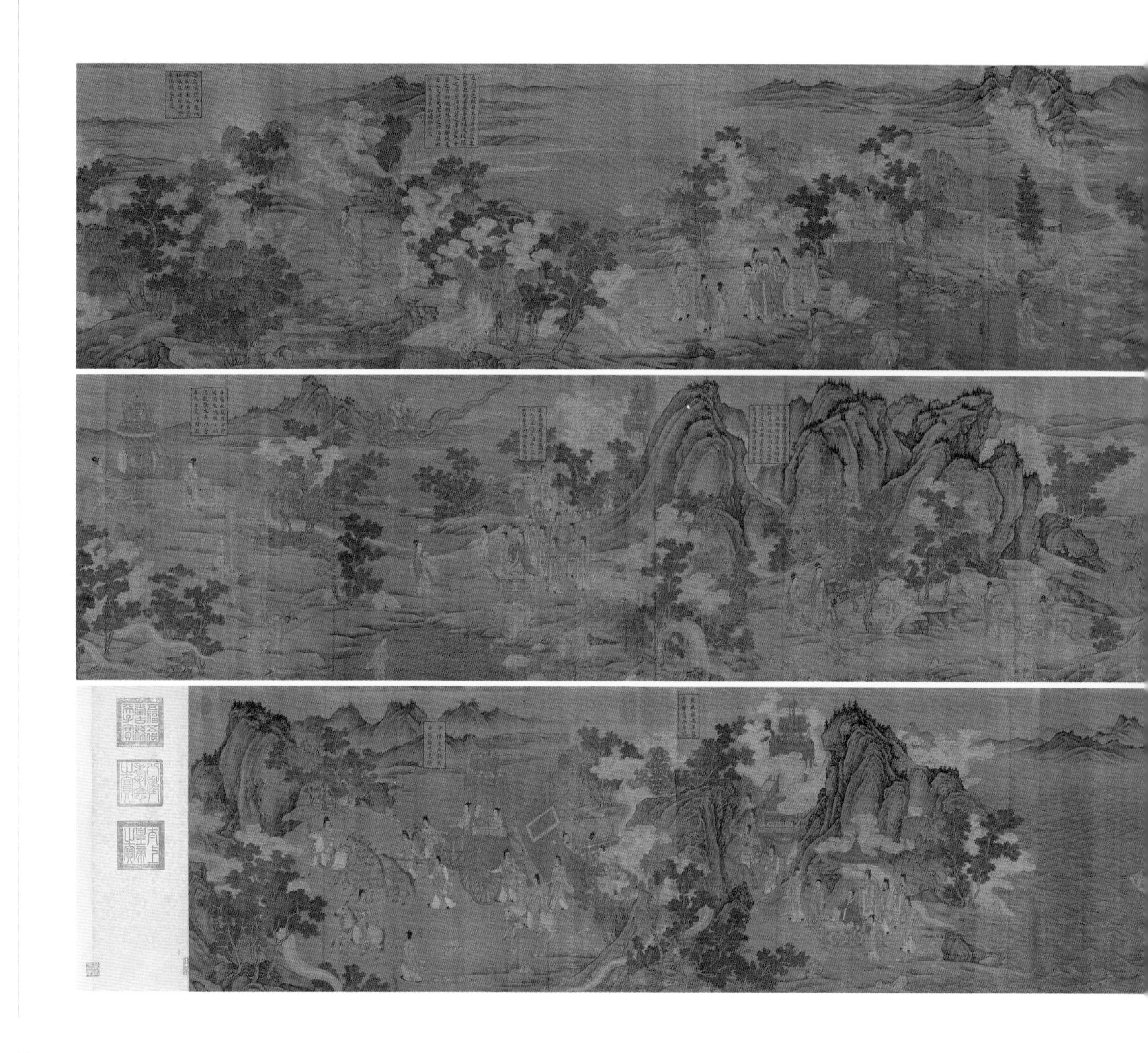

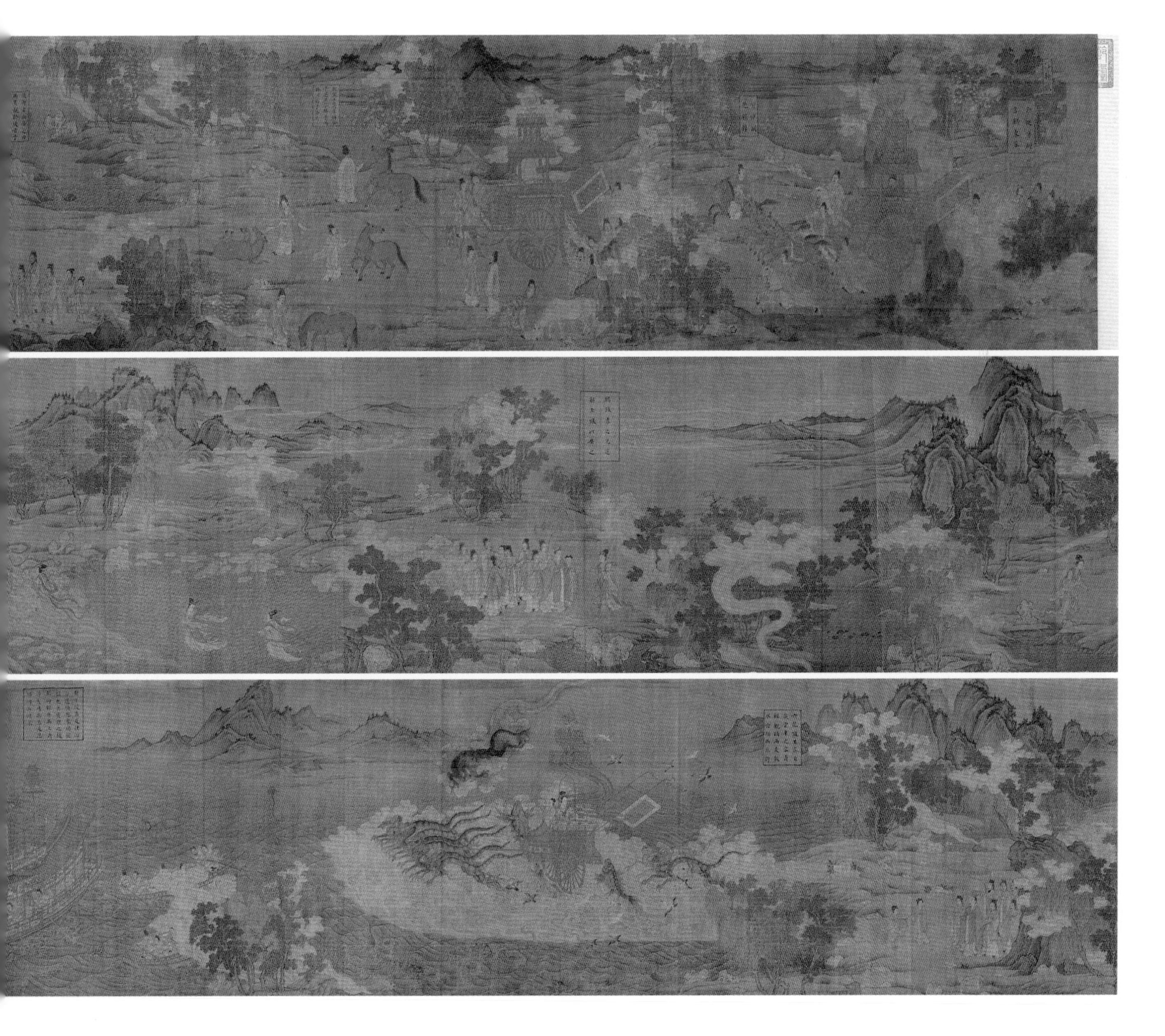

102

《女史箴图》卷（唐摹本）

作者　顾恺之绘（传）　佚名摹
年代　晋
质地　绢本
尺寸　纵 24.37 厘米　横 343.75 厘米
收藏单位　大英博物馆

此卷依据西晋张华《女史箴》一文而作，原文12节，所画亦为12段，现存自“冯媛挡熊”至“女史司箴敢告庶姬”共9段。作品注重人物神态的表现，用笔细劲连绵，色彩典丽、秀润，一般认为是唐代摹本。曾入乾隆内府，贮于建福宫。

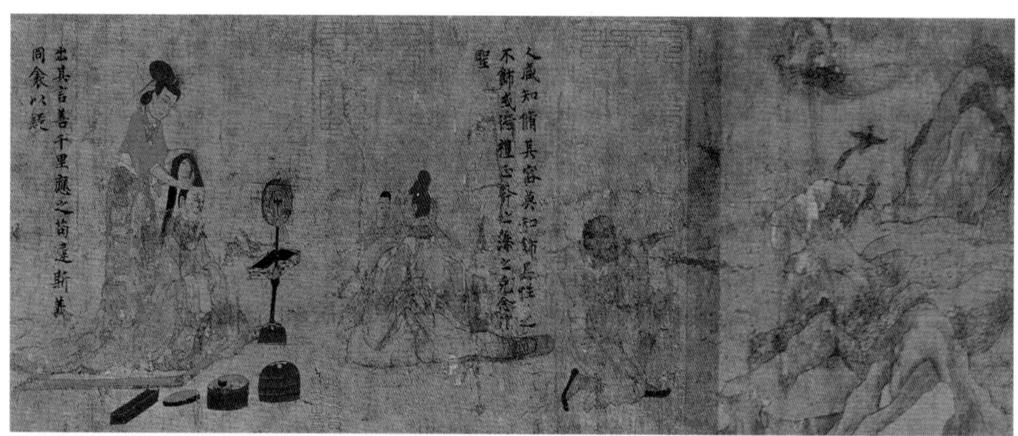

103

《游春图》卷

作者　展子虔
年代　隋
质地　绢本
尺寸　纵 43 厘米　横 80.5 厘米
收藏单位　故宫博物院

展子虔，渤海（今山东阳信）人，擅画道释、人物、鞍马，尤长于宫殿台阁、山水画的创作。后世将其与晋代顾恺之、南朝陆探微、梁张僧繇并称为“顾、陆、张、展”。

此卷用细而有力的线条勾画出物象的轮廓，山石树木只用线条画出，人物虽然小如豆粒，但一丝不苟、形态毕现。作品色彩浓丽厚重，代表了中国早期山水画的面貌。曾入乾隆内府，贮于宁寿宫。

104

《步辇图》卷

作者 阎立本
年代 唐
质地 绢本
尺寸 纵 38.5 厘米 横 129 厘米
收藏单位 故宫博物院

阎立本，生活于 7 世纪，约卒于唐高宗咸亨四年（673）。唐朝初年的名画家，时誉“右相驰誉丹青”。

此卷描绘了唐太宗李世民在宫内接见松赞干布派来的吐蕃使臣禄东赞的历史情景。全画以细劲的线条塑造人物形象，线条纯熟，富有变化和表现力；设色浓重鲜艳，是一幅出色的工笔重彩人物画作品。图中的李世民、禄东赞等人带有肖像画特征。曾入乾隆内府，贮于御书房。

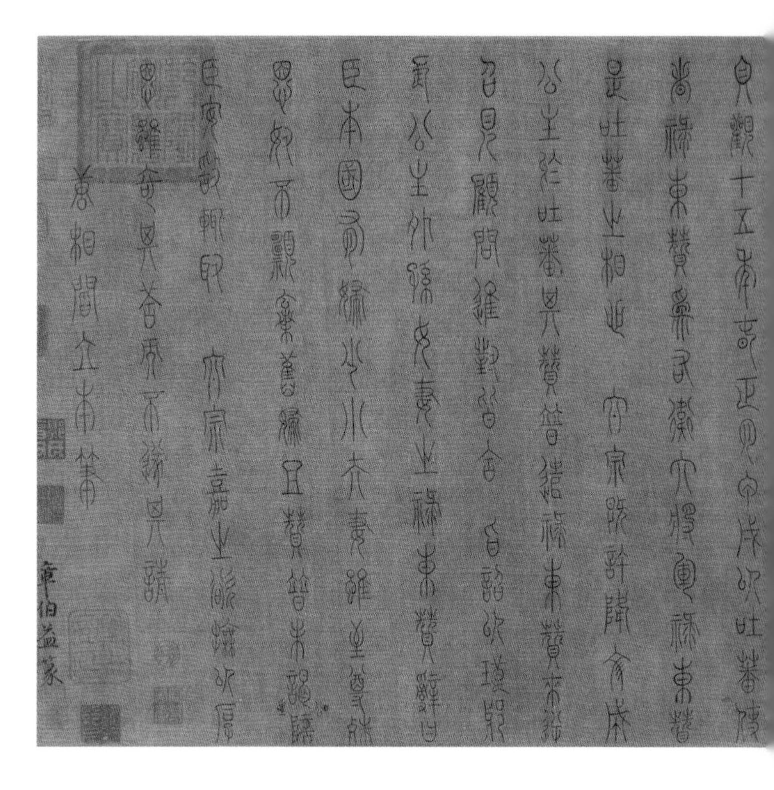

105

《挥扇仕女图》卷

作者 周昉
年代 唐
质地 绢本
尺寸 纵 33.7 厘米 横 204.8 厘米
收藏单位 故宫博物院

周昉，字仲朗，又字景玄，京兆（今陕西西安）人。唐代画家。擅绘佛道图像，亦工人物肖像和仕女画，以画风写实、形神兼备而著称。

此卷描绘了 13 位头挽高髻、细目圆面、长裙曳地的妃嫔和宫女形象，画面结构井然有序，图中色彩丰富，衣纹线条近铁线描，圆润秀劲，较准确地勾画出人物的种种体态。曾入乾隆内府，贮于御书房。

106

《游骑图》卷

作者 佚名
年代 唐
质地 绢本
尺寸 纵 22.7 厘米 横 94.8 厘米
收藏单位 故宫博物院

此卷画骑马者五人、从者二人。人物面部表情生动，衣纹流畅自然，马匹栩栩如生，人物与马匹描绘均十分精细。其上有乾隆帝于壬午春日御题七绝二首，壬午为乾隆二十七年（1762）。本幅无作者款印。徐邦达认为似宋人仿唐。曾入乾隆内府，《石渠宝笈》续编著录，贮于重华宫。

107

《百马图》卷

作者 佚名
年代 唐
质地 绢本
尺寸 纵 26.7 厘米 横 302.1 厘米
收藏单位 故宫博物院

此卷无作者名款。本幅共画马 94 匹，马匹姿态各异，生动自然，但画面构图显得充盈迫塞。画中的马匹和人物均用墨线勾勒，线条刚劲有力，人物衣褶短促，转折方硬，设色简淡。曾入乾隆内府，《石渠宝笈》续编著录，贮于养心殿。

108

《五牛图》卷

作者　韩滉
年代　唐
质地　纸本
尺寸　纵 20.8 厘米　横 139.8 厘米
收藏单位　故宫博物院

韩滉，字太冲，长安（今陕西西安）人。唐代贵胄和著名画家，封晋国公。擅画人物和畜兽，以绘田家风俗和牛羊著称。

图画五牛，姿态各异，造型准确生动，设色清淡沉着，用线粗劲质朴，画面层次丰富，达到了形神兼备之境界。此卷风格古朴，是目前所见最早作于纸上的绘画，其艺术成就和历史价值都备受世人关注。曾入乾隆内府，贮于西苑。

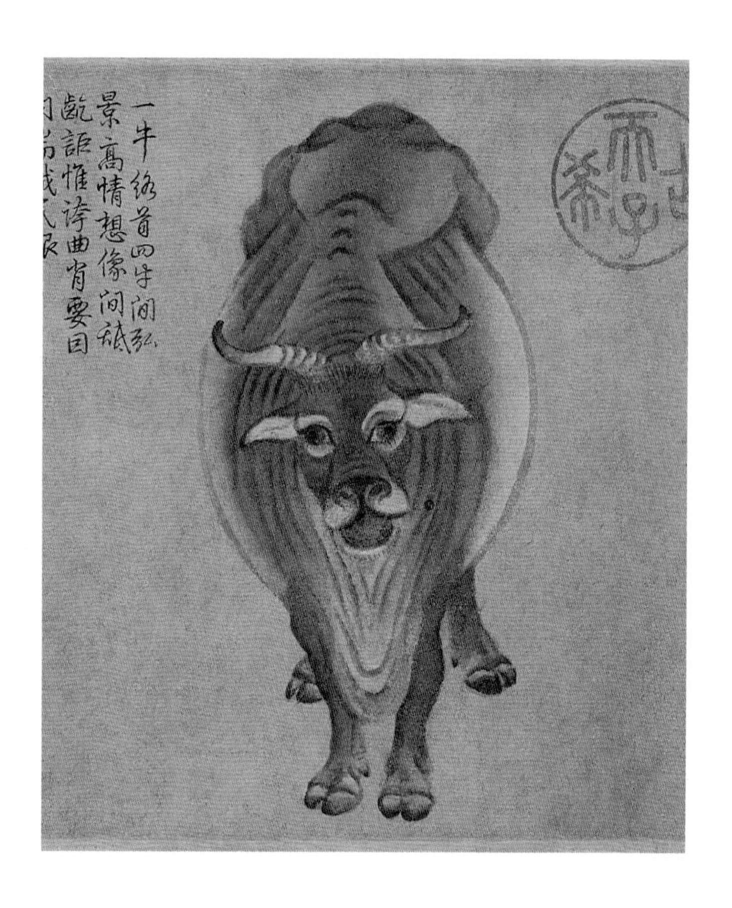

109

《阆苑女仙图》卷

作者　阮郜
年代　五代
质地　绢本
尺寸　纵 42.7 厘米　横 177.2 厘米
收藏单位　故宫博物院

阮郜，其事迹史书记载不详。擅画人物，尤工仕女。

阆苑，是传说中仙人的住处，有时也指宫苑。此图描绘的当为仙女生活游玩之地。画中女仙体态纤弱，衣纹勾描细密圆软，一反唐周昉时代侍女之丰肥与衣纹线条之方硬。树枝多画成蟹爪状，画法略似李成。坡石以墨线勾，染青绿色。曾入乾隆内府，贮于御书房。

110

《韩熙载夜宴图》卷（宋摹本）

作者　顾闳中（传）
年代　五代
质地　绢本
尺寸　纵 28.7 厘米　横 335.5 厘米
收藏单位　故宫博物院

顾闳中，江南人。南唐后主李煜时任画院待诏，擅画人物，与周文矩齐名。

此图是顾闳中奉诏而画，如实再现了南唐大臣韩熙载夜宴宾客的历史情景，分为“听乐”、“观舞”、“暂歇”、“清吹”和“散宴”五个段落。人物神态刻画得栩栩如生，造型准确精微，线条工细流畅，色彩绚丽清雅。据考证，此卷当属南宋孝宗至宁宗朝摹本。曾入乾隆内府，贮于御书房。

111

《珍禽图》卷

作者　黄筌
年代　五代
质地　绢本
尺寸　纵 41.5 厘米　横 70.8 厘米
收藏单位　故宫博物院

黄筌，字要叔，成都人。五代后蜀画家。所画禽鸟造型准确，骨肉兼备，赋色浓丽，勾勒精细，几乎不见笔迹，谓之“写生法”。其开创的富贵、华丽、写实的画风，成为后来历代宫廷绘画的主要风格。

此卷是黄筌画给其子黄居宝临摹练习用的一幅稿本。画家用细密的线条和浓丽的色彩描绘了 24 只动物，均以细劲的线条画出轮廓，然后敷以色彩。曾入乾隆内府，贮于御书房。

熙載風流清
為天官侍郎以
頗為時論所誚
書此圖

112

《卓歇图》卷（金摹本）

作者　胡瓌（传）
年代　五代
质地　绢本
尺寸　纵 33 厘米　横 256 厘米
收藏单位　故宫博物院

胡瓌，五代后唐画家，山岳契丹乌素固部落人，居范阳（今河北涿州）。擅写北方边疆牧马、驰猎等生活，尤工画马，用笔清劲细密，生动有神。

全卷画女真贵族在狩猎歇息时邀南宋使臣宴饮观舞的情景。此卷人物虽多，却疏密有致、层次分明。人物、鞍马的造型，既简洁凝重，又准确自然，线条多变而流畅。就笔墨而言，这件作品明显带有汉唐时期人物画的许多特征，说明当时的绘画已经存在民族间的交流与借鉴了。曾入乾隆内府，贮于乾清宫。

113

《萧翼赚兰亭图》卷

作者　佚名
年代　宋
质地　绢本
尺寸　纵 26.6 厘米　横 44.3 厘米
收藏单位　故宫博物院

此卷描绘的是唐何延之《兰亭记》中记载的监察御史萧翼从辩才和尚处智取《兰亭序》的故事，据考证为宋人摹本。现存宋人摹《萧翼赚兰亭图》计有三本，相较辽宁省博物馆、台北“故宫博物院”藏本，此卷相对较简略，衣纹带方折而多顿挫，人物形态刻画十分生动。

114

《渔村小雪图》卷

作者　王诜
年代　宋
质地　绢本
尺寸　纵 44.5 厘米　横 219.5 厘米
收藏单位　故宫博物院

王诜，字晋卿，山西太原人。与苏轼等人交往密切，常相与酬唱，探讨艺术。工诗文，长于书画，尤擅山水，师法李成。

此卷描写冬季小雪初霁的渔村山林景色。作者在通幅水墨之中吸收了唐代以来金碧山水的画法，是一种创造性的实践。这幅作品充分体现了北宋时文人画强调“诗中有画，画中有诗”的创作主旨，是“诗画一律”的典范作品。曾入乾隆内府，贮于重华宫。

115

《临韦偃牧放图》卷（宋摹本）

作者　李公麟
年代　宋
质地　绢本
尺寸　纵 46.2 厘米　横 429.8 厘米
收藏单位　故宫博物院

李公麟，字伯时，号龙眠居士，舒城（今属安徽）人。北宋著名画家。擅画人物、佛道像，尤精鞍马，更以白描画法独步当世，被评者推为宋画第一。

此卷为李公麟临摹唐朝画家韦偃的作品，全图共画人物140余个、马1200多匹，画中的马匹和人物均用墨线勾勒，线条挺拔有力，色泽浓重。韦偃已无可靠的作品存世，通过这个摹本，可以领略其绘画的风采。曾入乾隆内府，贮于宁寿宫。

116

《听琴图》轴

作者　赵佶（传）
年代　宋
质地　绢本
尺寸　纵 147.2 厘米　横 51.3 厘米
收藏单位　故宫博物院

赵佶，即宋徽宗，北宋皇帝，书画家。在位时广收历代文物、书画，极一时之盛，亲自主持翰林图画院，编辑《宣和书谱》、《宣和画谱》。能书善画，自创书法“瘦金体”。

此幅作品构图简净，人物举止、形貌刻画得生动传神，衣纹线描劲挺，树石、器具描写工致而毫无呆板，着色浑厚而不失清丽，是宋代宫廷人物画的代表作品。《石渠宝笈》三编著录，曾贮于延春阁。

117

《芙蓉锦鸡图》轴

作者　赵佶（传）
年代　宋
质地　绢本
尺寸　纵 81.5 厘米　横 53.6 厘米
收藏单位　故宫博物院

此幅作品线条细劲，造型准确，色彩明丽，层次清晰，形神兼备，构图密中见疏，揖让有度。瘦金体诗文与精致艳丽的图画互为辉映，相得益彰，是一幅宋代院画佳作，代表了宋代花鸟画高超的艺术水准。

秌勁拒霜盛
峩冠錦羽雞
已知全五德
安逸勝鳬鷖
宣和殿御製并書

118

《千里江山图》卷

作者 王希孟
年代 宋
质地 绢本
尺寸 纵 51.5 厘米 横 1191.5 厘米
收藏单位 故宫博物院

王希孟，北宋宫廷画家。绘画技法继承并发展了盛唐时期“二李将军”的青绿山水画法，有一定的创新意义。

此卷用笔精当，画风细腻，人物虽细小如豆，却动态鲜明。综观全幅，又不失雄阔的境界和恢宏的气势，远观近睹均令人折服。该卷是王希孟传世的唯一作品，以概括精练的手法、绚丽的色彩和工细的笔致表现出大宋山河的雄伟壮观，一向被视为宋代青绿山水画中的巨制杰作。

江山千里望
無垠元氣淋
漓運以神北
丙午新正月

119

《清明上河图》卷

作者　张择端
年代　宋
质地　绢本
尺寸　纵 24.8 厘米　横 528 厘米
收藏单位　故宫博物院

张择端，字正道，琅琊东武（今山东诸城）人。北宋画家。擅画楼观、屋宇、林木、人物。

此卷描绘的是清明时节北宋都城汴京（今河南开封）东角子门内外和汴河两岸的繁华热闹景象。全卷可分为市郊、上土桥及汴河两岸风光、市区街道三段，画面丰富生动，用笔兼工带写，设色淡雅，构图以散点透视法组织画面，画面严密紧凑，集中概括地再现了 12 世纪北宋全盛时期都城汴京的生活面貌。曾入清内府，《石渠宝笈》三编著录，贮于延春阁。

120

《万松金阙图》卷

作者　赵伯骕
年代　宋
质地　绢本
尺寸　纵 27.7 厘米　横 136 厘米
收藏单位　故宫博物院

赵伯骕，字希远，赵伯驹弟。擅长青绿山水，出自唐代李思训的传派并自成一体。

该图无作者款印，尾纸有元代赵孟頫跋，称之为赵伯骕所作。图绘江南的湖畔松岭，山间有琼楼金阙，属青绿山水，笔法清细繁复，格调柔丽雅洁，显示出南宋皇家贵胄新的审美情趣。

121

《后赤壁赋图》卷

作者　马和之
年代　宋
质地　绢本
尺寸　纵 25.9 厘米　横 143 厘米
收藏单位　故宫博物院

马和之，钱塘（今浙江杭州）人，主要活动于北宋末至南宋初期。工画山水、人物、佛像，风格独特，笔法飘逸高古，迥异于南宋院体画法。在表现山水、人物时，古朴自然。

此卷系根据苏轼《后赤壁赋》创作，布局简远，景致清旷，笔法用兰叶描，秀逸而流畅，设色淡雅，人物生动，别具一格。曾入乾隆内府，贮于乾清宫。

122

《女孝经图》卷

作者　佚名

年代　宋

质地　绢本

尺寸　纵 43.8 厘米　横 823.7 厘米

收藏单位　故宫博物院

此卷无作者款印，旧传为唐人画作，但据其谨细缜密的画风和图中所陈设器物的造型、装饰等推断，当出自南宋画院画家手笔。全卷以图解的形式分九段表现唐代郑氏《女孝经》前九章的内容。图中人物的衣纹为铁线描，线条匀细。树叶为笔法工整的双钩填色，枝叶相互叠加，既有层次感又不失之于琐碎。此图卷以其较高的艺术造诣向世人展示了宋代仕女画的成熟风貌。曾入乾隆内府，贮于御书房。

開宗明義章
賢明章
夫人章

123

《货郎图》卷

作者　李嵩
年代　宋
质地　绢本
尺寸　纵 25.5 厘米　横 70.4 厘米
收藏单位　故宫博物院

李嵩，南宋画家。钱塘（今浙江杭州）人。画院待诏李从训养子，随其习画。擅人物、佛像，尤长界画。

此卷绘货郎肩挑杂货担。画面中人物主要依靠线描勾勒，细秀的笔画辅以淡雅的设色，使画面古朴沉着。人物动态鲜明，无一雷同。繁而不乱的货物描绘得一丝不苟，更显示了李嵩“尤长界画”的技巧。画家借货郎这一题材表现了市井生活的一个侧面，是一幅宋代人物风俗画的杰作。曾入乾隆内府，贮于御书房。

124

《鸡雏待饲图》页

作者　李迪
年代　宋
质地　绢本
尺寸　纵 23.7 厘米　横 24.6 厘米
收藏单位　故宫博物院

李迪，河阳（今河南孟县）人。南宋孝宗、光宗、宁宗三朝画院画家。擅画花鸟、走兽、竹石，长于写生。亦作山水小景，不如花鸟精工。

此图为李迪晚年所画，构图简洁，但生动传神，捕捉住鸡雏回眸的刹那间的神情，动人心弦。此图曾作为《宋人名流集藻》册中之一幅被《石渠宝笈》续编著录。曾入乾隆内府，贮于乾清宫。

125

《神龟图》卷

作者　张珪
年代　金
质地　绢本
尺寸　纵 26.5 厘米　横 55.3 厘米
收藏单位　故宫博物院

张珪，活动于金正隆年间。工画人物，其笔下人物形貌端正，衣褶清劲。

龟在古代为祥瑞之兽，与麟、凤、龙并称“四灵”，外加白虎，又称“五瑞”。此图右下临水沙滩上绘乌龟一只，用笔工整细腻，龟之甲纹描画得一丝不苟。构图简洁，设色妍美，画风近院体，为张珪传世孤本。曾入乾隆内府，贮于御书房。

126

《秋江待渡图》卷

作者　钱选
年代　元
质地　纸本
尺寸　纵 26.8 厘米　横 108.4 厘米
收藏单位　故宫博物院

钱选，字舜举，号玉潭、清癯老人、巽峰，晚年更号溪翁，吴兴（今浙江湖州）人。画家。花鸟、山水、人物、鞍马无一不擅，元初与赵孟頫、王子中、陈式等人并称“吴兴八俊”。

此卷描绘江南的湖光山色，以墨线勾勒山石林木轮廓，再施以青绿重彩，几乎不用皴笔，画法接近展子虔《游春图》。作品采用诗、书、画结合的形式，以诗意充实画意，开创了元代绘画的新风格。曾入乾隆内府，《石渠宝笈》初编著录，贮于养心殿。

127

《西湖吟趣图》卷

作者　钱选
年代　元
质地　纸本
尺寸　纵 25 厘米　横 72.5 厘米
收藏单位　故宫博物院

此卷描绘了北宋诗人林逋隐居于杭州西湖孤山，以梅妻鹤子为伴之事。画面线条精致细腻，赋色文静，气氛描绘得清冷却不凄寒，画中隐士清贫却不孤苦。曾入清内府，《石渠宝笈》三编著录，贮于养性斋。

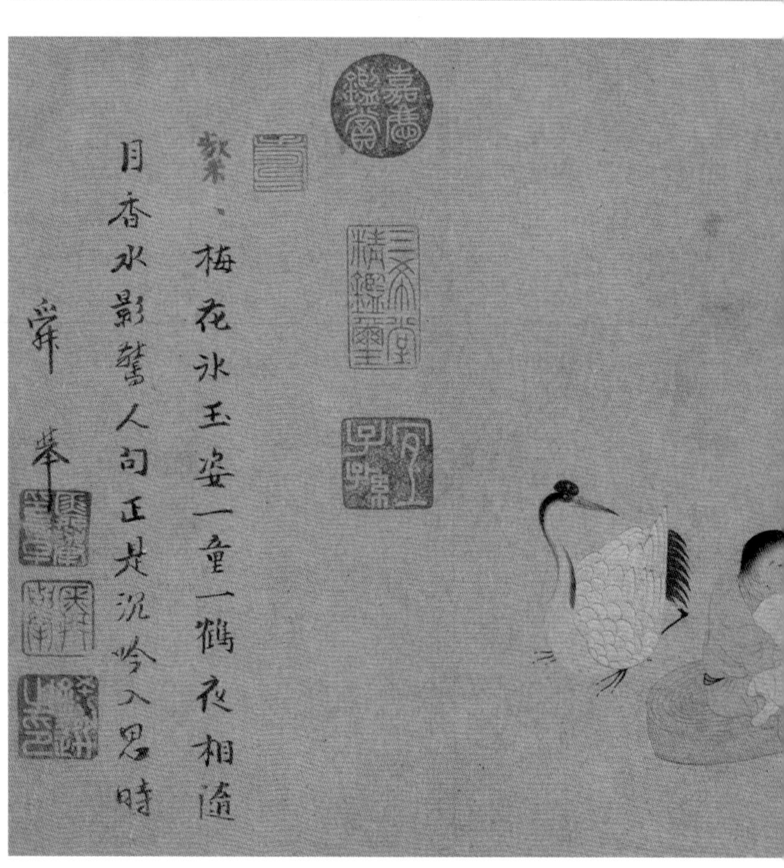

丁卯春月
御题

128

《秋郊饮马图》卷

作者　赵孟頫

年代　元

质地　绢本

尺寸　纵 23.6 厘米　横 59 厘米

收藏单位　故宫博物院

赵孟頫书画造诣极深，乃元代的画坛领袖。其绘画取材广泛，技法全面，山水、人物、花鸟无不擅长，其绘画、书风和书学主张对当时及后世影响巨大而深远。

此图为赵孟頫 59 岁所作，绘清秋郊野，圉官池畔牧马之景，将唐人的青绿重彩与宋以来的文人笔墨加以融合，画法精丽生动，精逸技巧与文人雅韵结合，反映了赵孟頫晚年成熟的人马画面貌。曾入乾隆内府，贮于养心殿。

秋郊飲馬圖

129

《幽篁戴胜图》卷

作者　赵孟頫
年代　元
质地　绢本
尺寸　纵 25.4 厘米　横 36.2 厘米
收藏单位　故宫博物院

此图画面敷色明净，笔法谨细。工致的画风秉承了北宋画院的画法，但幽篁的画法采用了书法用笔，显示了画家对文人情趣的追求。曾入乾隆内府，贮于御书房。

130

《秋山暮霭图》卷

作者　高克恭
年代　元
质地　纸本
尺寸　纵 49.5 厘米　横 84 厘米
收藏单位　故宫博物院

高克恭，字彦敬，号房山，元朝大都（今北京）房山人。能诗善画，尤长于山水、墨竹等题材，在元初画坛与赵孟頫齐名，时有“南赵北高”之誉。

此卷仿米氏画法，笔墨淳厚，烟云流润，水墨洇晕，表现出山云变幻之态。曾入乾隆内府，《石渠宝笈》续编著录，贮于宁寿宫。

131

《张果老见明皇图》卷

作者　任仁发
年代　元
质地　绢本
尺寸　纵 41.5 厘米　横 107.3 厘米
收藏单位　故宫博物院

任仁发，字子明，号月山道人，其先祖为邳县（今属江苏）人，后迁居松江（今属上海）。擅长书法、绘画，画马尤其出色。

此卷设色明丽古雅，画法精工生动，是任仁发人物故事画的代表作。全图人物表情细腻，瞬间的动态表现得极为成功，小驴的奔跑构成了全图的视觉中心，增强了画面的故事性。曾入乾隆内府，贮于乾清宫。

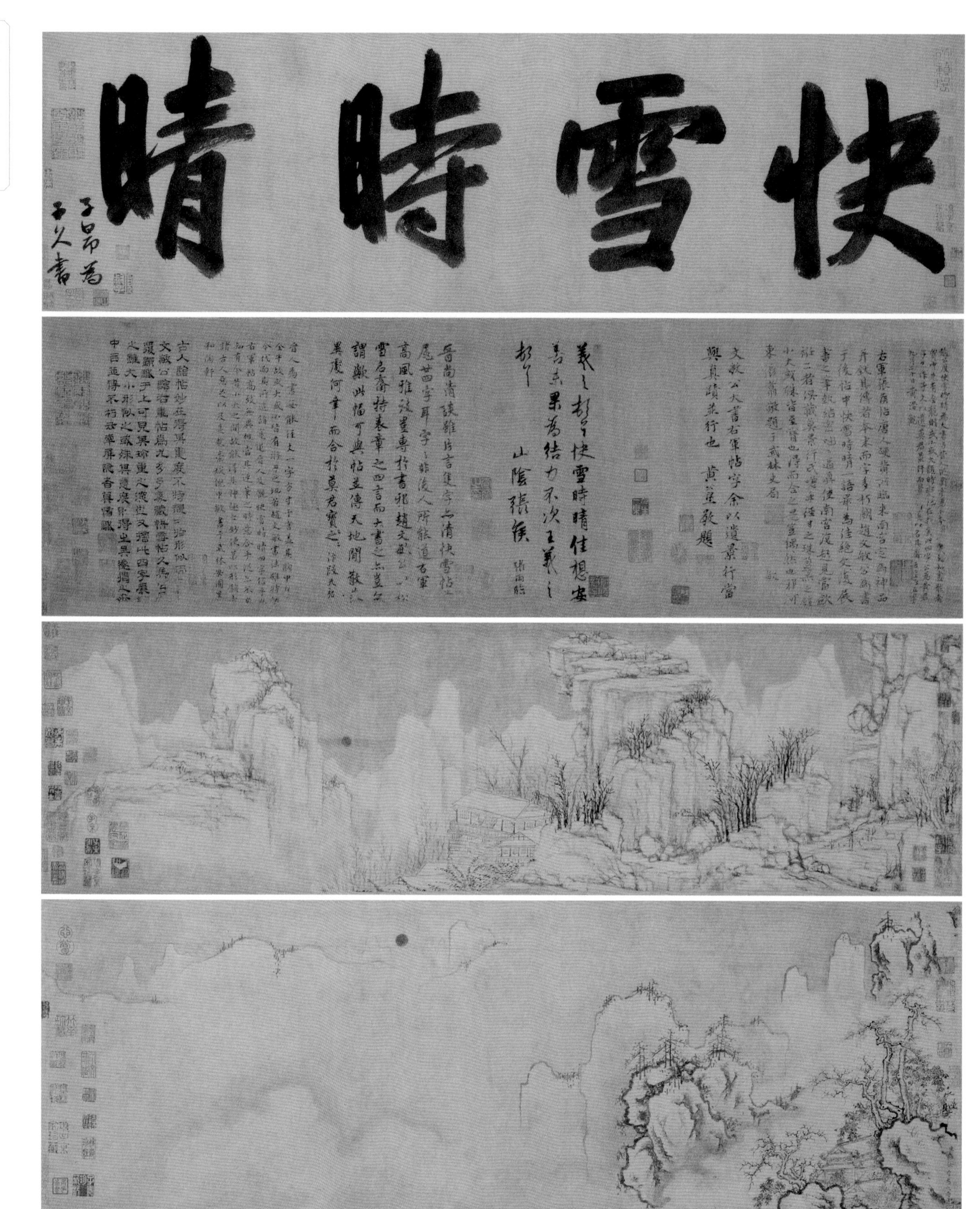
快雪時晴

132

《快雪时晴图》卷

作者　黄公望
年代　元
质地　纸本
尺寸　纵 29.7 厘米　横 104.6 厘米
收藏单位　故宫博物院

黄公望，字子久，号大痴道人，常熟（今属江苏）人。专擅山水，取五代董源、巨然的“平淡天真”，又得元代赵孟頫之“古意”，为“元四家”之首，著有《山水诀》。

此卷为赵孟頫、黄公望、徐贲三家合卷，赵书大字与黄、徐山水珠联璧合，互为辉映。黄氏此卷用笔松秀，虚实开合，于浑厚中仍饶峬峭，苍莽中转见娟妍，堪称佳作。

133

《清秘阁墨竹图》轴

作者　柯九思
年代　元
质地　纸本
尺寸　纵 132.8 厘米　横 58.5 厘米
收藏单位　故宫博物院

柯九思，字敬仲，号丹丘生，台州（今浙江临海）人。元代著名书画家、书画鉴定家。能诗文，擅书法，精画墨竹，间作山水。

此轴风格苍秀，以淡墨写干，用笔挺拔圆浑，宛如篆书，竹节两端再复垂墨。竹叶行笔沉着稳健，再加上劲健的小枝穿插其间，使丛竹于庄重、淳厚之中显示出活脱的生韵。曾入乾隆内府，贮于养心殿。

134

《扶弹游骑图》轴

作者 赵雍
年代 元
质地 纸本
尺寸 纵 109 厘米 横 46.3 厘米
收藏单位 故宫博物院

赵雍，字仲穆，湖州（今属浙江）人。赵孟頫次子。绘画有父风，山水、人物、花鸟、鞍马，皆其所长。此外，他还是一位著名的书画鉴赏家。

此卷图上人马先以淡墨勾线，后施色彩，晕染匀净。树木则用双钩填色，工整精细。全图画风古朴雅致，画法工稳，有唐人笔意。曾入清内府，《石渠宝笈》三编著录，贮于延春阁。

135

《秀野轩图》卷

作者 朱德润
年代 元
质地 纸本
尺寸 纵 28.3 厘米 横 210 厘米
收藏单位 故宫博物院

朱德润，字泽民，号睢阳山人，祖籍睢阳（今河南商丘），后居平江（今江苏苏州）。专擅山水，远师北宋李成、郭熙，近承赵孟頫，多写文人雅士在山林中的游赏活动。

此卷笔法粗放纵逸，墨色简洁，有苍茫之意。画中将文人的书斋和活动绘于佳山秀水中，是这个时期新出现的山水画题材，直接影响了元末明初早期吴派山水画的审美取向。曾入乾隆内府，《石渠宝笈》续编著录，贮于淳化轩。

136

《梧竹秀石图》轴

作者　倪瓒
年代　元
质地　纸本
尺寸　纵 96 厘米　横 36.5 厘米
收藏单位　故宫博物院

倪瓒，字元镇，号幼霞，别号云林子等，无锡（今属江苏）人。工诗文，擅画山水、竹石，画风对明清文人水墨山水画影响颇大。后人把他和黄公望、吴镇、王蒙并称为“元四家”。

倪瓒山水宗法董源，参以荆浩、关仝笔法，用笔方折，创折带皴写山石，画树木兼师李成。此轴虽是“逸笔草草，不求形似”之作，意境却清远萧疏，颇得苍润淋漓之墨趣，别开生面。曾入乾隆内府。

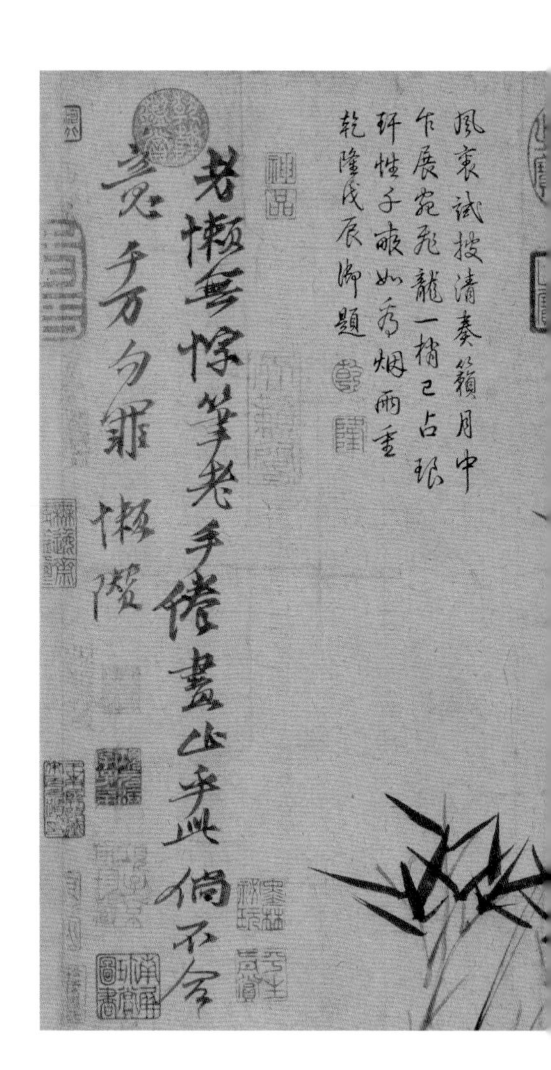

137

《竹枝图》卷

作者　倪瓒
年代　元
质地　纸本
尺寸　纵 34 厘米　横 76.4 厘米
收藏单位　故宫博物院

此卷竹干与枝节形态宛然，竹叶偃仰疏密布置得当，生意十足。图中用笔峭劲灵动，似懒实苍，实已得墨竹画萧散清逸的旨趣。曾入乾隆内府，贮于宁寿宫。

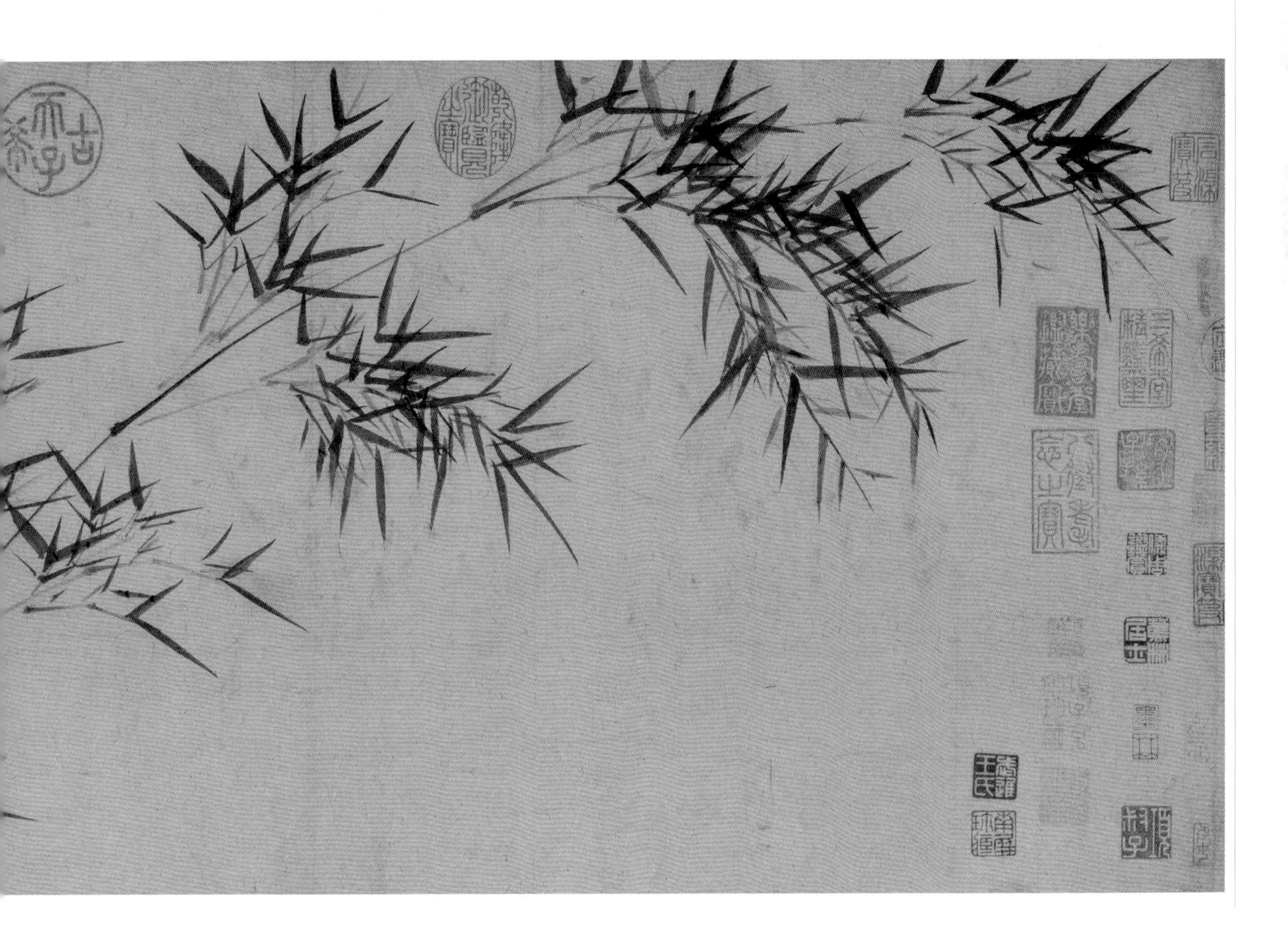

黃鶴山人標格清胷中丘
壑何縱橫興來援筆一揮
洒蒼崖翠石煙雲生人家
住在山之麓隱映門墻蔽
林木橫經讀能鼓瑤琴塵
風激動窗前竹
同葉先生家受山無緣衣
得青山看時張此圖向高
齋彷彿揚子江天寬
三山林瀚為
少司成費先生題
夏日山居
戊申二月黃鶴山人王叔明為
同玄高士畫于青村陶氏之嘉樹軒

138

《夏日山居图》轴

作者　王蒙
年代　元
质地　纸本
尺寸　纵 118.4 厘米　横 36.5 厘米
收藏单位　故宫博物院

王蒙，字叔明，号黄鹤山樵、香光居士，吴兴（今浙江湖州）人，赵孟頫外孙。工诗文书法，擅画山水，为“元四家”之一。

此轴绘长松高岭，山坞人家，极富生活情趣。山体施以细密而短促的牛毛皴，凸处和边缘处笔少而墨淡，凹处及深暗处则笔多而墨浓，借以表现山峦的层次和体积感。松树以淡墨勾形，树身以干笔圈皴。曾入乾隆内府，贮于淳化轩。

139

《伯牙鼓琴图》卷

作者　王振鹏
年代　元
质地　绢本
尺寸　纵 31.4 厘米　横 92 厘米
收藏单位　故宫博物院

王振鹏，字朋梅，永嘉（今浙江温州）人。工墨笔界画，笔法工致细密，自成一体。亦擅人物。

此卷描绘伯牙为知音者钟子期弹琴的故事。人物神情生动，衣纹用笔细劲流利，线条挺拔有力，造型笔法均近宋代李公麟，而稍有变化，实为元代人物画之精品。此图是目前在国内所能见到的王振鹏唯一的人物画。曾入乾隆内府，贮于养心殿。

140

《三顾茅庐图》轴

作者 戴进
年代 明
质地 绢本
尺寸 纵172.2厘米 横107厘米
收藏单位 故宫博物院

戴进，字文进，号静庵，又号玉泉山人，浙江钱塘（今浙江杭州）人。擅画山水、人物、花鸟、虫草。山水师法马远、夏圭，晚年纵逸出蹊径，卓然一家。为浙派开山鼻祖。

此图描绘的是刘备三顾茅庐拜访诸葛亮的故事。整体画面墨色清雅，人物生动细致，画山石用大斧劈皴法，松枝颀长，明显继承了南宋马远的画风，用笔简劲。

141

《朱瞻基行乐图》轴

作者 商喜
年代 明
质地 绢本
尺寸 纵 211 厘米 横 353 厘米
收藏单位 故宫博物院

商喜，字惟吉，一说恒吉。宣德时著名宫廷画家，擅长山水、人物、花卉、走兽。

此图表现了明宣德皇帝朱瞻基出行游猎的场面。作品构图严密，描绘细致，画法工细，笔法劲健，人物具有肖像画特征，设色浓丽。此卷背景与人的比例并不完全符合自然，体现了中国古代画家对空间概念的独特理解。

142

《聘庞图》轴

作者 倪端
年代 明
质地 绢本
尺寸 纵 163.8 厘米 横 92.4 厘米
收藏单位 故宫博物院

倪端，字仲正，杭州人。宣德中入画院。工书擅画，长于道释人物，兼工花卉，山水宗马远一派。

此图取材于三国时期荆州刺史刘表聘请隐士庞德公的故事。人物描摹精细，设色妍丽，山水气势雄伟浑厚，林木郁茂清朗。人物、骏马造型准确生动，线条细密流畅，用笔苍劲挺秀。曾入乾隆内府。

143

《空林积雨图》页

作者 沈周
年代 明
质地 纸本
尺寸 纵 21.7 厘米 横 29.2 厘米
收藏单位 故宫博物院

沈周，字启南，号石田，晚号白石翁，长洲（今江苏苏州）人。绘画上擅长山水、花鸟，尤以山水著称，有粗、细两种面貌。与文徵明、唐寅、仇英并称“吴门四家”，在中国画史上影响深远。

此图原载《四朝选藻册》。画面构景简洁，墨色浑润，阴雨连绵与画家郁闷难解的情绪跃然纸上。用笔灵活潇洒，一气呵成，于简率之中见生动秀逸之致。

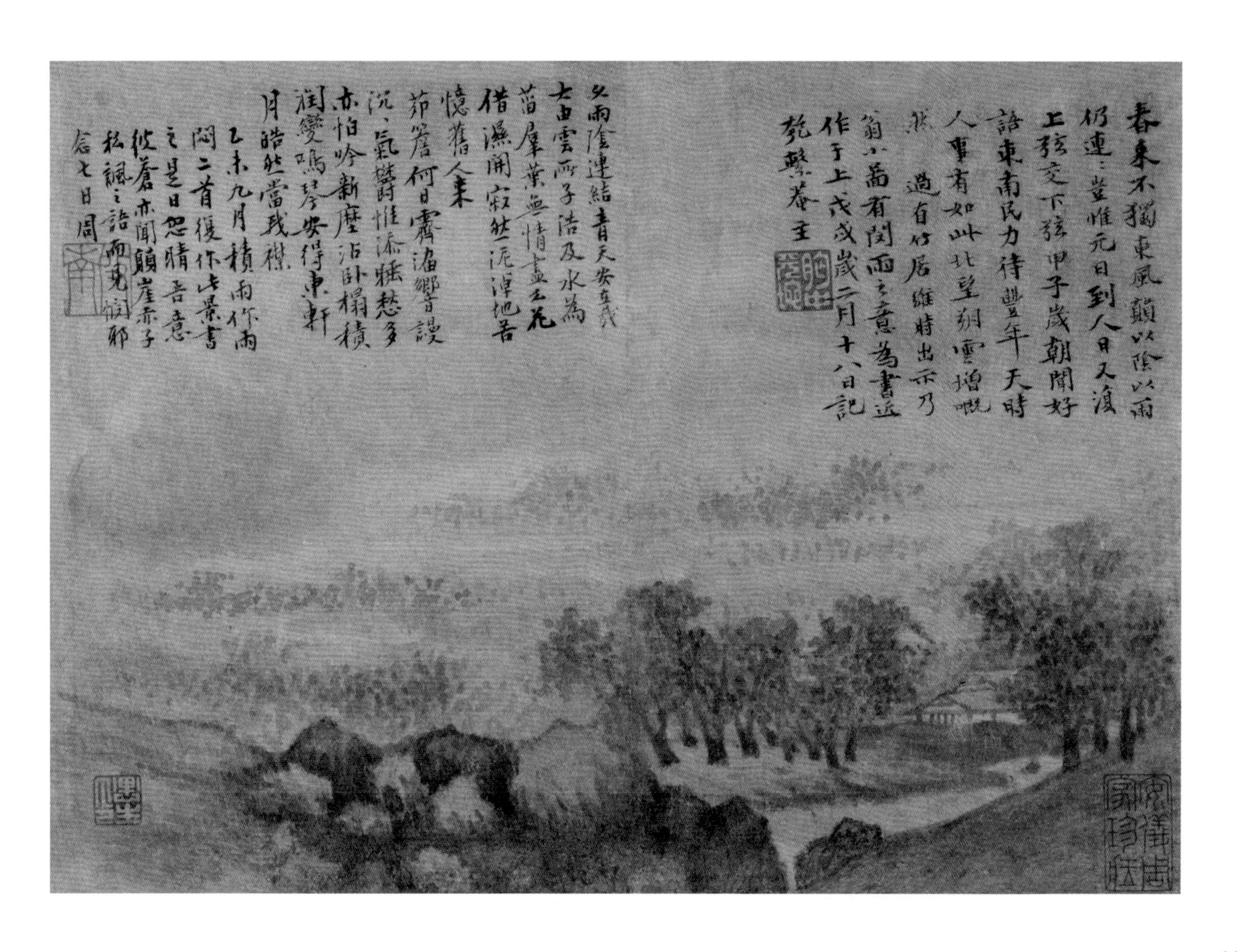

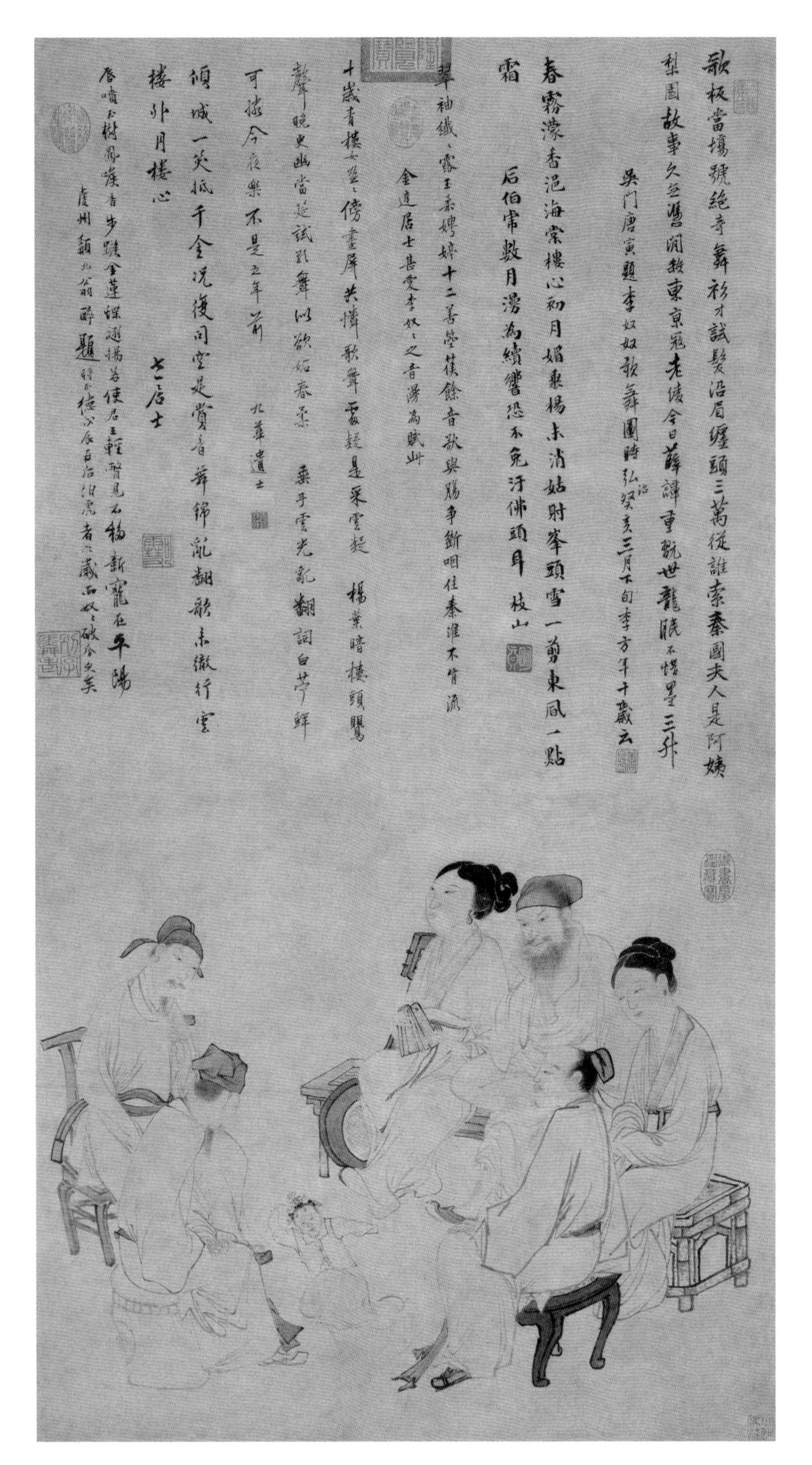

144

《歌舞图》轴

作者　吴伟
年代　明
质地　纸本
尺寸　纵 118.9 厘米　横 64.9 厘米
收藏单位　故宫博物院

吴伟，字士英，又字次翁，号小仙，江夏（今湖北武汉）人。擅长山水、人物，是继戴进之后的浙派大家，进一步发展了雄健豪放之风，增强了力度、动感和气势，浙派后学主要宗法吴伟画风。

此图为吴伟 45 岁时所作。表现技法属于细笔白描，线条纤细，略加顿挫，继承了宋元以来的工笔白描人物画传统，成功表现出肌肤和质感，构图简约明了，主体人物突出。曾入乾隆内府，贮于御书房。

145

《洛原草堂图》卷

作者　文徵明
年代　明
质地　纸本
尺寸　纵 28.8 厘米　横 94 厘米
收藏单位　故宫博物院

文徵明，原名壁，字徵明，后以字行，改字徵仲，长洲（今江苏苏州）人。画风呈粗、细两种面貌。与沈周共创吴派，又与沈周、唐寅、仇英并称“吴门四家”，是继沈周之后的吴门画派的领袖。

此图是文徵明为好友白悦所作。用笔苍古，勾点结合，墨气清润，秀逸天成，整卷境地清幽，是文氏绘画成熟期的一幅佳作。曾入乾隆内府，贮于宁寿宫。

146

《事茗图》卷

作者　唐寅
年代　明
质地　纸本
尺寸　纵 31.1 厘米　横 105.8 厘米
收藏单位　故宫博物院

唐寅，字伯虎，一字子畏，号六如居士，吴县（今江苏苏州）人。书画兼擅，绘画上擅长山水、人物、花鸟各科，与沈周、文徵明、仇英并称“吴门四家”。

事茗，为王宠友邻陈氏名号，唐寅以此名号为题作幽居品茗图。画面布局别出新意，虚实相生，层次分明，描绘了一幅幽静宜人的理想化生活图景。曾入乾隆内府，贮于养心殿。

147

《桃村草堂图》轴

作者　仇英
年代　明
质地　绢本
尺寸　纵 150 厘米　横 53 厘米
收藏单位　故宫博物院

仇英，字实父，号十洲，江苏太仓人，寓居苏州。绘画主宗南宋院体，形成以严谨劲利为主调的艺术风格，在继承唐宋传统的工笔重彩人物和青绿山水方面取得了突出成就。与沈周、文徵明、唐寅并称“吴门四家”。

此图描绘的是幽深静逸的隐居环境，是仇英应项元淇之约而作。笔法精细工谨，设色鲜丽明艳，具有一种不媚不俗的艺术效果，为仇英青绿山水画代表作之一。

148

《关山雪霁图》卷

作者　董其昌
年代　明
质地　纸本
尺寸　纵 13 厘米　横 143 厘米
收藏单位　故宫博物院

董其昌，字玄宰，号思白，又号香光居士，华亭（今上海松江）人。明代书画家。擅画山水，以佛家禅宗喻画，倡“南北宗”论，书画理论影响深远。

此卷作于明崇祯八年（1635），董其昌时年 81 岁，是观五代著名山水画家关仝所绘《关山雪霁图》后的临古之作。此图墨气鲜润，用笔苍劲生拙，物象历历分明，达到了密而不塞的艺术效果。曾入乾隆内府，贮于重华宫。

149

《仿黄公望富春大岭图》卷

作者　赵左
年代　明
质地　绢本
尺寸　纵 30.3 厘米　横 209.5 厘米
收藏单位　故宫博物院

赵左，字文度，华亭（今上海松江）人。工画山水，宗董源一派而兼得黄、倪之意，并擅云山墨戏，时人谓有“似米非米之妙”。明末苏松派代表人物。

此卷作于明万历三十二年（1604），为赵左仿古佳作。全图笔力劲秀，格调素雅，烘染得法，设色韵致。曾入乾隆内府，贮于御书房。

150

《秋色梧桐图》轴

作者　蓝瑛
年代　清
质地　纸本
尺寸　纵 65 厘米　横 31.8 厘米
收藏单位　故宫博物院

蓝瑛，字田叔，号蝶叟、石头陀、西湖山民等，钱塘（今浙江杭州）人。擅画山水，早年以摹古为主，笔致工整细润，中年后笔墨苍劲雄浑。后人将蓝瑛和从其学画的刘度、蓝孟、蓝深等合称“武林画派”。

此图作于顺治十一年（1654），蓝瑛时年 70 岁。构图上采用传统折枝的方法，技法上以没骨法绘成，笔力苍劲，意境超逸，色彩明丽而不显突兀，反映了作者娴熟的笔墨技巧。曾入乾隆内府，贮于御书房。

法傳趙榮祿神是
李青蓮更憶梅花
石曾逢德壽宮
己卯秋日炳題

碑帖篇

故宫博物院收藏的清宫遗存碑帖有五千余件，其中绝大部分是清代宫廷镌刻的各类刻石、法帖，而宫廷入藏的碑帖仅占全部碑帖的一小部分，只有几百件。尽管这部分由宫廷入藏的碑帖数量并不大，但它们大多为宋明善本，具有很高的文物价值。

晋唐以来传世法书墨迹至宋初已所存无几，这才有了摹刻、传拓法帖的出现。到了清代，宫廷收藏的法书数量已不能满足皇室研习书法、鉴赏艺术的需求。从康熙朝开始，清宫陆续搜集历代名人法帖及碑刻拓本。清宫收藏的这些碑帖善本，大部分都是康熙、乾隆、嘉庆三朝收入宫廷。嘉庆后，宫廷收藏的碑帖数量出现了明显的下降，种类也发生了变化。宋明善本很少入藏，代之以当时摹刻、传拓的刻帖、画像石等，如《滋惠堂墨宝》、《清芬阁米帖》、《武梁祠画像》。清宫碑帖收藏风气，一直延续至1924年溥仪出宫。清宫收藏的碑帖，从清末至故宫博物院成立前，已经有不少散落民间。除了1949年被带去台北的一批清宫碑帖外，上海图书馆、天津博物馆、辽宁省博物馆、日本三井纪念美术馆都有收藏。

清代宫廷收藏的碑帖，分别贮藏于紫禁城内各处宫殿，如懋勤殿、延春阁、乐善堂等。其中部分精品著录于宫廷编纂的书画目录《秘殿珠林》和《石渠宝笈》（正、续、三编）之中。未收入上述著录的碑帖，也不乏宋明善本，如宋拓《怀仁集王圣教序》、宋拓《多宝塔感应碑》、宋拓《晋唐小楷十种》等。清宫收藏善本碑帖以《淳化阁帖》最为著名，据统计达十余种。清宫收藏碑刻中，汉碑极少，以宋拓唐碑为主，如虞世南书《孔子庙堂碑》，欧阳询书《化度寺塔铭》、《九成宫醴泉铭》，褚遂良书《孟法师碑》，欧阳通书《道因法师碑》，李邕书《云麾将军李思训碑》、《岳麓寺碑》，颜真卿书《麻姑仙坛记》等。汇刻法帖，以宋拓宋刻法帖为主，如《淳化阁帖》、《绛帖》、《武冈帖》、《大观帖》、《汝帖》、《星凤楼帖》、《澄清堂帖》、《宝晋斋帖》等。宋刻单帖，以宋拓晋唐人书为主，如汇集晋唐人书《晋唐小楷》、《越州刻晋唐小楷》、《钟王楷帖》，王羲之书《兰亭序》、《黄庭经》、《十七帖》，王献之书《鹅群帖》等。自两宋开启了刻帖之风，明清两代最为盛行。清宫镌刻了大量的石刻、法帖，仅《国朝宫史》、《国朝宫史续编》两书中就收录了清宫所镌石刻法帖近二百种。从故宫博物院现存清宫旧存刻帖实物观察，内容涉及法帖、圣训、诗文、联句等。清代宫廷刻帖规模之大、品种之多，前所未有。从清宫摹刻的法帖来看，较为著名的有《懋勤殿法帖》、《御书法帖》、《避暑山庄御笔法帖》、《渊鉴斋御笔法帖》、《朗吟阁法帖》、《四宜堂法帖》、《御刻三希堂石渠宝笈法帖》、《莫妙轩法帖》等。

清宫旧藏碑帖装潢多数比较考究，一般都有清宫收藏印玺，如“乾隆御览之宝”、“懋勤殿鉴定章”、“石渠宝笈”、“乐善堂图书记”等。

清代宫廷收藏碑帖开始于康熙朝，在乾隆年间达到鼎盛，道光后逐渐衰落。同时，清宫对所藏碑帖非常重视，对其详加考证、鉴别，其中部分精品被著录于《秘殿珠林》、《石渠宝笈》。清宫通过搜集历代法帖，来欣赏、临习、研究晋唐人书迹，推崇书学，这与他们所标榜的满汉文化融合及加强统治的内在需要是一致的。

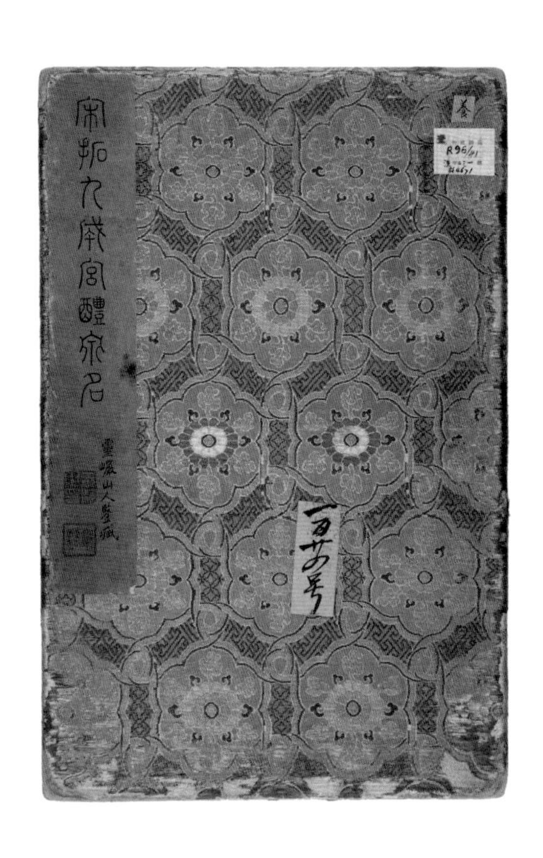

151

宋拓《九成宫醴泉铭》册

年代　宋
尺寸　纵 28 厘米　横 17.4 厘米
收藏单位　故宫博物院

唐代正书碑刻。贞观六年（632）刻，魏徵奉敕撰文，欧阳询奉敕书丹。记述唐太宗在九成宫避暑时发现涌泉之事，石在今陕西省麟游县天台山。九成宫是隋唐帝王避暑的行宫，隋称仁寿宫，唐贞观中改称九成宫，永徽间又更名为万年宫。碑高七尺四寸，宽三尺六寸，字共 24 行，满行 50 字，共一千余字。元赵孟頫称赞此帖“清和秀健，古今一人”。明陈继儒称：“此帖如深山至人，瘦硬清寒，而神气充腴，能令王公屈膝，非他刻可方驾也。”明赵涵《石墨镌华》誉此碑为正书第一，享有“楷书之极则”的美誉。其书法遒劲婉润，字形偏修长，写撇、捺常用圆笔，兼有隶意，表现了融隶于楷的特点。其用笔方正，且见险绝，字画安排紧凑匀称，间架开阔稳健，整体碑文高华浑朴、法度森严，一点一画为后世楷范，是欧阳询晚年代表之作。自唐以后，历代书家无不作为日课反复临摹研习，奉为经典。

本册为南宋乌金精拓，15 开半。封面有毕沅篆书题签，附页有王澍小篆题签，并有“董其昌”、“关九思印”、“文震”、“倪元璐印”、“毕沅之印”、“俞嶙”、“周锡圭”、“嘉庆御览之宝”和“咸丰御览之宝”等印 56 方，另有沈凤、王澍、王文治等跋三段。

152

宋拓《中兴颂》帖

年代　宋
尺寸　纵 29.3 厘米　横 15.5 厘米
收藏单位　故宫博物院

唐正书摩崖刻石。唐元结于上元二年（761）撰，颜真卿书，在戡平安史之乱后于唐大历六年（771）六月刻于湖南祁阳浯溪崖壁上。左行正书，21 行，行 21 字，后刻有黄鲁直题字，11 行，行 26—28 字不等，字约四寸。碑文以四言短句构成，颂扬唐政府平定安史之乱的盛德和功绩，认为是唐代的中兴，文字精丽，辞采飞扬。书法如盘钢刻玉，丰满遒劲。因其书风磊落奇伟，故自古获得学者、艺术家们的重视。宋黄庭坚诗曰："大字无过《瘗鹤铭》，晚有名崖颂中兴。"明代王世贞称："字画方正平稳，不露筋骨，当为鲁公法书第一。"惜此石在宋时已摹打既多，石亦残缺。宋欧阳修《集古录跋尾》，清顾炎武《金石文字记》、王昶《金石萃编》等书均有著录。

此本为宋拓麻纸本，黑墨精拓，装裱成二册，共 166 页。钤有"御见乡吕聚之家藏"、"海上精舍藏本"、"孙尔准印"、"冷翠微馆"和"福山王氏珍藏"等印 5 方。

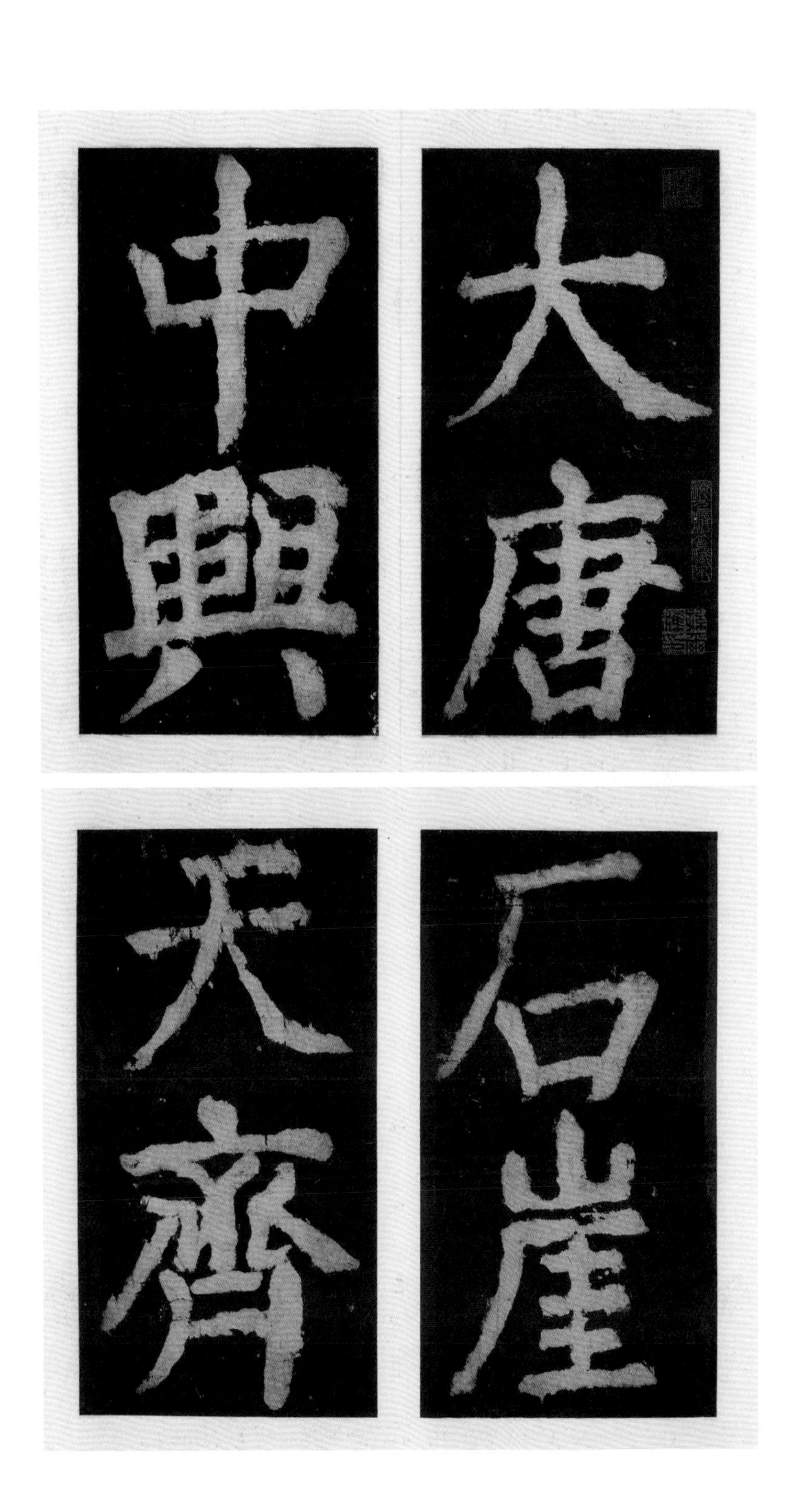

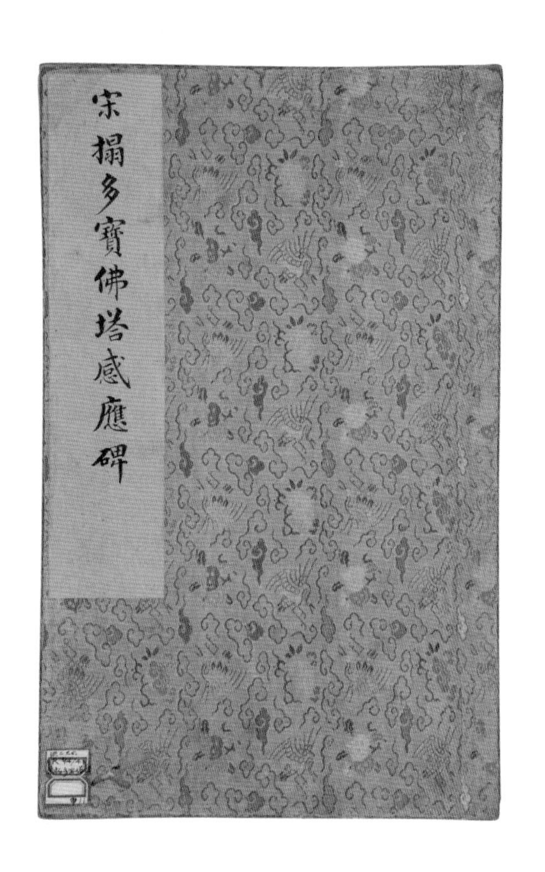

153

宋拓《多宝佛塔感应碑》册

年代　宋

尺寸　纵 28.8 厘米　横 15.2 厘米

收藏单位　故宫博物院

唐岑勋撰，颜真卿书，徐浩题额隶书，史华刻字。天宝十一年（752）立于长安，碑高七尺九寸，宽四尺二寸，字共34行，满行66字。叙述唐代僧人楚金禅师静夜诵读《法华经》时，仿佛时有多宝佛塔呈现眼前，遂发愿兴建多宝塔。书法整密匀稳，秀媚多姿，为颜真卿44岁时所书，而且是颜书碑中较小之字。后世学书者多从此入手，清代嘉道年间尤其盛行。

所见之最早本为宋拓。此本宋拓为康熙朝宫内藏本，传拓最精，为鑿字未损本，21开。此册封面与楠木盒面各有无款题签一个。本幅有"乾隆御览之宝"（头尾各一）、"懋勤殿鉴定章"共三方。次之为宋权、宋荦、张玮递藏本，缺三开本和宋拓最次本，均藏故宫博物院，缺三开本于1959年拨中国历史博物馆（今中国国家博物馆）。

然深悟其皃也岳瀆之秀
氷雪之姿果脣貝齒蓮目
月面望之厲即之温覩相
未言而降伏之心已過半
矣同行禪師抱玉飛錫襲

衡台之秘躅傳止觀之精
義或名高 帝選或行密
衆師共弘開示之宗盡契
圓常之理門人苾蒭如巖
靈悟淨真真空法濟等以

154

宋拓《道因法师碑》册

年代　宋
尺寸　纵 27.2 厘米　横 14.5 厘米
收藏单位　故宫博物院

全称《大唐故翻经大德益州多宝寺道因法师碑文并序》。此碑于唐龙朔三年（663）十月立，李俨撰，欧阳通书，范素镌。碑高 3.2 米，宽 1.4 米，文共 34 行，满行 73 字，横额上透雕之三佛甚精。碑文主要记述益州多宝寺道因和尚的生平活动，原碑今存西安碑林博物馆。此碑书体严谨，笔力遒健，风范不凡，为欧阳询之子欧阳通的代表作。清杨守敬评论此碑称：“森森焉若武库矛戟。”正是指字里行间所流露出的刚直不阿的气概，可谓书如其人。传世宋拓本有翁方纲藏本，现藏故宫博物院。王澍藏本，原为明内府物，拓时稍晚于翁本。故宫博物院原藏残本，拓时与翁、王两本相近，有“乾隆御览之宝”、“懋勤殿鉴定章”等印玺。

此册 27 开半。有王澍题跋一段，并“仁渊审定书画记”、“虚舟”、“李振宜印”、“藏苇”、“□定”、“陈氏家藏”、“元亮”、“栎园”、“半轩道人”和“教育部点验之章”等印 40 方。

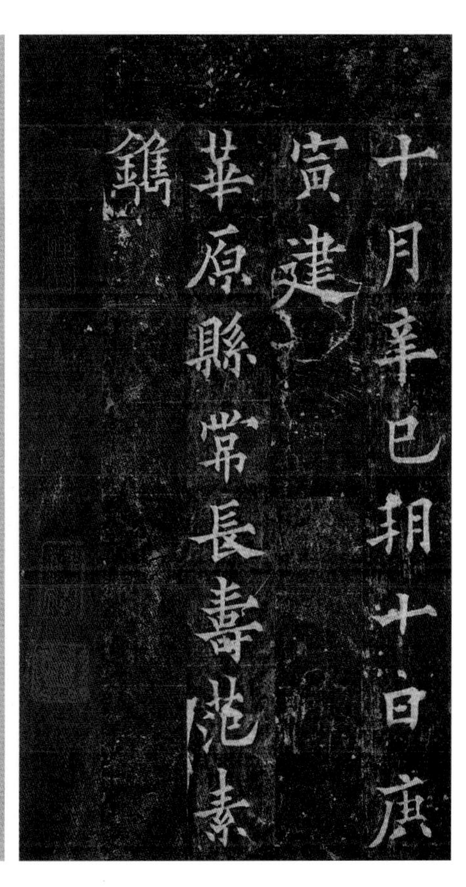
右宋拓小歐道因法師碑為有明內府藏本宣德羅文帝裹
飾以宋錦蓋是當時絕珍重之物明季鼎沸內府藏蓄往〻
散落民間此碑初為大梁周櫟園所收後睞泰興季氏長白范
大司馬總制兩江遂歸於范余與司馬少君一齋交好一見愛
之遂以大禹開山幣太公九府圜法兩古錢易之以睞而更裹
以佳錦飾以玉籤遂為良常王氏寶玩碑凡二千四百一十七
字剝落七字餘皆完好如新以康熙五十有四年乙未三月十二
日得於范氏越二年丁酉夏五月廿有九日記於京師雙藤書
屋良常王澍

十月辛巳朔十日庚
寅建
華原縣常長壽范素
鐫

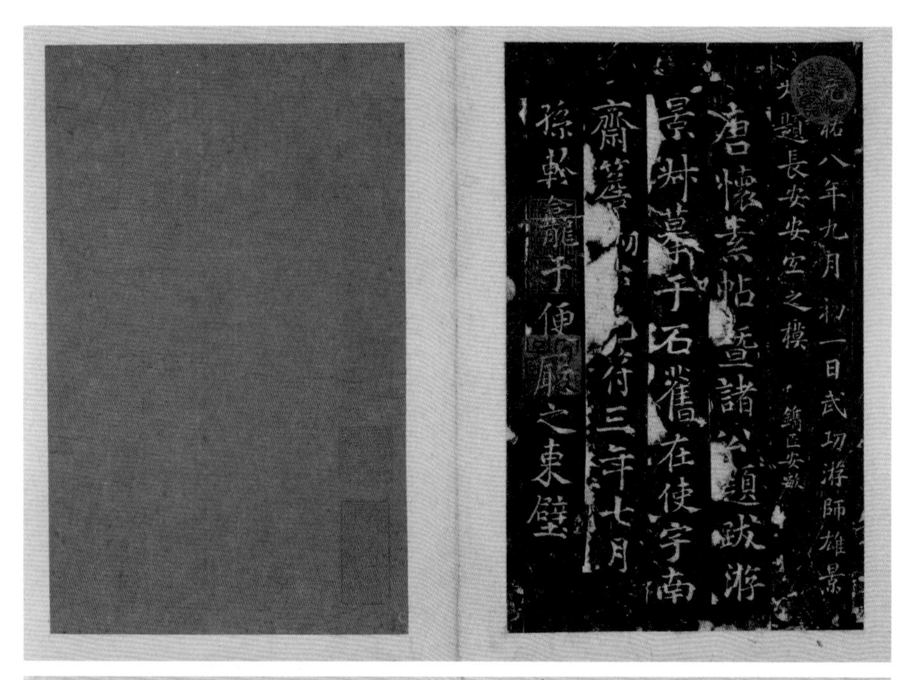

155

宋拓《释怀素法帖》册

年代 宋
尺寸 纵 27.6 厘米 横 17.2 厘米
收藏单位 故宫博物院

六开半。帖二开半，刻跋四开。有“嘉庆御览之宝”、“石渠宝笈”、“三希堂精鉴玺”、“宜子孙”、“宣统鉴赏”等印十方，王铎题跋一段，映升等题签二方。

唐代以怀素为法号的僧人有二，一为玄奘弟子，俗姓范，祖籍南阳，为东塔宗始祖；一为衡山僧人，俗姓钱，湖南零陵人。中唐时代的书僧怀素即后者，他经狂禅，好狂醉，作狂书，精狂草，“以狂继颠”，继张旭而起，成为一代“草圣”。但生平一直是一个谜团，传世书作有《自叙》、《苦笋》、《食鱼》、《藏真》和《千字文》诸帖。

156

宋拓麻纸《淳化阁帖》册

年代 宋
尺寸 纵 25.1 厘米 横 13.1 厘米
收藏单位 故宫博物院

北宋淳化三年（992），太宗令出内府所藏历代墨迹，王著编次，摹勒上石于禁内，名曰《秘阁帖》，或曰《淳化秘阁帖》、《淳化秘阁法帖》，简称《淳化阁帖》。此丛帖共十卷，卷一为历代帝王法帖，卷二至卷四为历代名臣法帖，卷五为诸家古法帖，卷六至卷八为王羲之书，卷九至卷十为王献之书。共收录 103 人的 420 件作品。这是我国最早的一部丛帖，由于当时识鉴不精，致使法帖真伪杂糅、错乱失序。然“镌集尤为美富”，摹勒逼真，先人书法赖以流传。此帖有“法帖之祖”之誉，对后世影响深远。其初拓用“澄心堂纸”、“李廷珪墨”，未见此种拓本流传。因帖石早佚，摹刻、翻刻甚繁，顾从义本、潘允亮本、肃府本等较著名。故宫藏宋拓本，钤“乾隆御览之宝”、“懋勤殿鉴定章”等印。白纸挖镶剪方裱本，麻纸乌墨拓，每卷末皆有“淳化三年壬辰岁十一月六日奉旨摹勒上石”篆书刻款，完整难得。

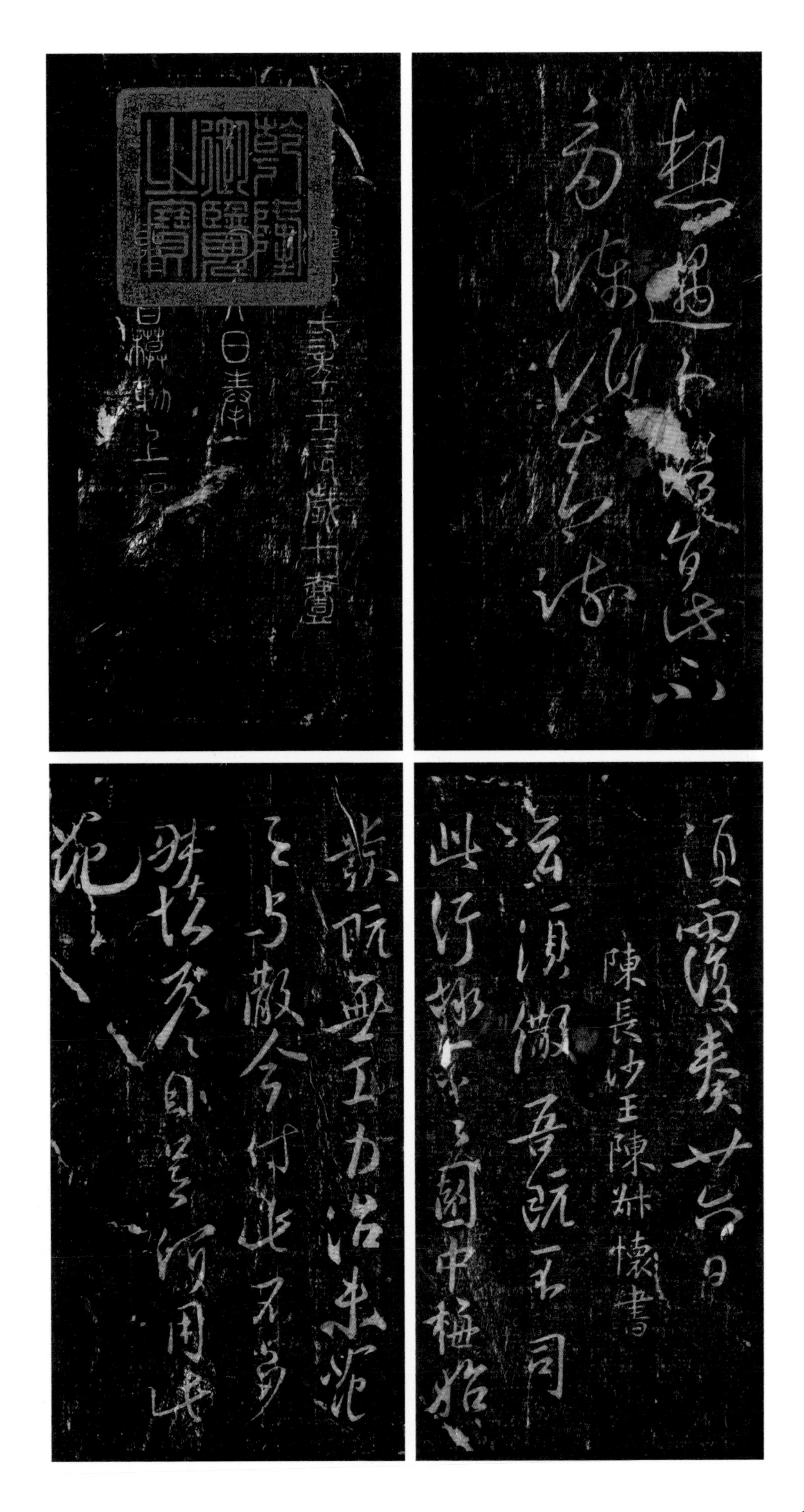

157

宋拓《淳化阁帖》册

年代　宋

尺寸　纵 25.5 厘米　横 15.5 厘米

收藏单位　故宫博物院

此《淳化阁帖》为宋刻宋拓，镌拓皆精良，10卷，共246开。黄纸挖镶剪条裱。文为楷、草、行、篆书，内计印章“乾隆御览之宝”、“真赏”、“其□□玩”、“原博”、“阅晋斋”、“□□”、“石岩”、“子子孙孙永□宝”和“教育部点验之章”等分别盖在10卷上，加上首卷有“懋勤殿鉴定章”。10卷共印107方。

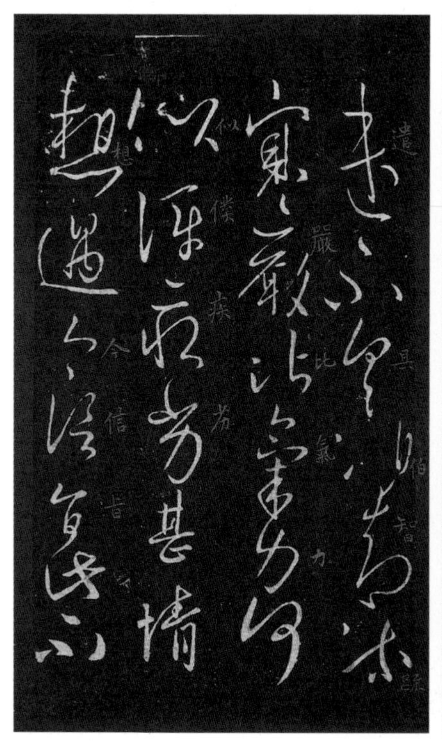

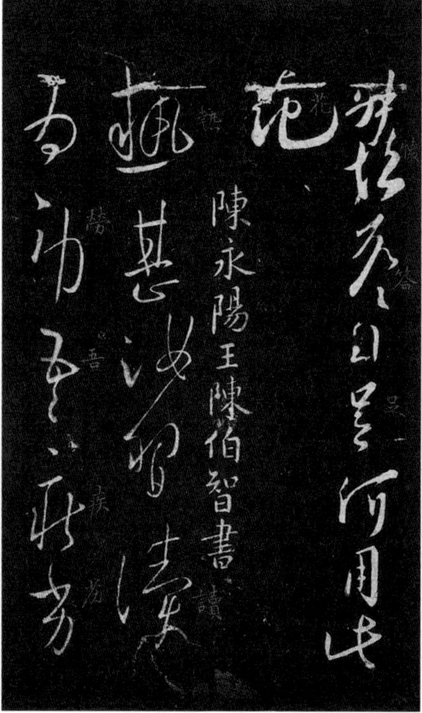

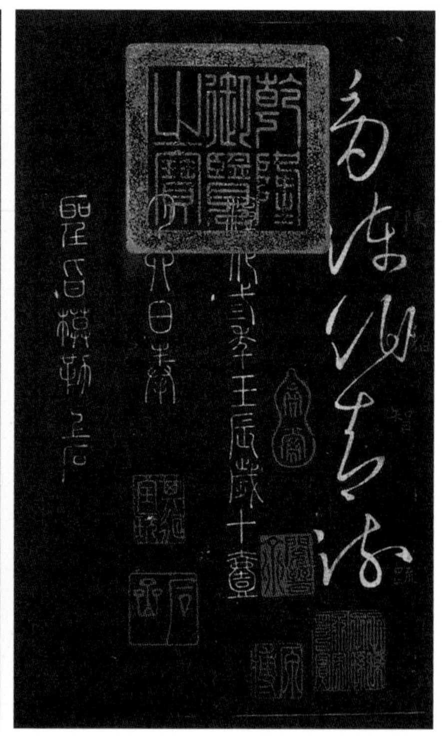

158

宋拓《钟王楷帖》册

年代　宋
尺寸　纵 24.4 厘米　横 12.6 厘米
收藏单位　故宫博物院

此为宋代刻本，帖内收传为魏钟繇楷书的《宣示表》、《戎路表》、《力命表》和《荐季直表》，传为晋王羲之楷书的《孝女曹娥碑》及《黄庭经》二种，故称“钟王楷帖”。《石渠宝笈续编》著录，懋勤殿藏。

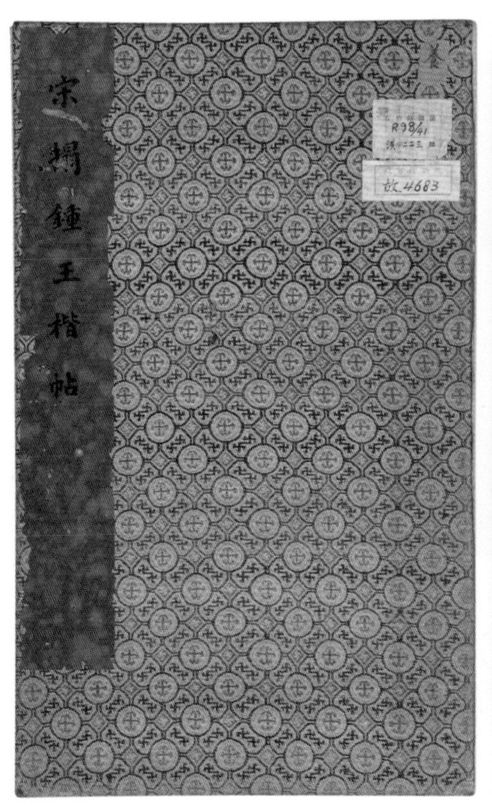

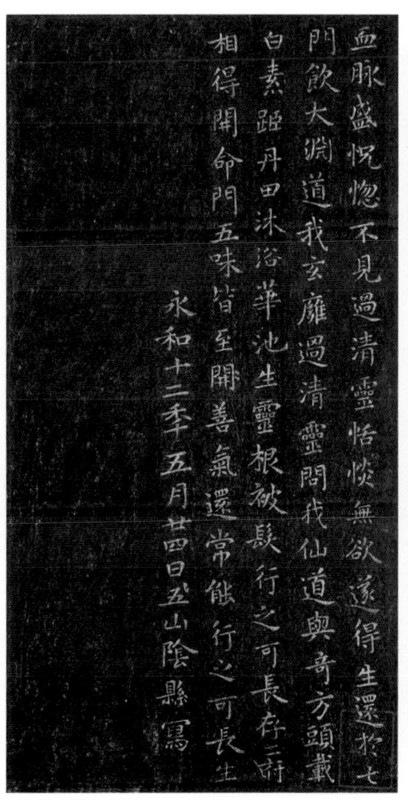

血脉盛怳惚不見過清靈恬惔無欲遂得生還於七
門飲大淵道我玄靡過清靈問我仙道與奇方頭載
白素距丹田沐浴華池生靈根被髮行之可長存二府
相得開命門五味皆至開善氣還常能行之可長生
永和十二年五月廿四日五山陰縣寫

離天地存童子調利精華調髮齒顏色潤澤不復白
下于嚨喉何落落諸神皆會相求索下有絳宮紫華
色隱在華蓋通六合專守諸神轉相呼觀我諸神辟
除耶其成還歸與大家至於胃管通虛無閉塞命門
如玉都壽專萬歲將有餘脾中之神舍中宮上伏命
門合明堂通利六府調五行金木水火土為王日月列宿
張陰陽二神相得下王英五藏為主腎最尊伏於大陰
藏其形出入二竅舍黃庭呼吸廬間見吾形強我筋骨

159

元拓《淳化阁帖》

年代　元
尺寸　纵 23.3 厘米　横 12.1 厘米
收藏单位　故宫博物院

《淳化阁帖》是中国书法史上第一部大型图典，问世后即成为中华瑰宝。拓本的传世，为后学提供了学习传统书艺的极好范本，为传承中国书道作出了不可磨灭的贡献。元赵孟頫曾言："书法之不丧，此帖之泽也。"

此拓 10 册，共 289 开半，剪方白纸挖镶裱，首页葫芦印，跋 102 段，印章"乾隆御览之宝"等 23 方。

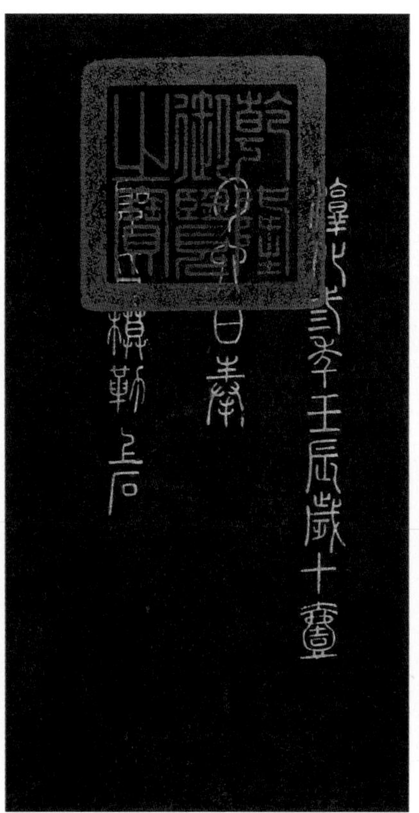
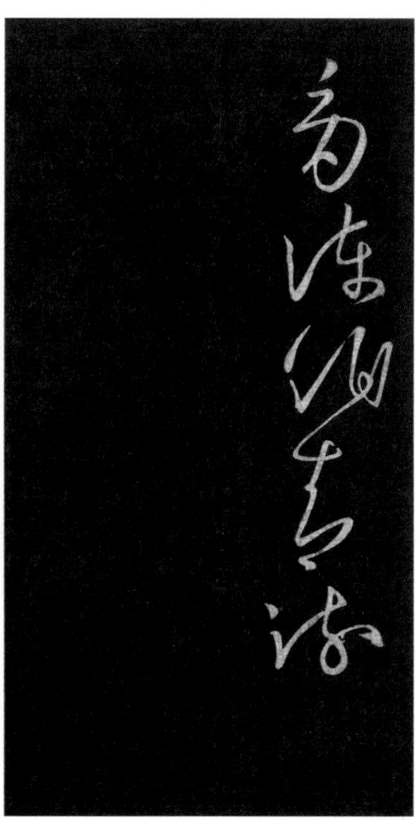

160

明拓《唐郭家庙碑》册

年代　明
尺寸　纵 26.1 厘米　横 16 厘米
收藏单位　故宫博物院

又名《郭敬之家庙碑》，全称《有唐故中大夫使持节寿州诸军事寿州刺史上柱国赠太保郭公庙碑铭》，为唐颜真卿 56 岁时书写，唐代宗李豫御笔题额。文共 1600 余字，记叙唐中兴名将郭子仪（697—781）的家世和官爵武功，碑阴刻有郭子仪兄弟子孙的姓名和官职。太保郭公郭敬之，系郭子仪之父。子仪历事玄宗、肃宗、代宗和德宗四朝皇帝，以一身系天下安危长达 20 年之久。郭敬之官终寿州刺史，天宝二年（743）卒，乾元元年（758）追赠太保。郭子仪在广德二年（764）为其父立此家庙碑。中唐之世，即使高官豪爵，为先辈修立家庙，亦属罕见，故立此碑亦非同寻常。清孙承泽评此碑云：“一代伟人之家庙，非得一代伟人之书，不足以当之。”该碑书法笔画庄重雍容，用笔流畅爽朗，圆劲雄健，丰腴恬适，气骨风流，且具清灵古拙韵趣，可为颜真卿晚期书法艺术典型作品。

此拓为挖镶剪条裱，文为楷书，内计 34 开，每开 8 行，每行 6 字，碑阴为行书，内计 16 开半，每开 10 行，每行字数不等。宋荦跋一，印章“宋荦之印”等 11 方，边额有朱书著文。另有“友汉居”、“平江贝氏”、“涧香”、“陆元享”、“毅夫”、“德潜”、“归愚斋”和“贝墉”等印 14 方。

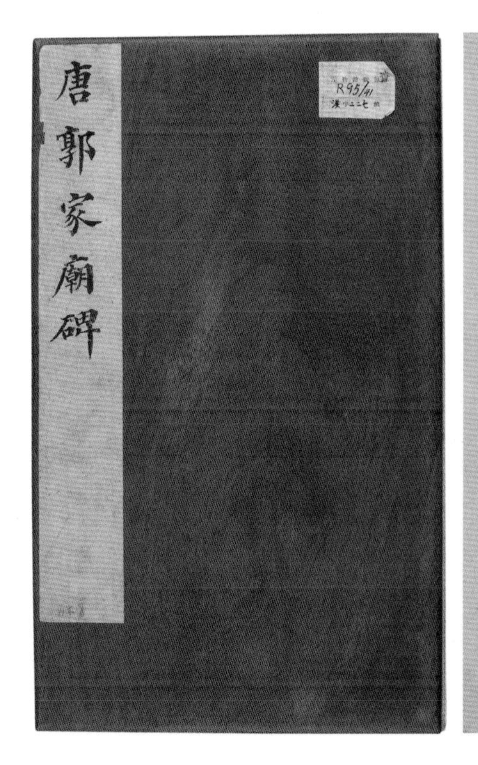

唐贈太保郭敬之廟碑廣德二年顏真卿篆并正書蓋以一代偉人之家廟必得一代偉人之書足以當之可稱古今二絶碑陰雖無魯公款然亦決是魯公書按趙德甫金石録斷然目為魯公書雖非公經意之作即此尚可闌蓋徐季海張少悌等數十輩豈直正碑為是高出一切而已
康熙甲子六月望日　商丘宋犖

符三乘　寵重
恩顧顯闡讚導
有大法師逢時
感召空門正闢
法宇方開崢嶸
棟梁一旦而摧
水月鏡像無心
瞻仰徘徊
會昌元年十二
月廿八日建
刻玉冊官邵建和
并弟建初鐫

161

明拓《玄秘塔碑》册

年代　明
尺寸　纵 28 厘米　横 17.4 厘米
收藏单位　故宫博物院

唐代正书碑刻，裴休撰，柳公权书并篆额，邵建和并弟建初刻字。会昌元年（841）立于长安，碑高一丈五寸，宽五尺一寸，字共 28 行，满行 54 字。运笔遒劲有力，明代王世贞以为“此碑柳书中之最露筋骨者，遒媚劲健。固自不乏，要之晋法亦大变耳”。清代王澍以为“故是诚悬极矜练之作”。也有人认为太露筋骨，学书者往往从此入手。

162

明拓《多宝塔碑》册

年代　明
尺寸　纵 25.9 厘米　横 15 厘米
收藏单位　故宫博物院

唐岑勋撰，颜真卿书，徐浩题额，史华刻石，立于唐天宝十一年（752）。碑文共 2100 余字。

故宫藏之宋拓本，“凿井见泥”之“凿”字未损，“我帝力”之“力”、“王可托”之“托”字稍损。明初拓本，“凿”字已损，32 行至 34 行包括“托”等 18 字未损泐，称之为“王可托”本。晚清有以蜡补翻刻之伪本者，这些字皆完整无损。

163

明墨拓《大观帖》册

年代　明
尺寸　纵 30 厘米　横 17.5 厘米
收藏单位　故宫博物院

10 册，共 169 开。翻刻本。印章有“乾隆御览之宝”、“懋勤殿审定章”、“□果弼字藏书□之印”三方。

宋代大观年间（1107—1110），徽宗赵佶因王著编次的《淳化阁帖》标题多误，而且版已损裂，特出内府所藏真迹，命龙大渊等改定编次，重摹上石。字行高于《淳化阁帖》两寸。中间标题由蔡京书写，每卷末刻款：“大观三年正月一日奉圣旨摹勒上石。”因帖石置太清楼，故又称《太清楼帖》。

《大观帖》是历代法帖。第一卷为历代帝王书，后二、三、四卷为历代名臣法帖，第五卷为诸家古法帖，六、七、八卷为王羲之书，九、十卷为王献之书。摹刻精良，草书的起讫转折、回旋进退表现得准确、婉健，锋势飞动，神采射人，较《淳化阁帖》更胜一筹。此帖初拓本除皇帝赏赐外别人都不可得，故难以流传。宋拓本至今存世只有数本。

故宫博物院收藏有聊城杨绍和旧藏本，存二、四、六、八、十各卷的部分帖，合装成三册。墨色黝黑，麻纸，宋拓每页纵 32.4 厘米，横 20.7 厘米。前有文徵明、祁寯藻题签，后有孙毓文、杨绍和，崇恩、王拯、吴尽忱等题跋，以及“范大澂图书印”、“涪溪吴氏华澄阁全石”等钤印多方。

除此之外，故宫博物院另藏大观帖第二、四、五卷，为李宗瀚旧藏。中国国家博物馆有第七卷，南京大学有第六卷。累经尘劫，太璞不完；墨林星凤，唯此而已。

宋代《大观帖》是书法刻帖的极品。由于其精美与珍稀，《大观帖》自问世以来就长期受到收藏家的热情追捧，同时也成为帖学书家无比重视的顶级墨宝。

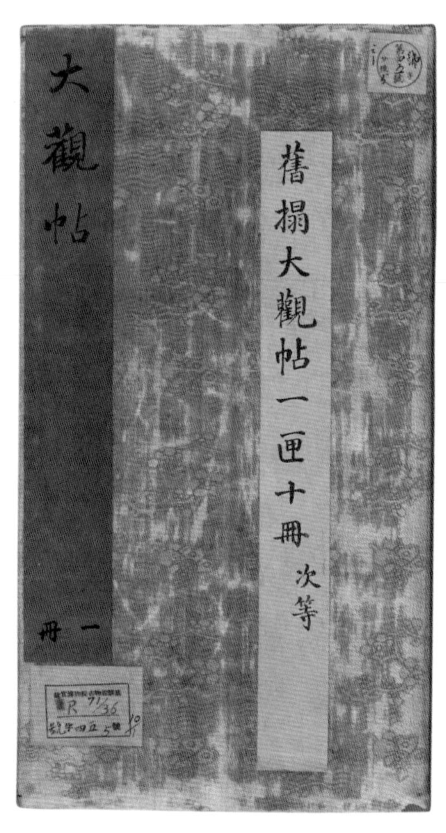

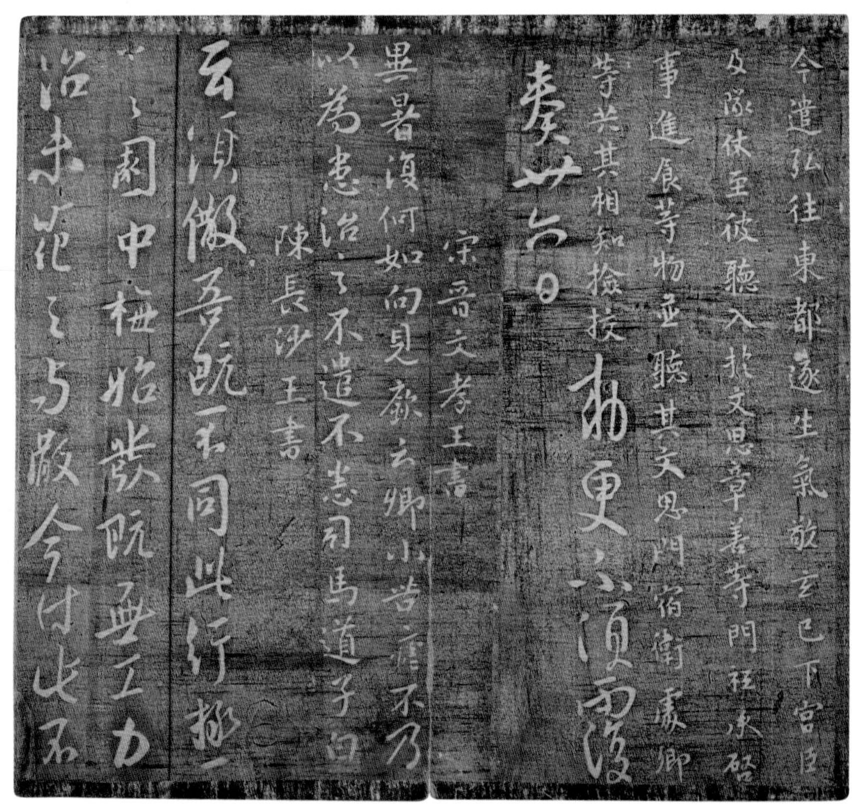

164

明拓《颜鲁公论坐帖》册

年代　明

尺寸　纵 29 厘米　横 32.8 厘米

收藏单位　故宫博物院

也称《与郭仆射书》。唐代颜真卿行书法帖。广德二年（764）十一月书，64 行，全文计 1193 字。虽然颓笔手稿，而实为颜氏行草书中之佼佼者。他以篆意融入行书，字有金石气，独辟蹊径，一改初唐士人风靡“二王”之积习，雄健豪放，后世书家多以为可与羲、献抗衡，是继“二王”书法后的又一高峰。原迹宋时藏于安师文处，安氏曾据以摹刻上石，苏轼见而称之，亲拓数十本携归。真迹久佚，传世翻刻本极多，而以关中本为佳。

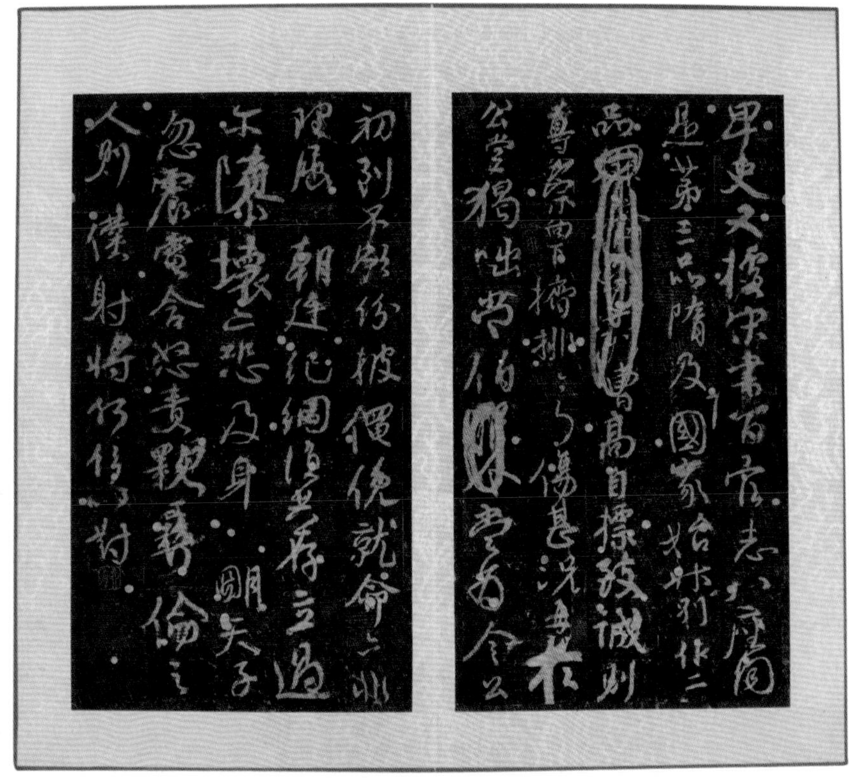

165

明拓《星凤楼帖》册

年代　明
尺寸　纵 26.4 厘米　横 34 厘米
收藏单位　故宫博物院

汇刻丛帖。南宋曹彦约刻，其子曹士冕完成。十二卷。此帖以《淳化阁帖》为蓝本而增入别帖。明代陈绎曾以为“工致有余，清而不浓，亚于《太清楼续帖》”。此帖未见有宋本流传，传世均为明代刻本。此为明初拓，白纸挖镶剪方裱，清宫旧藏，《石渠宝笈三编》著录。卷首篆书刻“星凤楼帖”名，以地支为序排卷次，篆书刻“子集”等字样，卷尾篆书刻款二行“绍圣三年（1096）春王正月摹勒上石”。卷一汉魏人帖，卷二至卷七晋人书，卷八宋齐梁陈人书，卷九至卷十二唐人书。钤印“石渠宝笈”、“宝笈三编”、“三希堂精鉴玺”、“宜子孙”、“嘉庆御览之宝”、“嘉庆鉴赏”和“武陵华伯子图书”等。

166

明拓《怀仁集王羲之书三藏圣教序》册

年代　明
尺寸　纵 30.5 厘米　横 15.5 厘米
收藏单位　故宫博物院

《怀仁集晋右将军王羲之书圣教序》，亦称《七佛圣教序》，简称《王圣教》。唐弘福寺怀仁和尚从内府秘藏摹集王羲之行书，诸葛神力勒石，朱静藏镌字。碑为螭首方座，高 350 厘米，宽 100 厘米，30 行，行 38—86 字不等，开集字成碑时风的先例。石原立于西安弘福寺内，碑文分三个部分：唐太宗李世民为高僧玄奘法师翻译的佛经所作的序文，太子李治作的述记以及玄奘写的谢表和翻译的心经。唐太宗崇佛和酷爱、提倡王羲之书法，怀仁是王羲之裔孙，为了使皇帝、太子写的序和记与他们所推崇的王羲之的书法珠联璧合、相得益彰，他从贞观二十二年（648）开始直至咸亨三年（672），历时 24 年之久集字。当时，有些字迹找不到，就在全国张榜重金征集。据传，“一字千金”之说由此而来。后人又称此碑为“三绝碑”和“千金碑”。该碑为后人留下了弥足珍贵的书圣墨宝，是西安碑林之瑰宝，自唐以来，一直为历代书法家所推崇。此册《石渠宝笈续编》著录，懋勤殿藏。

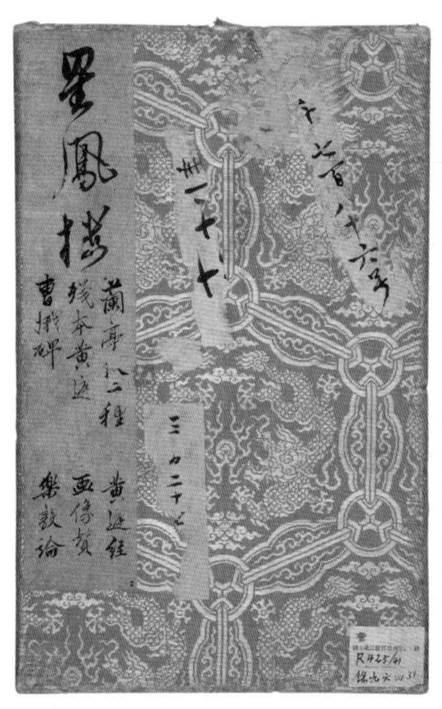

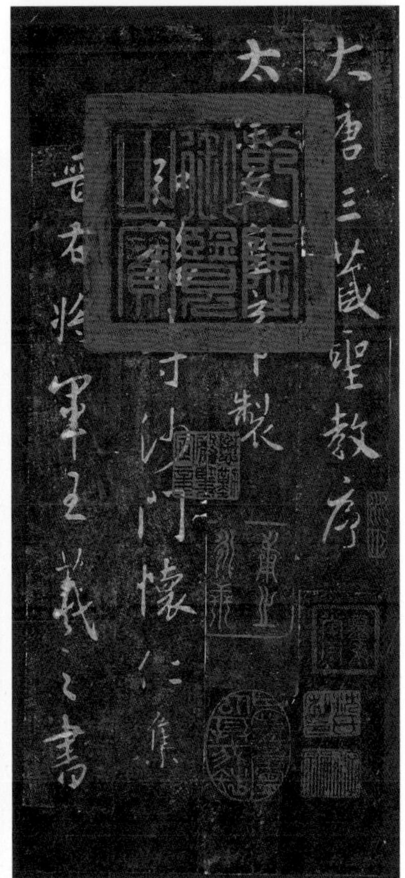
大唐三藏聖教序
太宗文皇帝製
弘福寺沙門懷仁集
晉右將軍王羲之書

蓋聞二儀有像顯覆載以
含生四時無形潛寒暑以
化物是以窺天鑒地庸愚
皆識其端明陰洞陽賢哲

罕窮其數然而天地苞乎
陰陽而易識者以其有像
也陰陽處乎天地而難窮
者以其無形也故知像顯

可徵雖愚不惑形潛莫覩
在智猶迷況乎佛道崇虛
乘幽控寂弘濟萬品典御
十方舉威靈而無上抑神

167

明拓《大观帖》册

年代　明
尺寸　纵 30.2 厘米　横 17.7 厘米
收藏单位　故宫博物院

汇刻丛帖。南唐李后主诏徐鼎臣以所藏前代墨迹入石，号《升元帖》。《升元帖》未及流行，而南唐亡。赵宋下江南得《升元帖》，到宋太宗淳化年间，命翰林侍书王著将内府所藏增作十卷为原本，刻于河南开封府宋内府，系用枣木板刻成，故名《淳化阁帖》。除印成之日分赐宗室大臣外，其后每大臣登二府者，赐以墨本。后不复赐，故世人以为难得。宋大观三年（1109）徽宗见《淳化阁帖》板已损裂，且王著标题多有误失，故命龙大渊等人重加厘正，增以内府所藏法帖，名为《大观帖》。又重刻于太清楼下，也称《太清楼帖》，以别于"二王"法帖。元祐五年（1090），翻印尚未完工，至建中靖国元年（1101）工始毕，且有增刻，故复名《太清楼续阁帖》。刻本十卷，较原帖高出一寸多，每行也多刻出一至三字。是帖荟萃晋唐墨宝，选择谨严，摹刻精良，起讫转折，近乎手书，有逾阁帖。惜拓本流传极少，现仅存宋拓本若干卷。宋室南渡以后，金人占据汴梁，当时汉人知拓本为世所重，便潜拓求利，于南北商贸榷场出售，时人称此为"榷场本"，故宫所藏有此本二、四、六、八、十卷，另有北宋淡拓本《大观帖》第二、四、五卷。

此为明初拓，10 册，共 157 开，翻刻，白纸剪方裱，行、草、楷书，跋"王穀祥"等三段，印章"石渠宝笈"等 195 方。

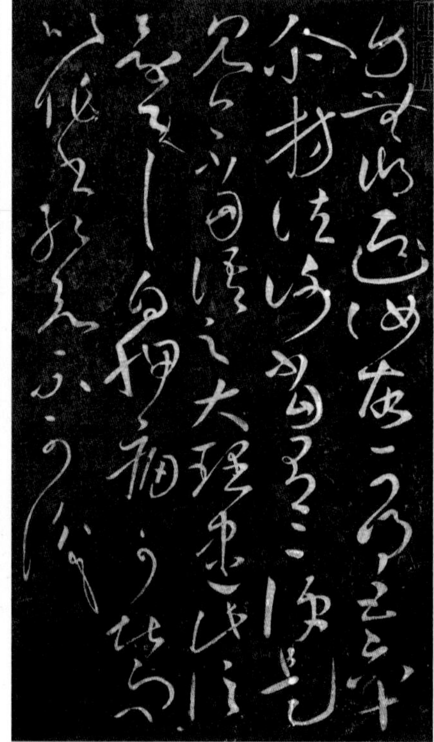

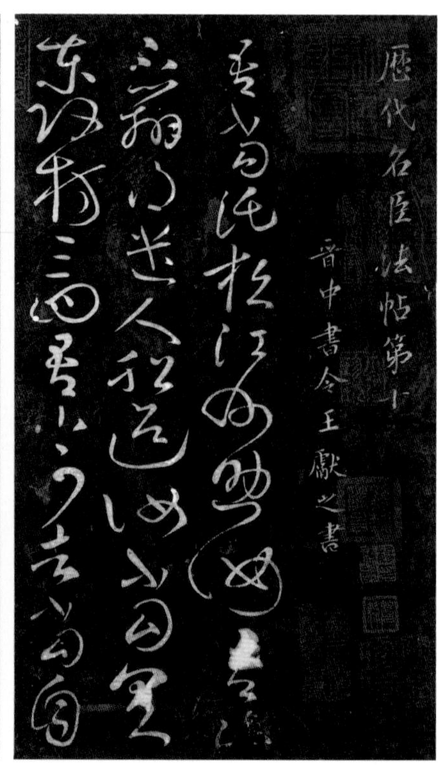

168

明拓《缩本兰亭帖》册

年代　明
尺寸　纵 4.5 厘米　横 1.7 厘米
收藏单位　故宫博物院

木面，中嵌象牙签书“缩本兰亭”。黑纸镶边剪方裱，共3开，行书，每开10行。此册前附页两开，分别钤“宝笈三编”、“乾隆御览之宝”印，墨纸钤“乾隆御赏”、“内府珍秘”印；后附页三开，钤“乾隆御览之宝”、“乾清宫鉴藏宝”、“嘉庆御览”印。此帖曾入清内府，《石渠宝笈三编》著录。帖中文字小如蝇头，镌刻精绝，形神俱佳。帖后有乾隆八年（1743）大臣张照跋，云：“此本为明人李宓所造，盖缩定武为蝇头，无毫厘不肖，似技埒棘猴哉。”李宓，明万历时人，字羲民，福建龙溪人，善于雕刻《黄庭》、《兰亭》等小石件。唐宋时临摹、传刻《兰亭序》之风盛行，已有人缩小或扩大《兰亭》摹刻上石。元代陶宗仪的《南村辍耕录》中记载，南宋理宗内府就藏有柳公权书大字本和秦观小字本。《石渠宝笈三编》著录，延春阁藏。

169

明拓《肃府淳化阁帖》册

年代　明
尺寸　纵 25.5 厘米　横 16.5 厘米
收藏单位　故宫博物院

《淳化阁帖》从南宋到明清，公私多有复刻本。明万历四十三年（1615），朱瑛后裔肃宪王朱绅尧，命温伯坚把宋拓本双钩，复刻上石，用时七年，费金巨万。初拓用太史纸，程君房墨，珍藏兰州肃王府，史称《兰州淳化阁帖》，俗称“肃府本”。后人评：“毫发俱在，与宋本无异。”此拓 10 册，共 253 开。有“乾隆御览之宝”两方朱印。

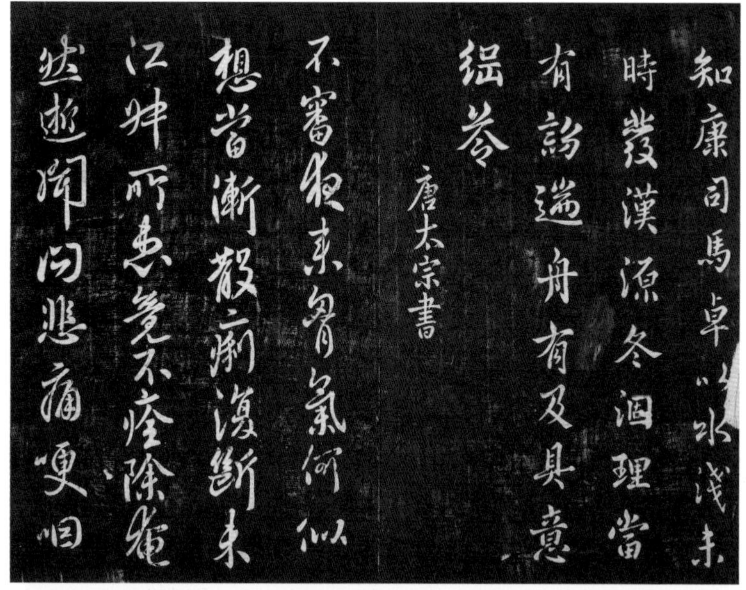

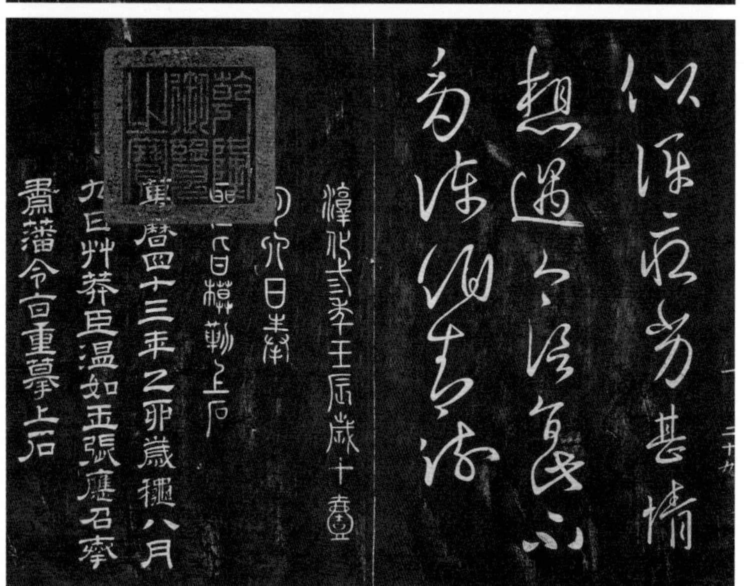

170

明拓《戏鱼堂帖》册

年代　明
尺寸　纵 26 厘米　横 13.7 厘米
收藏单位　故宫博物院

宋元祐七年（1092），长沙人刘次庄以吕和卿所藏《淳化阁帖》为本，除去淳化年月和卷尾篆题，再在后部增加释文于字旁，且附其他帖作十卷，摹刻在临江（今江西清江）戏鱼堂壁上，称为《临江戏鱼堂帖》，也称为《临江帖》、《清江帖》或《戏鱼堂帖》。对照阁帖，颇有增减，原石刻甚精，今久罕见。四川总领权安节又以《戏鱼堂帖》重刻于益昌，而释文字画较大，号《利州帖》，后所流传，大半为此本，清代又有伪刻本。此拓 10 册，183 开，白纸镶边剪方裱，有“皇□图书”等印七方。

刘次庄，字中叟，自幼爱好书法，熙宁六年（1073）进士，累官至殿中侍御史，谪居后曾自号“戏鱼翁”。他寓居江西新途时，住所的窗牖墙壁都被题满了字墨，几乎没有空处。刘次庄习字时先模仿他人书法，以后兼采群书自成一家，擅长行书、草书，尤其以小楷最精妙。刘次庄并善于临摹古帖，有《临江帖》传世。

171

明拓《澄清堂帖》册

年代　明
尺寸　纵 27.3 厘米　横 26.3 厘米
收藏单位　故宫博物院

宋汇刻丛帖。帖石早佚，拓本流传极少，历代文献著录也未见全帙。卷末无年款及刻帖人姓名，因此不知其确切年月与卷数。明代董其昌误认为南唐后主李煜所刻，翁方纲从帖的标题文法、字法，张伯英从字的避讳等方面考证定为南宋刻，今人容庚考为南宋嘉定所刻。此帖明以前未见注录，今残存六卷中除二、五为明代翻刻本外，余皆为原刻本。原石刊刻极精，明以来各评家比比称颂。何绍基赞此拓：“于淳化、大观、绛、潭、太清楼诸拓为远胜也。”明代来禽馆、戏鸿堂、清代清鉴堂皆有刻本。此帖刻有未见著录的王羲之三十多帖，是研究王羲之书法的极好材料。卷十一中苏轼书是海内孤本。

後漢濟北相崔瑗書

漢車騎將軍鄧騭書

漢太尉張芝書

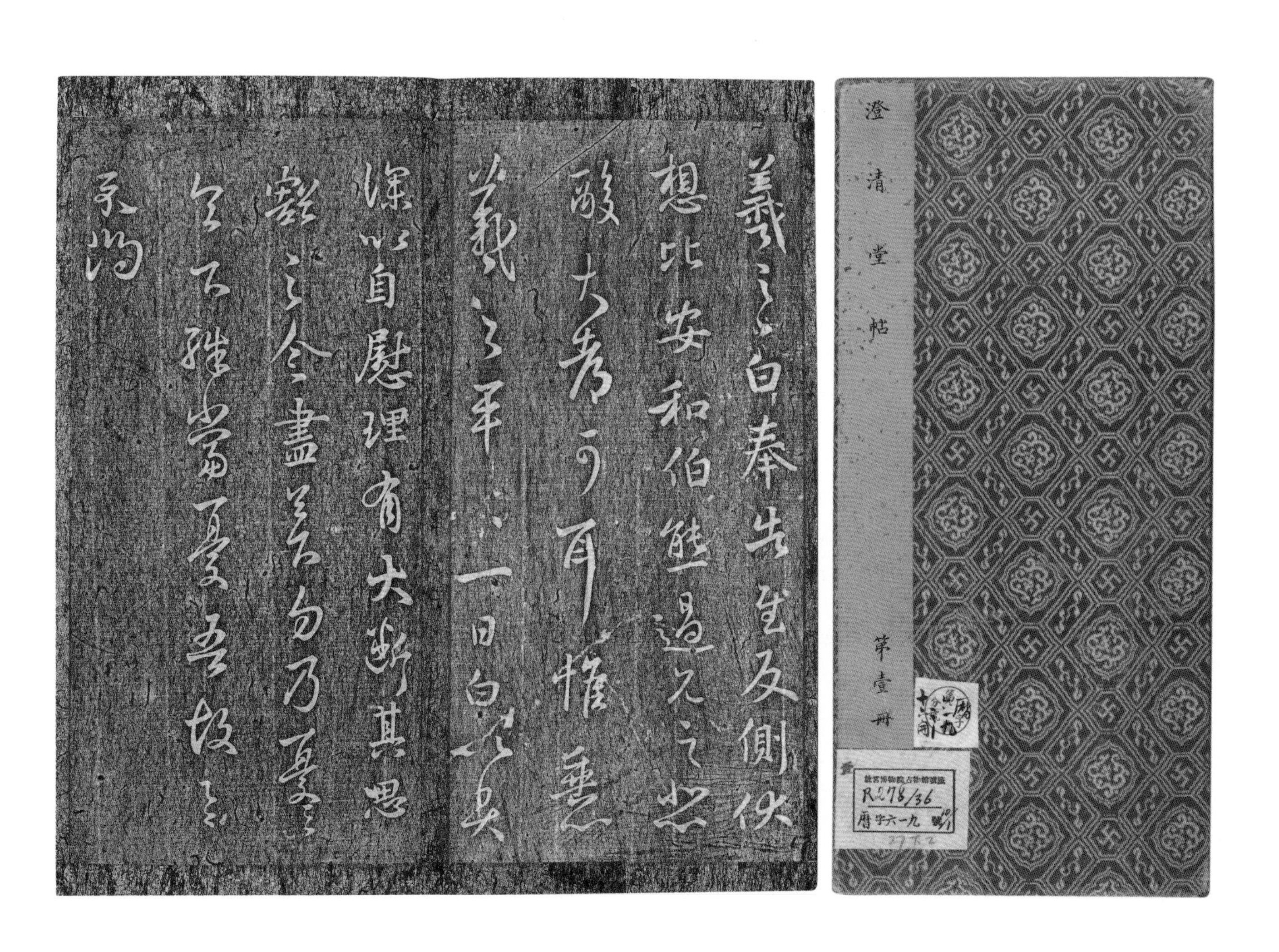

玉器篇

传世玉器是清宫收藏的一个重要组成部分，数量大、类别丰富，其主要来自历代宫廷收藏。清宫所藏玉器中最早的是新石器时代诸文化的玉器，如良渚文化的玉琮、玉璜等，有些还带有乾隆帝的御题诗。商周时期的玉器有实用或非实用的武器或工具，还有礼器、佩饰、实用器皿等。春秋战国玉器是中国历史上玉器制造和使用的新阶段，玉料精良，制造工艺精美，品种大量增加，出现了玉杯、玉灯等器物。清宫中的汉代玉器数量很大，且多有精品。如玉酒樽、玉辟邪、玉马、玉羊、玉琀等，均为传世精品。到了唐代，玉器进入了全面发展时期，玉佩饰和器皿的制作十分发达，其中数量多且具有时代特色的便是玉飞天、玉带板和胡人形象的玉饰。宋代以后，玉器大规模流行，宋辽金元的玉器随葬较少，大多流传于世。这一时期雕刻工艺十分发达，玉器种类极为丰富，各类玉饰、玉杯、玉坠大量涌现，样式层出不穷，图案也更为丰富多彩。明代玉器在清宫中数量很多，多为明代宫廷遗留。其中，实用和陈设的玉器占很大的比重，如玉杯、玉碗、玉洗、玉执壶等。同时，仿古玉器数量多、种类丰富，如仿青铜器的玉觚、玉炉、玉匜等。

这些玉器陈设在紫禁城各个宫殿及颐和园、圆明园等皇家园林，深受帝后喜爱。从现存的清宫陈设档中可见一斑，如：乾隆年间昭仁殿陈设档案中记载正殿香几上陈设的玉器有紫檀木座青玉小盖罐、紫檀木座白玉墨床、象牙座汉玉水丞等[1]；乾隆年间储秀宫的陈设档中记载在后殿陈设有紫檀木座汉玉狮子、紫檀木座汉玉笔山、紫檀木座汉玉花插等[2]；瀛台漱芳润陈设有汉玉觥、青白玉水丞、青白玉墨床等玉玩[3]。

纵观整个中国古代，收藏、使用玉器的历史源远流长。玉器在诞生之初并未从石制生产工具中分化出来，仅仅是作为生产工具或兵器使用的。而后，由于玉器本身的色彩和光泽，其逐渐从石器中脱颖而出，被原始人群作为装饰品使用，主要有玦、坠、环、瑗、佩、珠，还有多种动物形象雕刻的玉饰，如鸟、马、羊、龙、凤等。玉器也服务于宗教和巫术，被赋予了神秘色彩，原始图腾的偶像在玉器中也可以找到踪迹[4]。随着人类社会逐渐向阶级社会发展，原始宗教发生了很大的变化，由崇拜图腾、自然神、祖先演变为崇拜天地四方诸神。史载帝尧之时，洪水滔天，舜举禹治水。大功告成后，“帝锡禹玄圭，以告成功于天下。天下于是太平治”[5]。周朝明确制定了玉礼器制度，“以玉作六器，以礼天地四方。以苍璧礼天，以黄琮礼地，以青圭礼东方，以赤璋礼南方，以白琥礼西方，以玄璜礼北方”[6]。在阶级社会中，玉器还是少数贵族的财富。如，夏朝灭亡之时，“汤遂伐三朡，俘厥宝玉，义伯、仲伯作宝典”[7]。在周朝，专门收掌皇室宝物的称为“玉府”：“玉府掌王之金玉、玩好、兵器，凡良货贿之藏……共王之服玉、佩玉、珠玉……凡王之献金玉、兵器、交织、良货贿之物，受而藏之。”[8]玉器也服务于封建社会等级制度，周朝规定用玉制作六种玉瑞，以区别诸侯的等级：王执镇圭，长一尺二寸，为圭中最长者；公执桓圭，长九寸；侯执信圭，长七寸，上饰有直立人形；伯执躬圭，长亦七寸，饰有微曲人形；子执谷璧，璧径五寸，刻有粟纹；男执蒲璧，大小与谷璧同，刻有蒲纹。[9]当春秋战国时期出现礼崩乐坏的局面，玉器区别社会等级的功能逐渐消退，而又被儒家赋予了道德的内涵，“君子比德于玉”，玉有五德、九德、十一德之说应运而生，一时间君子佩玉成为风尚。

由此可知，古玉器被赋予了诸多内涵，再加上玉器本身具有的独特的艺术价值，使玉器成为中国古代收藏的重要组成部分，也成为中国古代文明的一项重要内容。不仅历代宫廷收藏中不乏玉器，而且君王、贵族、大臣的冠服带履、车舆鞍鞯等也均离不开玉饰。不仅重视收藏，历代宫廷在玉器鉴赏方面也颇有作为，如宋代宫廷曾令龙大渊等人编纂《古玉图谱》一百卷，元代朱德润作《古玉图》一书，上卷收璧、环、带、钩等 17 器，下卷收珮、琀、充耳等 23 器，记明尺寸、形状、玉色，有的注出藏家。

清代虽是满族贵族建立的政权，但清代的皇帝对传统文化艺术的喜爱程度绝不亚于汉族帝王。乾隆帝十分喜爱玉器，他一生所作御制诗文共达四万余首，其中涉及玉器的共有八百余首，这些诗文记录了他收藏、鉴赏玉器的情形，也反映出他对玉璧、玉斧、玉珮等古玉器颇有见解。他每每收到玉璧，必作详细的考察并为之赋诗，正是“谷璧多无数，逢之率有诗”。他还对古玉器的断代提出自己的见解，例如：他对内府所藏汉玉璧进行了细致的考察，再结合《周礼》、《考工记》等文献资料对于古玉璧的记载，修正了流传已久的谷璧汉代说，提出了周代观。[10]他的《咏汉玉谷璧》一诗中称“自是周家器，偏称汉代遗”，《题汉玉谷璧》中称“谷璧实周制，谁则强名汉”，这些诗文都反映了他对古玉的鉴赏与考究。再以他的《古玉斧珮记》为例：“内府铜玉诸器，率以甲乙别等第。兹古玉斧珮一，白弗截肪，赤弗鸡冠，土渍尘蒙，列其次为丙。而弃置之库，亦不知几何年矣，偶因检阅旧器，觉有所异，命刮垢磨光，则穆然三代物也。嗟呼！物有隐翳埋没于下，不期而遇识拔，尚可为上等珍玩。若夫贞干良才屈伏沉沦，莫为之剪拂出幽以扬王庭而佐治理，是谁之过欤？吾于是乎知惭，吾于是乎知惧。”[11]文中，乾隆帝由古玉器被隐没弃库而感慨是否会有许多国家栋梁如同这件玉斧一般被埋没而得不到提拔。

---

1 朱家溍：《明清室内陈设》，第48页，紫禁城出版社，2004年。
2 朱家溍：《明清室内陈设》，第56页。
3 朱家溍：《明清室内陈设》，第80页。
4 杨伯达：《中国古代玉器面面观》，《故宫博物院院刊》1981年第2期。
5 《史记·夏本纪》第二，第77页。中华书局，1975年。
6 《周礼译注》，第281页，上海古籍出版社，2004年。
7 《史记·殷本纪》第三，第96页。
8 《周礼译注》，第96页。
9 《周礼译注》，第280—281页。
10 杨伯达：《清乾隆帝玉器观初探》，《故宫博物院院刊》1981年第2期。
11 《清高宗御制文》第二册，海南出版社，2000年。

172

玉璧

年代 良渚文化
尺寸 直径 22 厘米 孔径 4.6 厘米
收藏单位 故宫博物院

此为礼器，玉料呈青碧色，有褐色沁。所谓礼器，一般被认为是古代贵族在举行祭祀、丧葬、征伐和宴享等活动时举行礼仪所使用的器皿。玉礼器，主要有璧、琮、珪、璋、璜等。《周礼・春官・大宗伯》中记载：“以苍璧礼天，以黄琮礼地，以青圭礼东方，以赤璋礼南方，以白琥礼西方，以玄璜礼北方。”礼器对于维护统治阶级的地位及内部的统治秩序有重要作用，是历朝皇室收藏的重要部分，清代也不例外。清代皇帝十分重视象征权力的礼器，将其视为国之重器。

173

玉琮

年代 良渚文化
尺寸 直径 8.3 厘米 孔径 6.2 厘米 高 6.8 厘米
收藏单位 故宫博物院

礼器，玉料呈深黄色，局部有火烧痕迹。乾隆帝对古玉极为喜爱，他一生共作诗文四万余篇，其中涉及玉器的达八百余篇。此玉琮进宫后，乾隆帝在知其时代“古于汉”而不知其用途的情况下，将之命名为“辋头”，命工匠为玉琮配置了掐丝珐琅铜胆。不仅如此，乾隆帝还命玉工将他的诗刻在掐丝珐琅铜胆上。

174

玉旋玑式环

年代　商
尺寸　外径 11.7 厘米　内径 6.5 厘米　厚 0.7 厘米
收藏单位　故宫博物院

玉料为青玉，有褐色沁。体为圆环，片状。外缘有三个向同一方向旋转的凸脊，每脊间各有四个小齿牙。关于旋玑式环的用途历来说法不一，在古代墓葬中发现同一类器物置放于尸体骨骼胸部，所以推测其属于玉环或玉佩类。

175

玉鸟形佩

年代　商
尺寸　长 9 厘米　宽 4 厘米　厚 0.6 厘米
收藏单位　故宫博物院

玉料为青玉，通身有红色沁，体片状，两面形式与纹饰相通。鸟高冠、勾喙，上刻有文字。此为传世刻铭精品，十分珍贵。此件文物一直藏于清宫，后经溥仪带出，再由公安部从溥仪处没收。

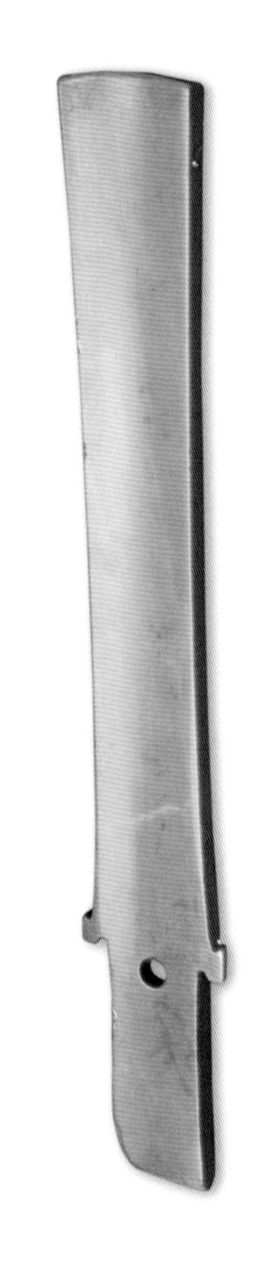

176

玉璋

年代　周
尺寸　长 27.9 厘米　宽 3 厘米
收藏单位　故宫博物院

玉料为青玉，两面光素，下面有孔可以系穗。璋是古代贵族在举行朝聘、祭祀、丧葬时所用的礼器，商周时期的墓葬中常有发现，是皇家收藏的重要部分。

177

玉璜

年代　西周
尺寸　长 9.7 厘米　宽 2.4 厘米　厚 0.5 厘米
收藏单位　故宫博物院

玉料为白玉，有紫褐色沁，通体饰有夔龙纹。两端出廓，各有一小孔。《礼记·明堂位》记载："大璜，封父龟，天子之器也。"古代传说中还把吕望于蟠溪钓得大璜作为西周兴起的征兆。

178

玉人形佩

年代　西周
尺寸　长 6.9 厘米　宽 2.6 厘米　厚 0.5 厘米
收藏单位　故宫博物院

玉料为白玉，局部有褐色沁斑，两面纹饰相同。玉人头戴冠，顶部有小孔，可系挂。西周时期玉人造型与工艺均十分精巧，此为一典型，非常珍贵。此件文物一直藏于清宫，后经溥仪带出，再由公安部从溥仪处没收。

179

玉龙纹璜

年代　春秋
尺寸　长 6.6 厘米　高 2.7 厘米　厚 0.4 厘米
收藏单位　故宫博物院

玉料为黄玉，有褐色沁斑，两面形式与纹饰相同。璜的外沿琢对称戟纹，两端各有一龙首，龙身于中部合为一体，并饰有春秋中晚期极为盛行的蟠虬纹。两端圆孔及上端方孔皆可作系佩。

180

玉勾连云纹灯

年代 战国
尺寸 盘径 10.2 厘米 足径 5.9 厘米 高 12.8 厘米
收藏单位 故宫博物院

玉料为白玉，灯局部有褐色沁斑，盘、柱、足由三块玉琢制、粘接而成。战国玉灯设计精绝、纹饰精美，所见仅此一件。旧藏紫禁城内漱芳斋。

181

玉凤螭云纹韘

年代 战国
尺寸 长 4.5 厘米 宽 4.2 厘米 高 1.2 厘米
收藏单位 故宫博物院

玉料为白玉，微有紫色沁。表面琢勾云纹，内侧雕蟠虬纹。韘，是古代射箭时戴在右手拇指上以勾弦的用具，俗称“扳指”。《诗经·卫风·芄兰》上有“童子佩韘”；《毛传》记载“能射御则佩韘”。

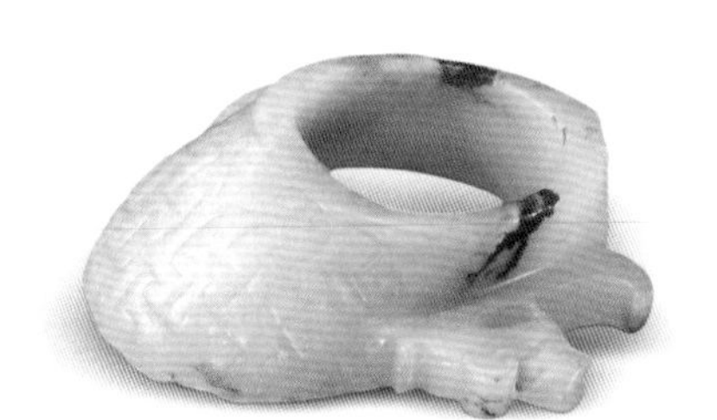

182

玉龙首蚕纹珩

年代　战国
尺寸　宽 5.7 厘米　厚 0.5 厘米　高 9.8 厘米
收藏单位　故宫博物院

玉料为白玉，有紫色沁。珩两端两面雕龙形首，并有孔，最上端有一孔。通身雕有谷纹。珩，为佩玉的一种，形似磬而小。《国语·晋语》有记载曰：“白玉之珩六双。”

玉蟠螭剑珌

年代　汉
尺寸　宽 7 厘米　高 10.3 厘米
收藏单位　故宫博物院

玉料为青玉。玉珌一面镂雕兽面纹，并凸雕一螭，另一面亦镂雕兽面纹，但无螭。玉珌两面皆镂雕图案，较同时代一般作品技法更为高超，具有典型的汉代特色。

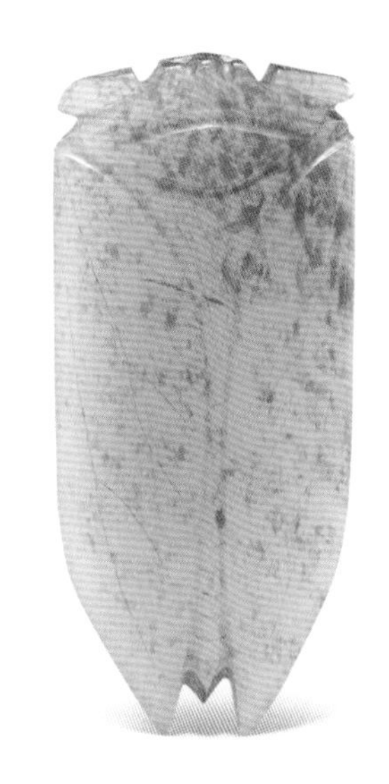

184

玉蝉形琀

年代　汉
尺寸　宽 3 厘米　高 6.1 厘米　厚 0.6 厘米
收藏单位　故宫博物院

玉料为青玉，有红色沁斑。琀，即古代殡殓时放在死者口中的珠玉。《晋书・皇甫谧传》有载："殡含之物，一皆绝之。"玉蝉早在新石器时代的红山文化中已出现，多为佩饰，至汉魏时期琀才被赋予新的功用。

185

玉辟邪

年代　汉
尺寸　长 7.2 厘米　宽 3.7 厘米　高 7.7 厘米
收藏单位　故宫博物院

辟邪是古代传说中的一种神兽，形似虎豹，头有角，身有翅，有祈福祛邪之意。此玉辟邪经火烧后通体变黑，其腹部阴刻楷书乾隆帝御制诗一首："茂陵万里求天马，既得作歌纪瑞文。看有角为奇弗偶，历无皂至镐和汾。肖形刻玉太乙贶，阅也出邙长乐群。谩议水银浸鲜据，汉家常用有前闻。"诗名为"咏汉玉天马"，末署"乙巳次辛"。由此可知，此器原被误认为天马，最晚于乾隆五十年（1785）进入清宫。

186

玉蟠螭形佩

年代　汉
尺寸　长 8 厘米　宽 6.8 厘米　厚 1.5 厘米
收藏单位　故宫博物院

此玉佩为白玉料，有褐色沁斑。这件玉佩是汉代游丝毛雕工艺的典型作品，玉佩上有线条细如毛发，形若游丝，是由一种非常坚硬的器物在玉器上雕刻而成，若用力不均，则会出现若断若续的“跳刀”。这种特点在汉代最为普遍。

187

玉三螭瑗

年代　汉
尺寸　直径 4.7 厘米　孔径 1.5 厘米　厚 0.3 厘米
收藏单位　故宫博物院

玉料为新疆和阗玉，局部有浅褐色沁斑，两面纹饰相同。此玉瑗为镂雕三只相互缠绕的螭，每个螭大小相同，身上有浅浮雕和阴刻的细线纹。这类玉瑗在两汉时期较为常见，作为佩饰使用。

188

玉单柄杯

年代　汉
尺寸　口径 4.6 厘米　足径 3.4 厘米　高 9.7 厘米
收藏单位　故宫博物院

玉料为青玉，局部有褐色沁斑，杯身饰弦纹与流云纹。此种形式的玉杯流行于两汉，是汉玉日用器皿中的精品。旧藏紫禁城颐和轩。

189

玉蟠螭纹洗

年代　汉
尺寸　长 16.8 厘米　宽 14 厘米　高 2.8 厘米
收藏单位　故宫博物院

玉料为青玉，局部有褐色沁斑。两侧各有一耳柄，均饰有螭纹。这件玉洗是汉玉中极为珍贵罕见的精品。

190

玉“益寿”铭谷纹璧

年代　东汉
尺寸　宽 10.5 厘米　高 13.2 厘米　厚 0.5 厘米
收藏单位　故宫博物院

玉料为青玉，有褐色沁斑，两面形式与纹饰相同。此类玉璧称“出廓璧”，流行于战国至两汉。出廓处透雕一螭一龙，环抱“益寿”二字；玉璧肉部浅浮雕谷纹。

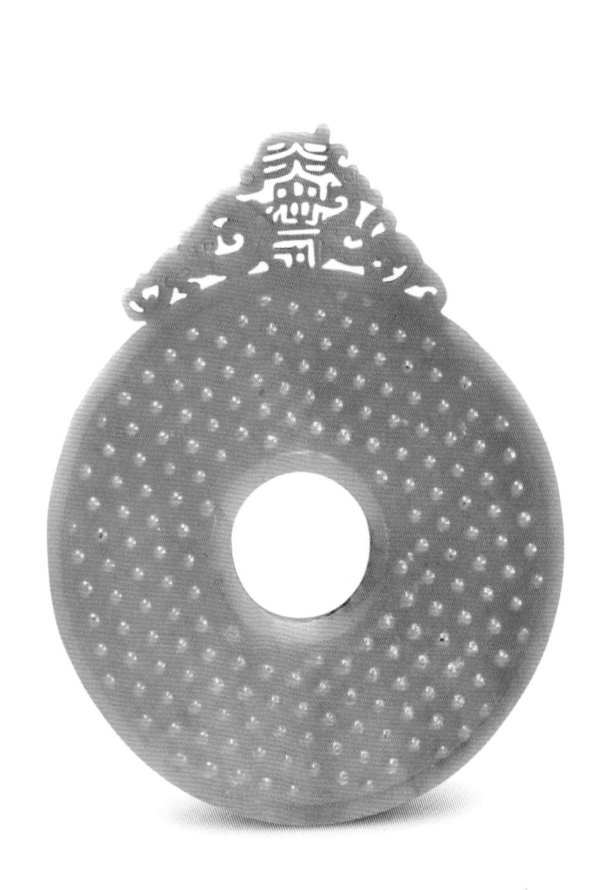

191

玉“长乐”铭谷纹璧

年代　东汉
尺寸　宽 12.5 厘米　高 18.6 厘米　厚 0.5 厘米
收藏单位　故宫博物院

玉料为青玉，局部有褐色沁斑。出廓处透雕铭文“长乐”二字，字两侧各有一独角兽，肉部浮雕谷纹。此玉璧流传入清宫后，深得乾隆帝喜爱，他曾为此玉璧赋诗一首：“长乐号镌宫，炎刘气蔚虹。如宜子孙式，可匹夏商同。传者妒必有，冯乎恨莫穷。致传禁中语，曰勇异当熊。”末署“乾隆戊申御题”。御制诗被用隶书刻在玉璧外圈边缘上。

192

玉天马

年代　三国两晋
尺寸　长 7.9 厘米　宽 3 厘米　高 5.3 厘米
收藏单位　故宫博物院

此为经火青玉天马，因火烧表面呈黑色。天马纹饰与造型，流行于汉魏六朝。《山海经》载："马成之山，其上多文石，其阴多金玉，有兽焉，其状如白犬而黑头，见人则飞，其名曰天马。"旧藏清宫造办处。

193

玉辟邪

年代　三国两晋
尺寸　长 6.5 厘米　宽 2.9 厘米　高 3.2 厘米
收藏单位　故宫博物院

玉料为青玉，局部有深褐色沁斑。汉魏时期的玉辟邪多立体造型，此件造型生动，琢磨光滑，是传世中的精品。

194

玉蟠螭纹单柄杯

年代　三国两晋
尺寸　高7厘米　口横7厘米　口纵4.5厘米
　　　足横4.8厘米　足纵3.1厘米
收藏单位　故宫博物院

玉料为青玉，局部有褐色沁斑，杯身浮雕三螭。此为魏晋时期传世玉器中的精品。

195

玉螭纹椭圆杯

年代　三国两晋
尺寸　高6.3厘米　口横9.7厘米
　　　口纵6.6厘米　足径2.8厘米
收藏单位　故宫博物院

玉料为白玉，有褐色沁斑，外沿镂雕三组螭纹。此种玉杯魏晋时并不多见，从造型到工艺仍保留有汉代的工艺特色。

196

玉莲花纹杯

年代　唐
尺寸　高6.2厘米　口径8.2厘米　足径4.5厘米
收藏单位　故宫博物院

玉料为青玉，局部有浅褐色沁斑。杯内壁光素无纹，杯口外沿雕圆珠纹，杯腹雕莲花纹。莲花纹在南北朝时就已出现，是佛教在中国盛行的产物。到了唐代，莲花纹盛行，许多器皿以此为饰，这件玉杯为典型，是唐代玉器中的精品。此器旧贮紫禁城外东路乾隆帝太上皇宫殿——宁寿宫内的遂初堂。

197

玉弦纹高足杯

年代　唐
尺寸　高 8 厘米　口径 7.3 厘米　足径 3.7 厘米
收藏单位　故宫博物院

玉料为白玉，局部有紫色斑，杯身饰弦纹。是唐代传世玉器中极为珍贵的一件。

198

玉光素匙

年代　唐
尺寸　长 20 厘米
收藏单位　故宫博物院

玉料为白玉，局部有土沁痕迹，通体无纹饰。这件玉匙玉质温润，形体厚重，是唐代传世玉器中的珍品，堪称稀世珍宝。此器旧藏紫禁城宁寿宫。

199

玉飞天

年代　唐
尺寸　长 8 厘米　宽 4 厘米　厚 0.7 厘米
收藏单位　故宫博物院

玉料为白玉，局部有色沁，通体透雕一飞天形象。飞天，即飞舞的天人。在古代佛教未传入我国时，飞天多画在墓室壁画中，象征墓室主人的灵魂能羽化升天。佛教传入中国后便与佛教艺术融合，成为佛教壁画或石刻中空中飞舞的仙人。传世玉飞天最早为唐代之物，此件玉飞天形象生动，为唐代玉器精品。此件文物一直藏于清宫，后经溥仪带出，由公安部从溥仪处没收。

200

玉飞天

年代　唐
尺寸　长 7.1 厘米　宽 4 厘米　厚 0.7 厘米
收藏单位　故宫博物院

唐代的玉飞天一般作为佩饰使用，姿态优美，雕工精细，为人宝爱。此玉料为白玉，晶莹剔透，于艺雅之外亦兼质优。此器旧藏紫禁城内廷后妃居住的景仁宫。

201

玉鹦鹉

年代　唐
尺寸　长 7.8 厘米　宽 2 厘米　高 4.4 厘米
收藏单位　故宫博物院

玉料为白玉。玉鹦鹉以圆雕加透雕琢制，身下饰云朵，底部有一对隧孔，可以缀以他物。以鹦鹉为题材的玉制品，最早见于商代，流行于唐代。此鹦鹉旧贮紫禁城乾清宫之西侧弘德殿。

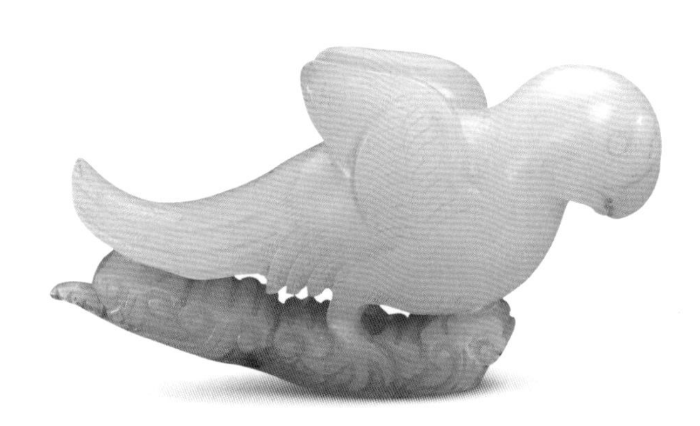

202

玉鸭形坠

年代　唐
尺寸　长 3.1 厘米　宽 1.7 厘米　高 3.5 厘米

玉料为白玉。玉鸭呈卧姿，以圆雕加镂空技术琢制而成，以平行短阴线纹饰羽翅部分。腹部上下有圆形孔，可系挂用。此物旧贮紫禁城内廷后妃居住的永寿宫。

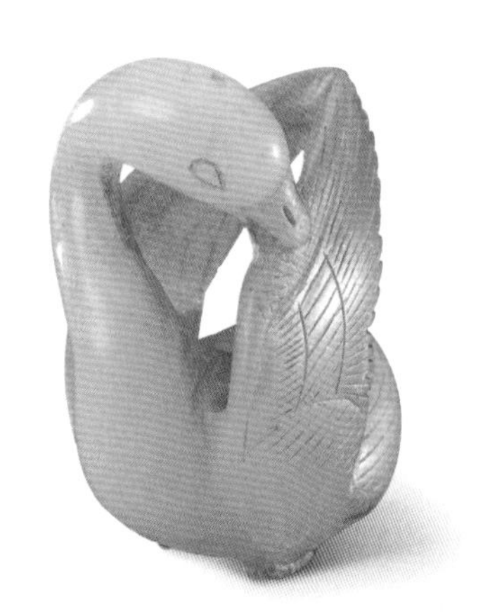

203

玉直立人

年代　唐
尺寸　宽 1.5 厘米　高 4.6 厘米　厚 0.8 厘米
收藏单位　故宫博物院

玉料为青玉，局部有紫色沁斑，旧藏紫禁城乾清宫。玉人头戴矮襆头帽，身着右衽宽袖束腰长袍，呈拱手直立状。这件玉器收贮在清宫时，曾引起乾隆帝极大的兴趣，他命玉工照此仿制一件配成一对，装在册页式的小盒内，并书御制诗一首，末署“乾隆戊寅”。由此可知，这件玉人最晚在乾隆二十三年（1758）进入清宫。

204

玉献宝胡人纹带板

年代　唐
尺寸　长 6.5 厘米　宽 6.2 厘米
收藏单位　故宫博物院

带板是指嵌在腰带上的饰物，可以用玉、金、银、犀牛角、石等材料制作，其中嵌有玉带板者等级最高，一般二品以上文武官员才可用。据记载，玉带出现于南北朝，唐代至明代一直沿用。此件玉带板玉料为白玉，正面浮雕一献宝胡人的图案。唐代的玉带板多以人物为纹饰，人物大多胡服，高鼻深目，长发卷曲，紧衣窄袖，具有明显的西域色彩。这种西域色彩的图案也反映了唐代中原同西域往来交流的频繁，因此带有此类图案的器物也成为后世帝王收藏的重要传世文物。

玉胡人骑象饰

年代　唐
尺寸　长 7.3 厘米　宽 2.4 厘米　高 5.5 厘米
收藏单位　故宫博物院

玉料为青玉，雕刻一位窄衣长袖的胡人骑象的形象。早在商周时期，就出现了以象作为题材的玉器作品。这件玉饰反映了唐代大量使用驯象，同时也反映了唐代中原与西域的频繁往来。

206

玉礼乐纹立人耳杯

年代　宋
尺寸　高 7.5 厘米　口横 11.4 厘米　口纵 11 厘米
　　　足径 4.5 厘米
收藏单位　故宫博物院

玉料为青玉，局部有褐色沁斑。杯内凸雕云朵，杯外浮雕 10 个乐伎，或歌唱，或演奏。乐伎中间有小鹿，口衔灵芝。杯柄为两个云中仙女。此玉杯上的图案描述的是宋代贵族的生活，具有浓郁的宋代风格。这件玉杯进入清宫后，深得乾隆帝喜爱，于是仿制了同样款式的作品，至今仍收藏在故宫博物院。

207

玉飞龙纹耳杯

年代　宋
尺寸　口径 9.8 厘米　足径 5.4 厘米　高 5.8 厘米
收藏单位　故宫博物院

玉料为碧玉。玉杯圆雕，一侧凸雕云龙戏珠纹饰，另一侧透雕龙首耳，其余皆光素。玉杯局部保留了原玉璞皮色，因此龙头、宝珠、卷云呈现出赭色，使得器物古朴典雅，再加上龙首柄雕琢的神态威猛，更显示了玉雕匠人高超的技艺。旧藏紫禁城乾隆花园内玉粹轩。

208

玉进宝小人

年代　宋
尺寸　高 3.4 厘米　宽 2.2 厘米　厚 1.8 厘米
收藏单位　故宫博物院

两玉人为青玉料，象征男女。乾隆帝命人用刻有象征“天地之大德曰生”的寿春图案为玉人配盒，并附以御书《诗经・周南》二篇以收藏，符合《易经》所云：“有天地然后有万物，有万物然后有男女，有男女然后有夫妇，有夫妇然后有父子，有父子然后有君臣，有君臣然后有上下，有上下然后礼仪有所错。”强调人伦等级。

209

玉飞天式童子

年代　宋
尺寸　长 5.4 厘米　宽 4 厘米　厚 1.2 厘米
收藏单位　故宫博物院

玉料为青玉，通身有褐色沁。此玉饰圆雕一侧卧披帛童子，形态逼真可爱，有浓厚的生活气息。

210

玉骑鹅童子坠

年代　宋
尺寸　长 4 厘米　宽 2 厘米　高 5.4 厘米
收藏单位　故宫博物院

玉料为青玉，局部有原玉璞外表的沁斑。古玉器中多有沁斑，有的是埋入土中之后产生的；有的是原玉璞本身的皮沁色，为玉工有意保留，或为后人为仿旧造成的。这件玉坠的沁斑属于第二种情形。此器圆雕一骑鹅童子形象，鹅呈游水状。宋代时期的玉鹅常常与人雕刻在一起，这件玉器是典型的代表。

211

玉鹿

年代　宋
尺寸　长 10 厘米　宽 4 厘米　高 6 厘米
收藏单位　故宫博物院

玉料为青玉，局部有黄色沁斑。玉鹿立雕，呈卧状。鹿音同“禄”，喻官运，以鹿为题材的作品赋有吉祥寓意，深得中国古代人们的喜爱。

212

玉异兽

年代 宋
尺寸 长6.5厘米 宽2.7厘米 高5.2厘米
收藏单位 故宫博物院

玉料为白玉，有褐色沁斑。神兽是玉器中的传统题材，如玉辟邪或天禄。这件玉兽像传说中的甪端，又或是狻猊。传说这种神兽日行一万八千里，懂四方语，知远方事。此器旧藏紫禁城乾清门内南库。

玉双鹤佩

年代 宋
尺寸 长7.5厘米 宽5.7厘米
收藏单位 故宫博物院

玉料为白玉。双鹤足下有云朵，共衔一环，其环可以系绳供佩戴。以双鹤为题材的玉佩在宋代广泛流行。这件玉佩外环而中空，雕工精细、造型新颖，其双鹤题材表达了长寿与祥瑞。旧藏紫禁城内养心殿。

玉海东青啄雁带饰

年代 宋
尺寸 高8.3厘米 宽4.5厘米 厚2.2厘米
收藏单位 故宫博物院

玉料为白玉，局部有褐色沁斑。玉饰正面镂雕一大雁长颈深入水草中呈躲藏状，此时一只海东青正对大雁虎视眈眈。这件带饰在清宫收藏时，配有一个乾隆时期制作的雕漆盒来存放，以此推断此玉器在清宫收藏中较为受到重视。

215

玉灵芝双鹿纹洗

年代　宋

尺寸　口横 14.5 厘米　口纵 10.7 厘米

　　　足横 7.4 厘米　足纵 5.7 厘米　高 6.2 厘米

收藏单位　故宫博物院

玉料为白玉，经火烧后有较重的褐色沁斑。玉洗内壁满饰浮雕如意云朵纹，外壁浅浮雕灵芝和小鹿，分别寓意寿和禄，口沿有海水山石纹，寓意福山寿海。

216

玉火珠纹单柄洗

年代　宋

尺寸　长 18 厘米　宽 12 厘米　高 4 厘米

收藏单位　故宫博物院

玉料为青玉，有浅褐色沁斑。玉洗内外均光素无纹饰，一侧柄呈三角形，上面雕有火珠纹，柄底琢一圆环。此件玉洗质朴典雅，这种玉制器所见仅此一件。

217

玉龙纽押

年代　元
尺寸　长 5.8 厘米　宽 5 厘米　通高 4 厘米
收藏单位　故宫博物院

玉料为青玉，局部有微黄色沁。底面有凸起的阳文图记，上部为龙形纽。押是古代文书契约上签字或代替签字的一种符号，尤其以元代作品居多。元陶宗仪《辍耕录》中记载：“今蒙古色目人之为官者，多不能执笔画押，例以象牙或木刻而印之，宰辅及近侍官至一品者，得旨则用玉图书押字，非特赐不敢用。”据此可知元代用玉押者较用象牙、木刻类押者身份等级要高。此器龙纽，应该为帝王之物。

218

玉花式杯

年代　元
尺寸　口径 8.5 厘米　高 5.1 厘米
收藏单位　故宫博物院

玉料为白玉，经火后局部变黑。此件玉杯为葵花式，杯内中心雕有花蕊，外壁镂雕枝叶为杯柄和杯托。

219

玉龙首钩环

年代　元
尺寸　长 10.5 厘米　最宽 3.8 厘米　高 2.3 厘米
收藏单位　故宫博物院

玉料为白玉，有黑色斑并黄色沁。全器分为钩和环两部分：钩为龙首形，腹间镂雕莲花纹；环的正、反面均雕有云纹，环首镂雕一龙。带钩是一种实用器物，在元代广为流行。此件带钩环上饰有龙纹，应该为元代皇帝所用。此玉器旧藏清宫造办处。

220

玉鹦鹉环饰

年代　元
尺寸　长 7.2 厘米　宽 6.5 厘米　厚 1.4 厘米
收藏单位　故宫博物院

玉料为青玉，有褐色沁。鹦鹉一只呈静卧观望状，一只呈啄戏彩球状。这种鹦鹉衔绶带的图案，寓意美好长寿。此玉饰旧藏紫禁城内慈宁宫。

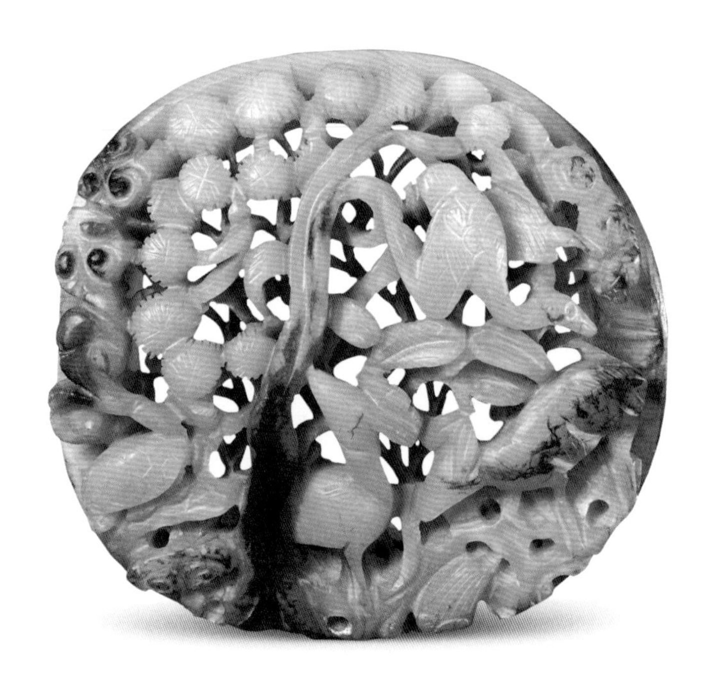

221

玉鹤鹿同春饰

年代　元
尺寸　长 8.5 厘米　宽 7.2 厘米
收藏单位　故宫博物院

玉料为青玉。这件玉饰用多层镂雕和阳线纹法琢制出鹤鹿同春图，两侧有孔，可供穿绳系挂佩戴。玉饰上的小鹿、仙鹤、灵芝草、松枝等均寓意长寿吉祥。鹤鹿同春图案在宋元至明清的艺术品上经常出现。此玉饰旧藏紫禁城南三所。

222

玉鹤鹿炉顶

年代　元
尺寸　底横 4.1 厘米　底纵 3.5 厘米　高 4.7 厘米
收藏单位　故宫博物院

玉料为白玉。这件玉器立体镂雕三层纹饰，外面两层为姿态各异的鹿、鹤、龟、灵芝等，最里面一层是两棵松树，这些都寓意吉祥长寿。此玉器旧藏清宫御花园内绛雪轩。

223

玉合卺杯

年代　明
尺寸　单口径 3.6 厘米　横 7.5 厘米　纵 7 厘米
　　　高 9 厘米
收藏单位　故宫博物院

玉料为青玉，有褐色沁。双圆筒间透雕飞鹰、熊首，杯身浅浮雕夔龙纹、云纹等。双筒玉杯又称合卺杯，是古代婚礼所用酒器，体现了古代婚宴的一种礼节。合卺为古代结婚仪式之一，《礼记·昏仪》："合卺而酳。"其意为：以一瓠分为两瓢，新婚夫妇各执一瓢饮酒，以表示夫妇一体，尊卑等同。纹饰中的鹰与熊以其谐音寓意英雄。

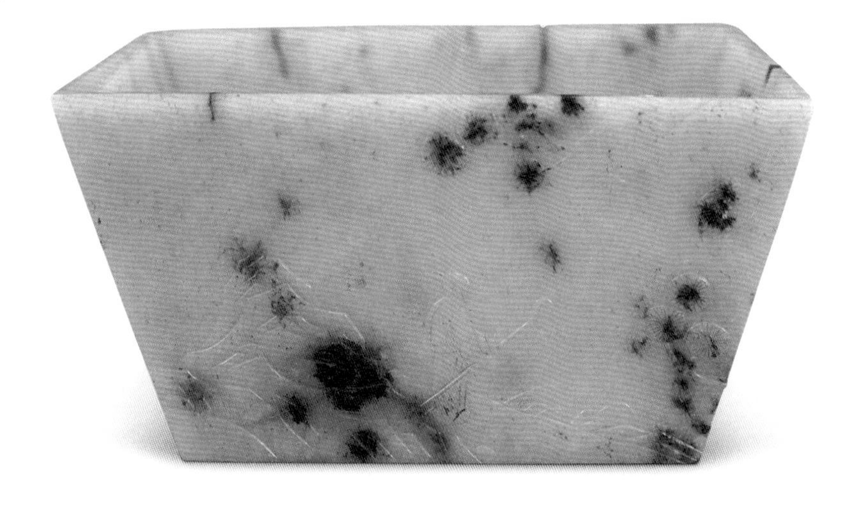

224

玉松林策杖斗式杯

年代　明
尺寸　口边长 13 厘米　底边长 9.4 厘米　高 6.8 厘米
收藏单位　故宫博物院

玉料为白玉，有暗褐色沁斑。外壁浮雕一老人策杖漫步于丛林之中。乾隆帝十分喜爱这件玉杯，视其为珍宝，并在其上作诗题款。其诗曰：“亚父撞之后，重为玉斗谁。连成双面画，接刻七言诗。迥异俗之态，依然古作诗。藉暇绘松鼠，思已渐邻奇。”上署“乾隆癸卯御题”，并琢“几暇怡情”印。

225

玉象耳活环杯

年代　明
尺寸　口径 9.4 厘米　底径 4.2 厘米　高 5.9 厘米
　　　托盘长 19.8 厘米　宽 14.1 厘米　高 0.8 厘米
收藏单位　故宫博物院

玉料为青玉，由杯和托盘组成。杯身光素，杯两侧镂雕龙耳，一面雕有象首并套活环，托盘内浮雕两条龙纹。这件玉杯原为明代宫廷帝王所用，寓意太平盛世。

此器旧藏紫禁城乾清宫。

226

玉凤纹匜

年代　明
尺寸　长 12.4 厘米　宽 3.6 厘米　高 7.8 厘米
收藏单位　故宫博物院

玉料为白玉，局部有褐色沁斑。杯身正面和背面的外壁各雕一只凤鸟，杯柄为镂雕螭形。此玉匜为明代的酒器，仿古代青铜器造型。

227

玉竹节式杯

年代　明
尺寸　口横 7.5 厘米　口纵 3.9 厘米　高 10.5 厘米
收藏单位　故宫博物院

玉料为青玉，局部有黄沁。杯呈竹节筒状，中空，杯身雕有竹叶，杯柄为镂雕竹节。用竹子作为图案也反映了当时文人追求清高的生活目标。

228

玉送子观音

年代　明
尺寸　底宽 6 厘米　高 17.2 厘米
收藏单位　故宫博物院

玉料为青玉。明代的玉雕日趋生活化，玉制品的许多方面都与日常生活有关。这一尊作为佛教陈设品的玉送子观音，便反映了明代玉雕的上述特点。

此尊观音像旧藏紫禁城御花园内延辉阁。

229

玉八出戟方形觚

年代　明
尺寸　高 23.8 厘米　口横 8.7 厘米
　　　口纵 8.4 厘米　足横 6.4 厘米　足纵 6 厘米
收藏单位　故宫博物院

玉料为青玉，略带黄色沁。器分为三节，上下两节内中空，但不相通。器外有八出戟，戟上饰回纹。上层两出戟间饰夔龙纹，中层出戟间饰兽面纹，下层出戟间饰叶纹。陶觚最早见于新时期时代，商代开始大量制作铜觚，玉觚始于明代。此器以青铜觚为摹本，是明代玉器中常见的一种。此类玉觚在某种程度上同它的原型青铜觚一样，也应该属于礼器的范畴。

瓷器篇

本篇所说的清代宫廷藏瓷，专指清代宫廷收藏的历代各朝古瓷，即明代以前（含明代）的陶瓷器物。对故宫博物院现存陶瓷类文物进行初步统计，得悉这类清宫旧藏的古瓷数量约有一万余件。若加上原属清宫收藏、今藏台北“故宫博物院”和南京博物院的瓷器，这一数目还会有所增加，总数应在两万件之内。这些古瓷珍品，在清代即已入藏宫廷内府，是清代皇家收藏的重要组成部分。

清代宫廷藏瓷，相当一部分来自明代宫廷的遗存。据明末成书的《宣德鼎彝谱》记载：“内库所藏柴、汝、官、哥、钧、定各窑器皿，款式典雅者，写图进呈。”[1]这说明在明代后期，已有大量古瓷入藏明代宫廷内府。

到了清代，由于雍正、乾隆等帝王对于瓷器收藏的热衷和偏好，大量古代陶瓷珍品开始有意识、成规模地入藏清宫，极大地丰富了宫廷陶瓷收藏。其来源主要包括纳贡、采买、抄没大臣家产等。其中，又以接受宗室臣工的进献所得最多。

仅以乾隆朝为例，据不完全统计，乾隆朝60年间以进贡形式入藏内府的宋代官窑数量为300余件，宋代定窑器在400件以上，哥窑则达到千余件。[2]这几类瓷器的数量，远远高于今日故宫博物院所藏。查考这类宫廷旧藏瓷器的品类，可以发现两个特点。

其一，尊崇“五大名窑”。

清宫旧藏的一万余件古瓷之中，有宋代“五大名窑”瓷器200余件。所占比重虽不甚多，然与世界范围内现存的“五大名窑”相比来看，200余件的数字则占据了绝对多数。这说明，存世的“五大名窑”瓷器绝大多数来自清宫旧藏。

“五大名窑”之说始于明末，当时的文献对于究竟哪五处窑口表述不一，自董其昌《骨董十三说》言“世称柴、汝、官、哥、定五窑”以来，《通雅》、《物理小识》、《清秘藏》诸书皆采此说，同时兼有“四大名窑”、“六大名窑”诸说。而清代贡瓷中所列的“五大名窑”为汝、官、哥、定、钧，并无柴窑。这说明，清代宫廷阶层已经承认并接受了“五大名窑”的概念，但主要指汝、官、哥、定、钧五窑。将一直未发现具体窑口的“柴窑”摒弃不用，这是清初对明末“五大名窑”说的继承和进一步阐释。

其二，注重“宣、成、嘉、万”官窑。

旧藏的明代官窑，数量达5000余件，可谓是清宫旧藏瓷器的大宗。这其中，又以宣德、成化、嘉靖、万历四朝数量为最多。

对于整个明代瓷器艺术水准的赏鉴，自晚明以来博物君子便屡有总结和比评。万历时人沈德符所著《敝帚轩剩语》云：“本朝窑器用白地青花间装五色，为古今之冠，如宣窑品最贵，近日又重成窑，出宣窑之上……至嘉靖窑则又仿宣成二种，而稍胜之。”[3]其中将宣德、成化、嘉靖三朝瓷器列为明代瓷器的第一等级。清初叶梦珠所撰《阅世编》则说：“磁器除柴、定、官、哥诸窑而外，惟前朝之成窑、靖窑为最美，价亦颇贵。”[4]这都是将宣德窑、成化窑、嘉靖窑作为明代瓷器的最高标准。可见，清代宫廷阶层对于明代瓷器的鉴赏评判，基本沿袭了明季以来士大夫的审美标准。

除此两者之外，清宫旧藏瓷器中还有一定数量的地方窑口收藏。这些地方窑，时代主要集中在宋明两朝，如龙泉、德化、石湾、宜兴等窑口的器物。至于时代更早的地方窑如越窑、长沙窑、磁州窑、吉州窑等，收藏数量绝少，可知并不属清宫收藏的主流之列。

瓷器生产的历史可谓久远，而瓷器真正作为艺术珍品受到世人的宝藏与珍视，则要到晚明时期。由于晚明文人士大夫阶层的倡导和推广，瓷器得以和青铜器、玉器一样进入士大夫的视野，成为其收藏鉴赏的一项重要古董珍玩。

至于宫廷阶层开始关注并大规模集中收藏历代古瓷，则是在清代开始的。康熙帝对于历代古瓷的态度，在《圣祖仁皇帝庭训格言》中曾有所表露："尝见有人讲论旧磁器皿，以为古玩。然以理论，旧磁器皿俱系昔人所用，其陈设何处，俱不可知，看来未必洁净，非大贵人饮食所宜留用，不过置之案头或列之书橱，以为一时之清赏可矣。"[5]可见，康熙帝认为古瓷"未必洁净"，不太认同其作为古玩的价值。相应地，康熙时期入藏内府的瓷器也甚为有限。之后，雍乾二帝对于古陶瓷的钟爱和重视，才使得清宫内府的古瓷藏品不断充盈，蔚为大观。此种收藏，至少有以下几方面的价值：

其一，保存大量古瓷珍品。由于收藏来自最高统治者的意志，可以看作是举国家之力有计划、成规模地对古代瓷器的集中收藏。这使得大量古瓷珍品免于流散民间，充实了清宫内府收藏，亦奠定了今日故宫古陶瓷庋藏的格局和规模。

其二，影响清代本朝的官窑生产。一些古瓷被当作样本送交景德镇照样烧造，一些古瓷的釉色和造型也成为清代官窑瓷器仿制的标准。我们看到清代官窑瓷器中有相当数量的仿古瓷器，工艺精湛，成就甚高。可以说，这与清宫内府古瓷实物充盈有着直接关系。

其三，指导、引领了后世的瓷器收藏与鉴赏。以帝王为代表的宫廷阶层对于古瓷的收藏、品鉴、仿制等活动，实则反映了当时的知识阶层对于瓷器文物的鉴赏标准。这一标准波及民间，形成了陶瓷类器物收藏的热潮。后世乃至今日对历代古瓷的认知、鉴藏，很多都是以清代帝王的宫廷收藏为标准的。

综上，清代宫廷的瓷器收藏，是中国历史上第一次在皇家主导之下对瓷器类文物进行大规模的收贮、整理、品鉴、研究。这些收藏和研究取得了重要成果，其流风遗泽，影响至今。

---

1 （明）吕震:《宣德鼎彝谱》卷一，中华书局，2006 年。
2 笔者依据中国第一历史档案馆等编:《清宫瓷器档案全集》之乾隆朝《贡档》内容统计，中国画报出版社，2008 年。
3 （明）沈德符:《敝帚轩剩语 · 瓷器》，商务印书馆，1939 年。
4 （清）叶梦珠:《阅世编》卷七，第 187 页，中华书局，2007 年。
5 《四库全书 · 子部 · 儒家类 · 圣祖仁皇帝庭训格言》。

230

邢窑白釉葵口碗

年代 唐
尺寸 口径 12.6 厘米 底径 5.4 厘米 高 3.7 厘米
收藏单位 故宫博物院

碗葵口，斜壁，圈足，通体施白釉，底足一圈无釉，为垫饼支烧痕迹。

邢窑是我国北方的著名瓷窑，兴盛于唐代，以烧白瓷为主，兼烧黄釉、黑釉、三彩品种。邢窑遗址位于唐代的河北邢州地区，中心窑场在今河北省内丘县城关一带。从窑址调查和发掘所出土的标本看，唐代邢窑白瓷有精粗之分，以供不同阶层人的需求。正如唐人李肇《国补史》所曰："内丘白瓷瓯，端溪紫石砚，天下无贵贱通用之。"

231

定窑白釉刻"徐六师记"铭皮囊壶

年代 唐
尺寸 口径 2.2 厘米 底径 12.5 厘米 高 12.5 厘米
收藏单位 故宫博物院

壶直口，矮身，垂腹，通体呈扁圆形，有提梁一道，腹部装饰三道仿皮囊缝合的凸棱。通体施白釉，底部无釉，露出黄色胎骨，其上阴刻"徐六师记"四字。

皮囊壶原是北方游牧民族使用的皮质容器，不易破损，便于携带，适应迁徙生活所需。瓷质皮囊壶上的皮绳、皮扣等装饰，并无实用功能，只是对其原型的模拟。

232

定窑白釉刻回纹盏托

年代 北宋
尺寸 口径 10.5 厘米 底径 8.8 厘米 高 6.4 厘米
收藏单位 故宫博物院

盏托与碗连体。碗外壁口沿处和盏托托面各刻画回纹一周。

盏托，又名"茶托子"。以此盛茶，可以防止茶汤烫手。据文献记载，茶托始于唐代建中年间。而据考古资料显示，盏托早在东晋时期即已出现。

到了宋代，茶托在实用之外更多了装饰功能，形制也更加丰富多样。这件连座的器型，为宋代习见。大量宋代绘画作品，对于这种连座盏托的使用情形均有所表现。

233

定窑白釉刻花缠枝莲纹梅瓶

年代　北宋
尺寸　口径 4.9 厘米　底径 10.8 厘米　高 45.3 厘米
收藏单位　故宫博物院

瓶唇口，短颈，瓶身修长，周身施白釉，刻缠枝莲纹图案。釉色滋润，刻花遒劲奔放。

梅瓶器型自宋代正式出现，本为盛装酒水的日常用器，带有瓶盖。后来逐渐演变为盛放花卉的花瓶或纯粹的陈设器。器型也由宋代的瘦长挺拔向丰腴圆润转变。

234

定窑白釉刻花折枝芙蓉纹花口碗

年代　北宋
尺寸　口径 20.4 厘米　底径 6.4 厘米　高 8.1 厘米
收藏单位　故宫博物院

碗敞口，葵花式，斜直壁，采用覆烧工艺，口沿无釉，镶嵌铜扣，浅圈足。通身施白釉，微泛黄色。

此碗采用刻花装饰工艺，碗心图案与口沿处的葵瓣相对应，分为六组，每组刻画一芙蓉花纹，碗心处亦刻画花纹。纹饰皆清晰流畅，特别是碗心内壁的六组花纹，既各自独立，又能形成一组完整的花卉图案。

235

定窑白釉出戟水丞

年代　宋
尺寸　口径 2.1 厘米　底径 2.8 厘米　高 5.4 厘米
收藏单位　故宫博物院

小口，直腹，小圈足。腹部有四道出戟棱柱。通体施白釉，圈足处无釉。

水丞，又名水盂、水中丞，是用来盛水的文房用具。用内附的小勺将清水舀入砚上，再来研磨习字。据《考槃余事》记载，宋代定窑、官窑、哥窑、龙泉窑等均烧造水丞，盛行一时。

236

定窑白釉刻乾隆御制诗碗

年代　金
尺寸　口径 16 厘米　底径 5.4 厘米　高 6.1 厘米
收藏单位　故宫博物院

碗口微撇，深弧腹，圈足。口沿及圈足一周均镶金扣。内外施白釉，外壁有乾隆御制诗一首。诗曰：

谓碗古所无，托子何从来？
谓托后世器，古玉非今材。
又谓碗即盂，大小异等侪。
说文及方言，初无一定哉。
然而内府中，四五见其佳。
玉胥三代上，承碗实所谐。
碗托两未离，只一留吟裁。
其余瓷配之，亦足供清陪。
兹托子古玉，玉碗别久乖。
不可无碗置，定窑选一枚。
碗足托子孔，园枘合以皆。
有如离而聚，是理难穷推。
五字纪颠末，丰城别寄怀。

落款为“乾隆庚戌春御题”，即乾隆五十五年（1790），并有“会心不远”、“得充符”钤印。

237

定窑白釉刻乾隆御制诗天禄流云纹方洗

年代　明
尺寸　口边长 14.8 厘米　足边长 8 厘米　高 6.4 厘米
收藏单位　故宫博物院

洗四方形，委角，花口，折沿，浅腹，腹壁凸起八棱线，将洗分为八等份。底边凸起成浅圈足。通体施白釉，折沿上印卷云纹一周，口沿下刻回纹，内底印四只姿态各异的天鹿，周围衬以祥云图案。

外底刻有乾隆四十年（1775）御制《咏定窑三羊方盂》诗："粉定出北宋，花瓷实鲜看。非红宁紫夺，惟白得初完。坤二形堪表，乾三义具观。因思切已戒，敢忘作君难。"句后署"乾隆乙未御题"，钤"比德"、"朗润"闲章款。

238

越窑青釉双系执壶

年代　五代
尺寸　口径 9.7 厘米　底径 7.6 厘米　高 19.7 厘米
收藏单位　故宫博物院

壶微撇口，束颈，鼓腹，圈足。一侧有柄，另一侧有短流，颈、腹部之间有双系相连，便于穿绳提携。

越窑窑址在今浙江上虞、余姚等地，自东汉时开始烧造青瓷器。唐、五代时期是越窑青瓷烧造的鼎盛期，产品丰富、产量巨大，居全国之冠。

239

钧窑月白釉长方花盆

年代　北宋
尺寸　长 18.8 厘米　宽 15.2 厘米　高 5.7 厘米
收藏单位　故宫博物院

花盆呈长方形，口微外侈，折沿，委角，底承以四个如意头形足。内外均施月白釉，外底涂酱色釉，有一圈细小支钉痕，显示了当时的支烧工艺。并刻有数目字“九”。

按照出土资料和文献记载显示，钧窑瓷器底部刻画的从一到十的数目字为器型大小的标记，数目字越大，器型越小。这件刻有“九”字的器物，在同类器型中应属尺寸较小的。

240

钧窑玫瑰紫釉菱花式三足花盆托

年代　北宋
尺寸　口径 24 厘米　足距 13.5 厘米　高 8.7 厘米
收藏单位　故宫博物院

花盆托呈六瓣莲花形，敞口，折沿，弧腹，下承三个如意头形足。外施玫瑰紫釉，里为天蓝釉，外底涂抹酱色釉，有一圈支钉痕。底部刻有数目字“二”，表明其为同造型器物中较大者。

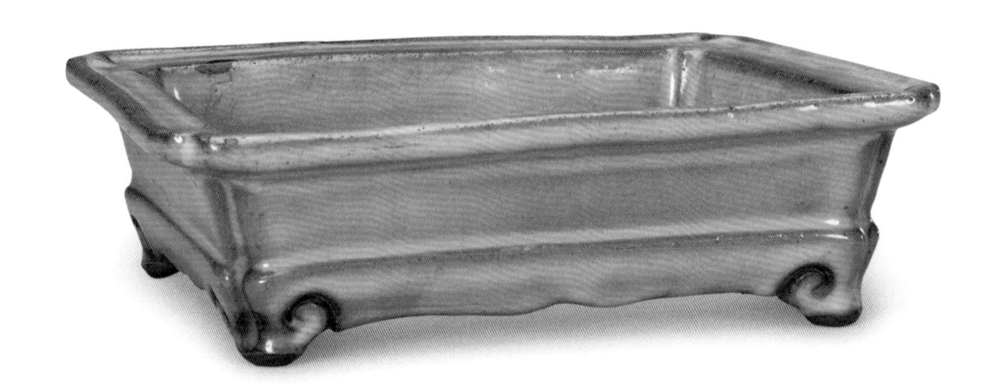

241

钧窑天蓝釉红斑盘

年代 北宋
尺寸 口径 18.1 厘米 足径 15.8 厘米 高 3.2 厘米
收藏单位 故宫博物院

盘敞口，折沿，浅弧腹，圈足。内外施天蓝色釉，釉面有不规则紫红斑块。足内满釉，外底留有三个支钉痕。

此盘釉色中的窑变紫红斑，为钧窑独创的烧造工艺。因釉面中铜红釉在烧制过程中的不稳定性，故成器中的紫红斑块绝无两件完全相同，有“入窑一色，出窑万彩”之美誉。

242

钧窑月白釉出戟尊

年代 北宋
尺寸 口径 26 厘米 足径 21 厘米 高 32 厘米
收藏单位 故宫博物院

尊撇口，颈部上粗下细，圆腹，腹下呈阶梯状外撇。颈、腹、胫部各有四道出戟装饰。通体施月白釉，圈足内侧边缘涂酱色釉，刻画数目字“三”。

商周时期的青铜尊为酒器。这件瓷质尊器，器型较之上古的青铜尊明显加宽，当为专门的陈设用瓷。

243

钧窑天蓝釉尊

年代　元至明初
尺寸　口径 23 厘米　足径 13.5 厘米　高 21.5 厘米
收藏单位　故宫博物院

尊为渣斗形，广口，口以下渐收，圆腹，圈足。通体施天蓝釉，釉面有细碎开片纹。底部无釉，刻有数目字“二”，并有五个圆孔。从圆孔判断，这件器物或曾作为花盆使用。

244

哥窑青釉双耳三足炉

年代　宋
尺寸　口径 7.9 厘米　底径 5.4 厘米　高 5.2 厘米
收藏单位　故宫博物院

炉呈鼎式，唇口，束颈，扁圆鼓腹，下承三足。周身满釉，有较大开片，开片处有黑、黄两色细纹，为哥窑“金丝铁线”特征。三足无釉。

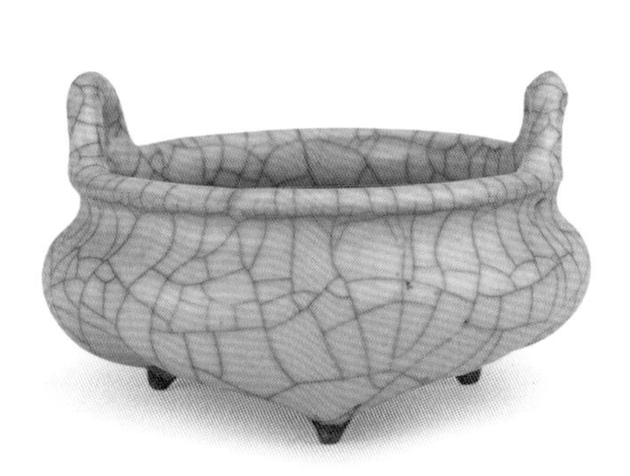

245

哥窑青釉双鱼耳炉

年代 宋
尺寸 口径 12.5 厘米 底径 9.2 厘米 高 8 厘米
收藏单位 故宫博物院

此炉造型仿商周青铜礼器簋。腹两侧对称置鱼形耳，下承以圈足。通体施青灰色釉，釉面密布交织如网的“金丝铁线”开片纹。外底有六个圆形支钉痕。

鱼耳炉因可用来焚香且炉身两侧置鱼形耳而得名，是宋代哥窑瓷器中的名品。元明时屡有仿品传世。

246

哥窑青釉贯耳瓶

年代 宋
尺寸 口径 2.5 厘米 足径 4.2 厘米 高 11.5 厘米
收藏单位 故宫博物院

瓶直口，长颈，垂腹，圈足。口沿处有对称贯耳。通体施米黄色釉，釉面开黑、黄两色细碎纹片。

贯耳瓶为宋代常见器型，哥窑、官窑、龙泉窑等皆有烧造，器型大同小异。这件贯耳瓶为仿西周青铜礼器样式。

247

哥窑青灰釉葵口碗

年代　宋
尺寸　口径 18.5 厘米　底径 6.8 厘米　高 7 厘米
收藏单位　故宫博物院

碗呈六瓣葵花式，深腹，圈足。通体施青灰色釉，釉面开细碎片纹，有黑、黄两种颜色裂纹，称“金丝铁线”。圈足露胎处呈黑褐色。

宋代官窑、哥窑和龙泉窑的器物，往往在足部无釉处为黑褐色，即所谓“铁足”。成因是此类器物胎骨含铁量特高，在还原作用较强的足部露胎部分就呈现此色。

248

哥窑青釉八方杯

年代　宋
尺寸　口径 7.8 厘米　足径 2.8 厘米　高 4.2 厘米
收藏单位　故宫博物院

杯呈八方形，口微外撇，弧壁，瘦底，八方形圈足，足微外撇。杯里外满施釉，外壁施釉较厚，开片较大，为冰裂纹；内壁施釉薄，开片细小而密集，形成一种无规则的蜘蛛网线，即“百圾碎”。口沿因釉下垂呈现出紫色，足边无釉，呈铁黑色，俗称“紫口铁足”。

249

哥窑青灰釉菊瓣式盘

年代　宋
尺寸　口径 16 厘米　足径 5.6 厘米　高 4.1 厘米
收藏单位　故宫博物院

盘通体作 14 瓣菊花形，弧腹，圈足。内、外及圈足内均施灰青色釉，釉面被“金丝铁线”般开片纹所分割。足底无釉，露出黑色胎骨。

陶瓷工匠在设计器物造型时往往取法自然事物，谓之“仿生瓷”。取法对象一般是动物、植物图形，这件哥窑盘即模仿菊花样。

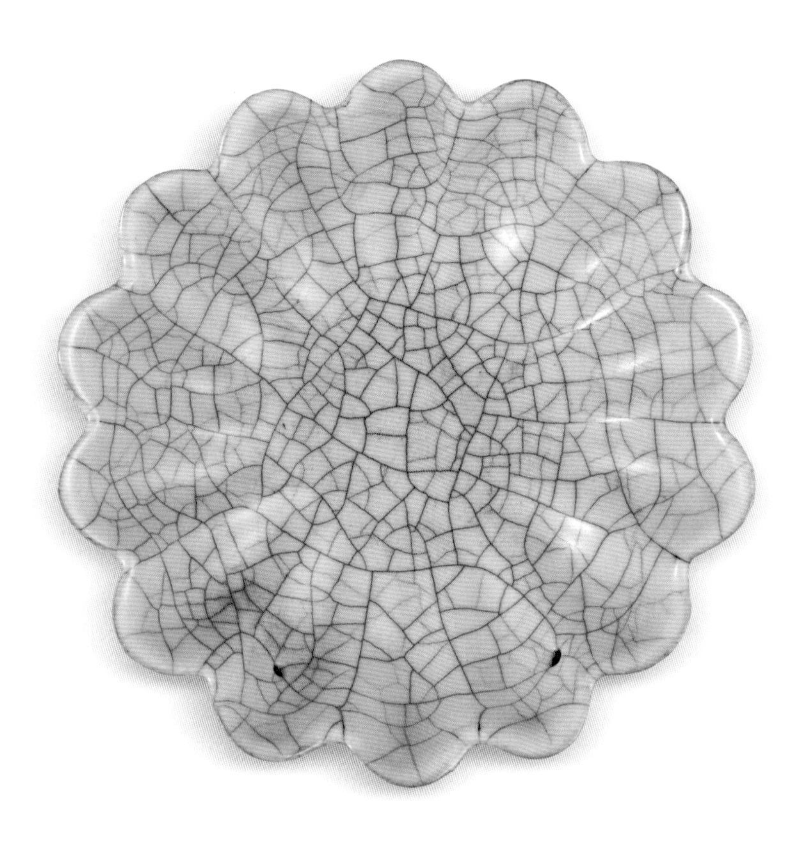

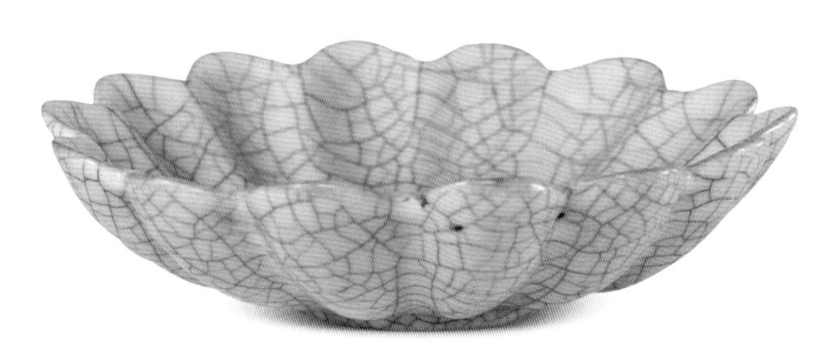

250

汝窑天青釉刻“寿成殿皇后阁”铭盘

年代　宋
尺寸　口径 19.2 厘米　足径 12.6 厘米　高 3.5 厘米
收藏单位　故宫博物院

盘口微撇，圈足外撇。盘身满釉，开细碎纹片。底有 5 个支烧钉痕，并刻有“寿成殿皇后阁”六字。

《宋史·乐志》有“皇帝诣寿成殿，寿成皇后出阁升坐”等语。寿成殿为宋代宫殿名，寿成皇后为南宋光宗赵惇的皇后。此件器物是否为寿成皇后所用，尚待考察。

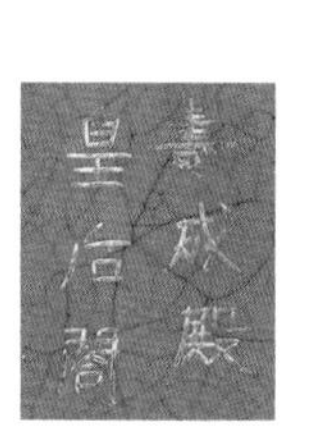

251

汝窑天青釉刻御题诗文三足樽承盘

年代　宋
尺寸　口径 18.5 厘米　足距 18.9 厘米　高 4 厘米
收藏单位　故宫博物院

盘圆口，浅腹，平底，下承三足。内外均施天青釉，外底有五个细小支钉痕，并刻有乾隆御制诗一首。诗曰：

紫土陶成铁足三，寓言得一此中函。

易辞本契退藏理，宋诏胡夸切事谈。

后署“乾隆戊戌夏御题”。乾隆戊戌，即乾隆四十三年（1778）。

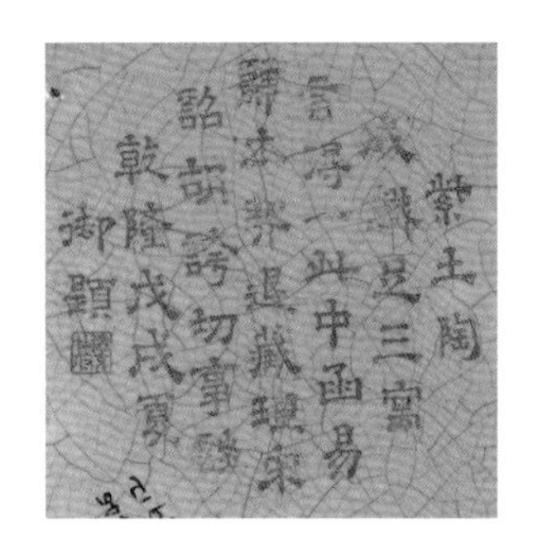

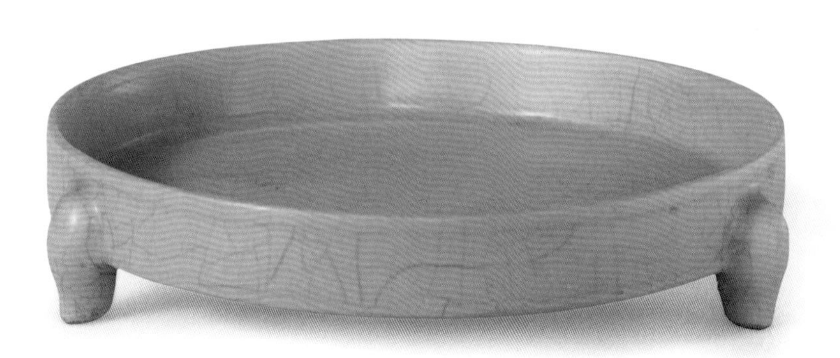

汝窑天青釉弦纹三足樽

年代　宋
尺寸　口径 18 厘米　足距 17 厘米　高 12.9 厘米
收藏单位　故宫博物院

樽仿汉代铜樽造型，直口，平底，下承三足。外壁口沿、腹部、近足处各有弦纹数道，外底有五个细小支钉痕。内外满施天青釉，釉面有细碎开片纹。

目前所见传世的汝窑天青釉弦纹樽只有两件，除故宫博物院所藏这件外，另一件为英国大维德基金会藏品。

汝窑天青釉圆洗

年代　宋
尺寸　口径 13 厘米　足径 8.9 厘米　高 3.3 厘米
收藏单位　故宫博物院

洗敞口，弧壁，圈足微外撇。通体施天青色釉，釉面有细碎开片纹。底部有三个细小支钉痕，此为汝窑典型的装烧工艺，称“裹足支烧”。因支钉细小如芝麻粒，故有“芝麻钉”之称。支钉痕处露出胎骨，胎呈香灰色。

瓷洗底部镌刻有篆书“乙”字，当为清代乾隆时期所刻。档案记载，乾隆帝以“甲”、“乙”、“丙”、“丁”等标记作为划分古物等级的标准。

254

汝窑天青釉刻御题诗文碗

年代　宋
尺寸　口径 17.1 厘米　足径 7.7 厘米　高 6.7 厘米
收藏单位　故宫博物院

碗撇口，弧腹，圈足微外撇。通体施天青色釉，釉面有细小开片纹。外底有五个细小支钉，并刻有乾隆御制诗：

秘器仍传古陆浑，只今陶穴杳无存。

却思历久因兹朴，岂必争华效彼繁。

口自中规非土匦，足犹钉底异匏樽。

盂圆切已近君道，玩物敢忘太保言。

后署“乾隆丁酉仲春御题”，并钤“古香”、“太璞”二印。乾隆丁酉，为乾隆四十二年（1777）。

255

汝窑“奉华”铭纸捶瓶

年代　北宋
尺寸　口径 4.4 厘米　底径 8.6 厘米　高 22.4 厘米
收藏单位　台北“故宫博物院”

瓶圆口，嵌铜扣，细长颈，丰肩，鼓腹，平底。通体施天青釉，有细碎开片纹。底部有五个支钉痕，刻乾隆御制诗。诗曰：

定州白恶有芒形，特命汝州陶嫩青。
口欲其坚铜以锁，底完而旧铁余钉。
合因点笔意为静，便不簪花鼻亦馨。
当日奉华陪德寿，可曾五国忆留停。

诗末署“乾隆戊戌仲夏御题”，戊戌为乾隆四十三年（1778），并落“古香”、“太璞”款，诗文左侧刻“奉华”铭。

“奉华”为南宋刘妃之号，奉华宫亦为南宋宫殿名，而乾隆帝诗中误认为奉华是北宋徽宗年间之事。

256

汝窑水仙盆

年代　北宋
尺寸　口横 26.4 厘米　口纵 18.5 厘米
　　　底横 22.6 厘米　底纵 15 厘米　高 6.3 厘米
收藏单位　台北“故宫博物院”

盆椭圆形，侈口，斜壁，下承四云头形足，通体施天青釉。外底有六个支钉痕，并有乾隆帝御制诗。诗曰：

官窑莫辨宋还唐，火气都无有葆光。
便是讹传猧食器，蹴枰却识豢恩偿。
龙脑香薰蜀锦裾，华清无事饲康居。
乱棋解释三郎急，谁识黄虬正不如。

诗末署“乾隆辛巳孟春御题”，并落“比德”、“朗润”两枚钤印。辛巳为乾隆二十六年（1761）。

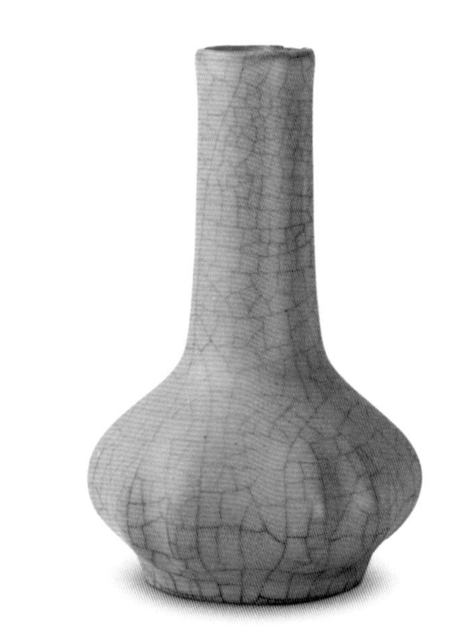

257

官窑粉青釉直颈瓜棱瓶

年代　宋
尺寸　口径 3.2 厘米　足径 5.7 厘米　高 13.2 厘米
收藏单位　故宫博物院

瓶直口，细长颈，鼓腹，圈足。腹部有凹凸棱线数条，使器形呈蒜头状。通体施粉青色釉，釉面有大开片纹。

宋代官窑瓷器的釉色，以粉青色为最上品。乾隆帝歌咏宋官窑御制诗有“色佳称粉青”句，称颂的正是这种粉青釉色。

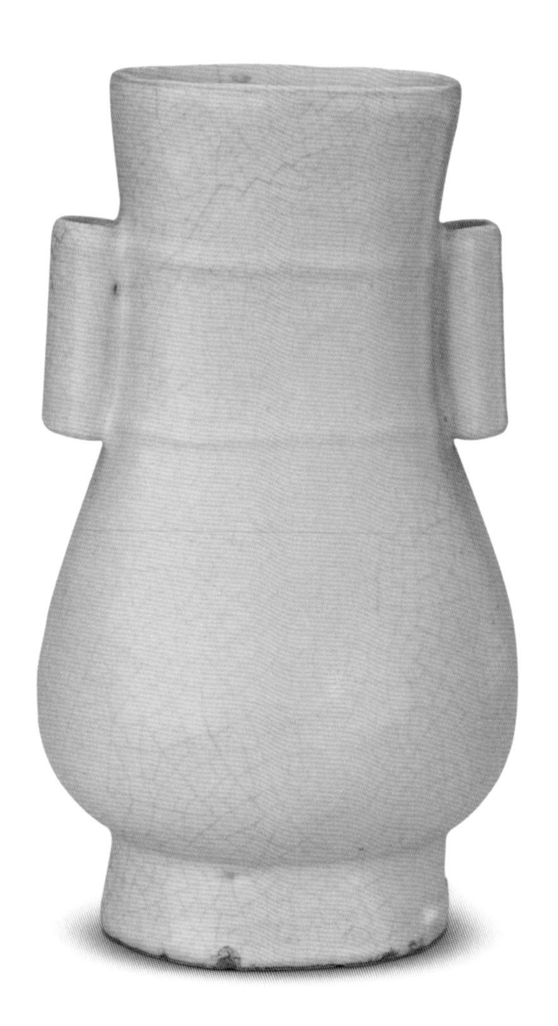

258

官窑青釉贯耳扁瓶

年代　宋
尺寸　口横 9.4 厘米　口纵 6.4 厘米　高 23 厘米
收藏单位　故宫博物院

瓶仿青铜觯造型，撇口，束颈，垂腹，圈足。颈部凸起两道弦纹，颈两侧对称置管状耳，俗称“贯耳”。圈足两侧各开一孔。通体施粉青色釉，釉面光滑莹润、有开片。足底无釉，呈铁黑色。

贯耳瓶在汉代为投壶游戏器具，至宋代瓷质类贯耳瓶出现后，逐渐演变为陈设器。

259

官窑青釉洗

年代　宋
尺寸　口径 22.6 厘米　足径 19.0 厘米　高 6.6 厘米
收藏单位　故宫博物院

洗敞口，斜身，平底。底下有矮宽圈足。通体内外施粉青色釉，釉面上有冰裂纹，圈足露胎无釉。

此洗外底镌刻乾隆帝御制诗。诗曰：

修内遗来六百年，喜他脆器尚完全。

况非髻垦不入市，却是清真可设筵。

讵必古时无碗制，由来君道重盂圆。

细纹如拟冰之裂，在玉壶中可并肩。

句末署“乾隆御制”。查《清高宗御制诗集》可知，此诗作于乾隆癸丑，即乾隆五十八年（1793）。从诗文可知，乾隆帝认为这是一件宋代修内司官窑作品。

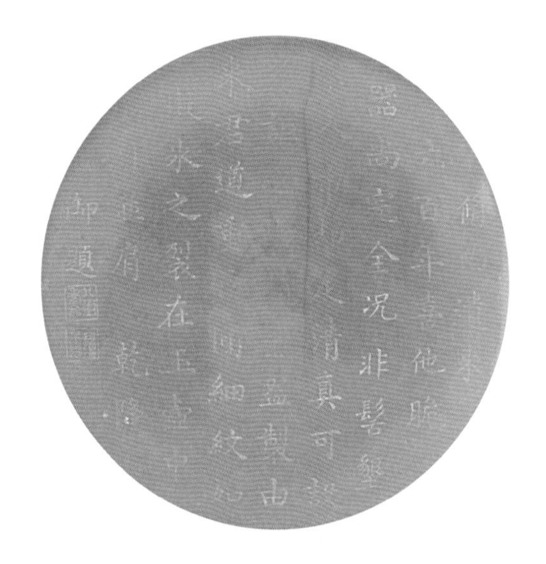

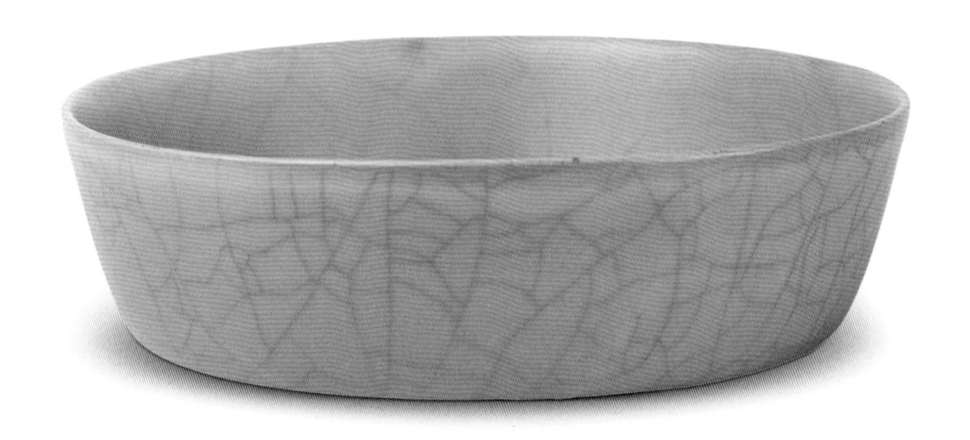

官窑粉青釉供器

年代　宋
尺寸　口径 16.1 厘米　底径 12.5 厘米　高 6.5 厘米
收藏单位　故宫博物院

器直腹，浅口，腹部中空，足底有圆孔。底足一周无釉，可见黑灰色胎骨。整个器形恰如墩式碗和卧足浅盘叠套在一起。

因为此器底部有口，器内中空可以注水，故以往常被视为温器。现在研究表明，这种器型与专门的温碗、注壶等温器有较大差距，应该是用以祭祀的供器。宋代龙泉窑多有烧造，明代创烧的“诸葛碗”，亦受此器型的影响。

261

龙泉窑青釉折沿洗

年代　宋
尺寸　口径 20.8 厘米　底径 12.9 厘米　高 7.5 厘米
收藏单位　故宫博物院

洗敞口，折沿，直壁，圈足。通体施青釉，圈底有火石红。此折沿洗的造型在汉代铜器中已经出现，越窑瓷器中常见此类器型，宋代除龙泉窑外，官窑、钧窑、耀州窑、磁州窑等窑口均烧造折沿洗，唯造型略有差别。

262

龙泉窑青釉贯耳八方委角瓶

年代　宋
尺寸　口横 5.1 厘米　口纵 3.7 厘米
　　　底横 5.2 厘米　底纵 4.2 厘米　高 12.9 厘米
收藏单位　故宫博物院

瓶呈八棱形，撇口，束颈，溜肩，鼓腹，足微外撇，颈两侧有贯耳。通体施龙泉釉，釉色粉青。足底一周施酱釉，有“铁足”的效果。

贯耳瓶在宋代颇为流行，龙泉窑、官窑、哥窑等均有烧造，是当时较为常用的陈设器。

263

龙泉窑青釉盘口瓶

年代　宋
尺寸　口径 6.7 厘米　足径 7.6 厘米　高 17 厘米
收藏单位　故宫博物院

瓶盘口，细长颈，溜肩，垂腹，圈足。内外满施青釉，底边无釉。

此瓶在清代档案中称作“纸槌瓶”，其原型或来自 9—10 世纪伊朗、埃及地区的玻璃器。至于这类瓶子的用途，《铁围山丛谈》记载：“……大食国蔷薇水虽贮玻璃缶中，蜡密封其外，然香犹透澈，闻数十步，洒著人衣袂，经十数日不歇也。”文献上虽无记载来献的蔷薇水以何类玻璃瓶来装盛，但纸槌瓶有可能为装蔷薇水的其中一类瓶子。而到了明清时期，这类纸槌瓶多用于插花。

264

龙泉窑青釉琮式瓶

年代　宋
尺寸　口径 6.2 厘米　足径 6 厘米　高 25.2 厘米
收藏单位　故宫博物院

瓶方形，直腹，四面以凸起横竖线纹装饰，圈足。通体施青釉，有细碎开片纹。

此瓶仿周代玉琮造型，为祭祀用礼器。瓷质琮式瓶始见于南宋时期，明清时期亦有仿制。

265

龙泉窑青釉出戟三足炉

年代　宋
尺寸　口径 14.1 厘米　底径 8.3 厘米　高 10.5 厘米
收藏单位　故宫博物院

炉折沿，短颈，扁圆腹，下承以三足。肩部饰凸起弦纹一道，腹部与三足对应处饰有三条凸起的直线纹。通体施青绿色釉，三足底部显露酱黄色。

此炉釉色为典型的梅子青色。炉腹至足部凸起的三条棱线原系仿青铜器的装饰纹样，因凸起处釉层较薄，呈浅白色，形成了出筋的装饰效果。造型仿青铜鬲，因此又称为“鬲式炉”。

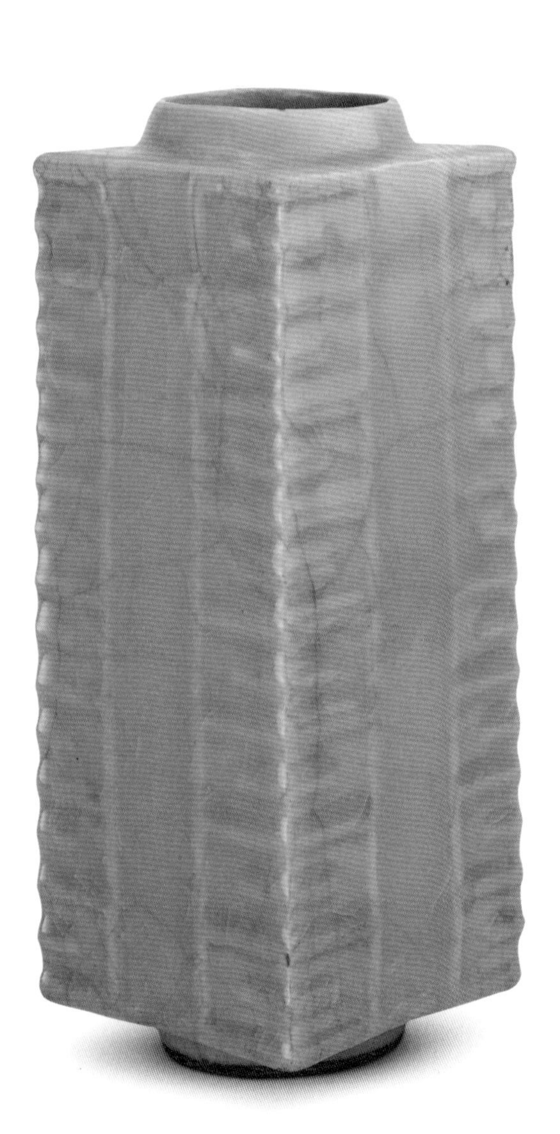

266

龙泉窑青釉弦纹筒式三足炉

年代　宋
尺寸　口径 14.9 厘米　底径 11.8 厘米　高 10.4 厘米
收藏单位　故宫博物院

炉直口，平底。外壁近口及近足处各凸起弦纹两道，腹中部凸起弦纹三道。下承以三足。里外满施淡青色釉。此炉仿汉代铜樽造型，因此亦可称为三足樽。

此造型的瓷器始于宋代，汝窑、定窑、龙泉窑均有烧造，为陈设用品。

267

龙泉窑青釉执壶

年代　明
尺寸　口径 8.4 厘米　足径 9.3 厘米　高 30 厘米
收藏单位　故宫博物院

壶微撇口，细颈，圆腹，圈足。一侧有环形柄，另一侧为弯流，其间连以云形横板。通体施龙泉青釉。此壶样式与明初青花瓷器一致，与龙泉枫洞岩窑址出土器亦十分相似，可以断定其时代为明初。

268

耀州窑青釉印花碗

年代 宋
尺寸 口径 20.2 厘米 足径 5 厘米 高 8.2 厘米
收藏单位 故宫博物院

碗敞口，深弧壁，圈足。内外施青黄釉。碗内壁为模印装饰，壁为缠枝花卉纹，碗心纹饰为一朵菊花，外壁采用剔刻放射状线条的方式表现菊瓣图案。

模印装饰是耀州窑常用的装饰手法，较之刻画、绘制等工艺，模印可以将更为复杂的图案装饰于器物之上。

269

吉州窑玳瑁釉剪纸贴花折枝梅花纹盏

年代 宋
尺寸 口径 15.7 厘米 足径 3.2 厘米 高 5 厘米
收藏单位 故宫博物院

盏敞口，斜壁，浅圈足。通体施黑釉，外壁以玳瑁斑为饰，内壁为兔毫纹与剪纸贴花工艺相结合，盏心装饰一株剪纸梅花。

剪纸贴花是吉州窑独创的一种装饰工艺，将各种剪纸图案贴在已施或未施釉的器物之上，揭除剪纸后再行烧造，使得图案更为突出，以达到装饰效果。

270

建窑黑釉兔毫盏

年代 宋
尺寸 口径 12.8 厘米 足径 3.9 厘米 高 5.8 厘米
收藏单位 故宫博物院

盏撇口，斜壁，圈足。胎呈铁黑色，盏内满釉，外壁施釉不到底，胫部以下无釉。釉色中有细丝状黑褐色结晶，似兔毛，俗称“兔毫盏”。宋金时期，很多地方如江西、山东、河南、河北等地窑口都烧造兔毫盏，而以福建建阳地区所烧的“建盏”最为著名。

这类茶盏是为宋代盛行的点茶、斗茶所制。蔡襄《茶录》中“兔毫紫瓯新，蟹眼清泉煮”，描述的正是宋人饮茶时使用兔毫盏的情形。

271

青白釉刻花瓶

年代　宋
尺寸　口径 4.6 厘米　足径 9.6 厘米　高 31.7 厘米
收藏单位　故宫博物院

瓶直口，短颈，溜肩，肩以下渐收，圈足。瓶身尽施青白釉，底部无釉，颈部凸起弦纹一道，肩部、胫部各有弦纹两道，瓶身刻有旋涡纹。

梅瓶造型始于唐代，宋代开始广为流行，为盛放酒水的酒瓶，明清时期改为插花用的花瓶。

272

卵白釉“枢府”铭印花缠枝莲纹盘

年代　元
尺寸　口径 19.5 厘米　足径 6.4 厘米　高 5.3 厘米
收藏单位　故宫博物院

盘敞口，浅弧壁，圈足。胎体洁白，里外施卵白釉。内壁模印缠枝莲纹，在壁边对称写有“枢府”二字。

枢府釉是元代景德镇地区创烧的一个白釉品种的统称。其胎体一般比较厚重，釉呈失透状，色白，微泛青，恰似鸭蛋色泽，故又称“卵白釉”。其主要装饰手法是模印，题材比较简单，常见的有龙纹、芦雁纹或缠枝花纹。因这些白釉瓷器的花纹中间往往模印“枢府”两字，故称“枢府釉白瓷”。枢府是掌管国家军队大权的重要机构枢密院的简称。在元代白瓷上模印“枢府”字样的瓷器一般被认为是景德镇为枢密院烧制的专用瓷器。除“枢府”字样外，在元代这类白瓷上还见有“太禧”、“东卫”等字。

273

釉里红缠枝牡丹纹军持

年代　明洪武
尺寸　口径 2.3 厘米　足径 7.1 厘米　高 14 厘米
收藏单位　故宫博物院

军持小口、短颈，扁圆腹，圈足内凹，肩部一侧有短流。通体釉里红装饰，腹部绘缠枝牡丹纹，胫部为变形莲瓣纹。

军持原为伊斯兰教徒净手的器皿，大约在隋唐时期传入我国，唐代以来各个窑口均有烧造。

釉里红缠枝牡丹纹玉壶春瓶

年代　明洪武
尺寸　口径 8.4 厘米　底径 11.3 厘米　通高 33 厘米
收藏单位　故宫博物院

瓶撇口，细颈，圆腹，平底，圈足。通体以釉里红为饰，自上而下有纹饰多层，分别为缠枝花纹、回纹、云肩纹、缠枝花卉纹、莲瓣纹等。

釉里红是元代景德镇窑创烧的一个品种，烧成难度大。此件玉壶春瓶继承元代釉里红的烧制技术，红色偏于黑褐，是洪武时期釉里红的发色特点。另有瓶盖一件，亦为釉里红装饰，发色偏红，为后配盖。

275

釉里红折枝花卉纹菱花式盘

年代　明洪武
尺寸　口径 45.5 厘米　底径 34.9 厘米　高 9.6 厘米
收藏单位　故宫博物院

盘菱花形口，折沿，瓣形的弧壁与花口对应，圈足呈梯形，细砂底，泛火石红色。图案采用釉里红线绘装饰技法。盘心为主题纹饰，内绘折枝牡丹、葵花等纹饰，盘心与内壁转折处绘两两对称的花卉图案。

276

青花缠枝牡丹纹玉壶春瓶

年代　明洪武
尺寸　口径 8.7 厘米　足径 11.9 厘米　高 32.2 厘米
收藏单位　故宫博物院

瓶撇口，细颈，垂腹，圈足。整件器物以青花为饰，自上而下纹饰有蕉叶纹、回纹、卷草纹、如意头云纹、缠枝牡丹纹、变形莲瓣纹等，其中主体纹饰为腹部的缠枝牡丹纹。

玉壶春为宋元时期流行的酒瓶样式，明代亦有大量烧造，器型较之宋元时期略显宽厚敦实。

青花缠枝莲纹压手杯

年代 明永乐
尺寸 口径 9.1 厘米 足径 3.9 厘米 高 5.4 厘米
收藏单位 故宫博物院

杯撇口，深腹，圈足。因其大小适中，口沿处胎体较薄，顺口沿而下胎骨渐厚，执之手中，微微外撇的口沿与舒张的虎口相吻合，故名压手杯。

明末谷泰撰《博物要览》记载："若我明永乐年造压手杯，坦口折腰，砂足滑底，中心画有双狮滚球，球内篆书'大明永乐年制'六字或四字，细若粒米，此为上品。鸳鸯心者次之，花心者又其次也。杯外青花深翠，式样精妙，传世可久，价亦甚高。"这件写有"永乐年制"四字篆书款的压手杯，即文献中所说的"花心者"。

278

青花海水纹双耳三足炉

年代 明永乐
尺寸 口径 37.3 厘米 足距 30 厘米 高 55.5 厘米
收藏单位 故宫博物院

炉阔口，短颈，鼓腹，下承象腿形三足，肩部有朝天双耳。内施白釉，外壁通体绘青花海水江崖纹。

此器与青海省博物馆藏"大明永乐年制"款铜炉器型相似。另外，景德镇明代御窑厂亦出土一件形制类似的残器，可见永乐时期这类香炉在宫廷之中颇为流行。

279

青花缠枝莲纹绶带耳瓶

年代　明宣德
尺寸　口径 3.7 厘米　底径 7.7 厘米　高 28.7 厘米
收藏单位　故宫博物院

壶蒜头口，束颈，扁圆腹，撇足。口、肩处饰对称绶带耳。通体青花纹饰，主题纹饰为腹部的缠枝莲纹，足墙处有如意头纹一周。

此器青花发色蓝中带黑斑，是釉色中含铁成分较高之故。这也是永乐、宣德时期采用进口的苏麻离青料的发色特点。

280

青花书阿拉伯文缠枝花卉纹无当尊

年代　明宣德
尺寸　口径 17.2 厘米　底径 16.6 厘米　高 17.2 厘米
收藏单位　故宫博物院

尊身为直筒状，上下口处均为宽折沿。通体青花纹饰，口及底沿饰菊瓣纹，器身纹饰分三层，上下两层仿写阿拉伯文并绘团形图案，中间一层饰仰覆变形花瓣纹。

此器系仿西亚阿拉伯铜器制作，系圆钵状器物的底座。因其中空无底，故清乾隆帝在诗中称之为“无当尊”。

281

青花缠枝莲纹折沿盆

年代　明宣德
尺寸　口径 26.6 厘米　底径 19 厘米　高 12.2 厘米
收藏单位　故宫博物院

盆折沿，腹垂直，平底露胎。里外青花装饰。盆内壁绘缠枝花卉纹一周，盆底绘海水纹及如意头云纹一周。盆外沿绘折枝花卉八朵，外壁绘缠枝花卉七朵。外底素胎无釉。无款识。

此盆青花呈色浓艳，有晕散现象，为苏麻离青料所致。纹饰繁复，是宣德时期受西亚国家金银器的影响而创烧的一种新器型。

青花蓝查体梵文出戟法轮盖罐

年代　明宣德
尺寸　口径 19.7 厘米　底径 24.7 厘米　通高 28.7 厘米
收藏单位　故宫博物院

罐直口，丰肩，平底，口上有凹槽，肩部凸起八个长方形板片。罐身分层绘海水、八吉祥、蓝查体梵文和莲瓣纹。罐附圆盖，盖面绘四朵云纹，间以五个蓝查体梵文。盖内绘九个莲瓣环围一双线圈，每个莲瓣均书一蓝查体梵文，双线圈内从左至右书“大德吉祥场”五个篆字，与罐底的同样五字相对应。

盖内九字中，前五字为五方佛中的五佛种子字，后四字分别代表前四佛双身像中的四女像种子字。罐外壁中间一周梵文为密咒真言，上下各八个相同梵文，为各方佛双身像中的女像种子字。此种文字组合图案被密宗信徒称为“法曼荼罗”。

283

青花梵文烛台

年代　明正德
尺寸　口径 6.7 厘米　足径 13 厘米　高 24.6 厘米
收藏单位　故宫博物院

烛台上下两层，上为托盘，下为支柱。周身以青花为饰，分别绘制缠枝勾莲纹、菱形纹、如意头云纹等纹样。器身有圆形开光纹饰，内书阿拉伯文。外底有青花双圈“大明正德年制”六字双行楷书款。

明代正德年间，以阿拉伯文为装饰的宫廷器物颇为流行，可以看出当时皇帝和宫廷主流的宗教信仰。

青花龙凤纹提梁壶

年代　明隆庆
尺寸　口径 10.5 厘米　足径 15.3 厘米　通高 30 厘米
收藏单位　故宫博物院

壶短颈，圆肩，鼓腹，圈足，曲流，提梁柄。颈绘青花十字朵云，肩绘双云龙，主体纹饰是腹部的五组团龙纹，纹饰空隙处有灵芝草托暗八仙纹，足上绘莲瓣纹一周。宝珠纽盖，纽上绘缠枝花叶，盖面有双云龙及朵云纹。曲流及提梁柄上满绘缠枝花卉纹。底青花双圈内楷书“大明隆庆年造”六字款。

285

鲜红釉印花云龙纹高足碗

年代　明永乐
尺寸　口径 15.8 厘米　足径 4.2 厘米　高 9.9 厘米
收藏单位　故宫博物院

碗撇口，弧腹，高圈足微外撇。碗外壁及足满施鲜艳的宝石红釉，内壁为白釉，有暗云龙纹装饰。碗心暗刻篆书“永乐年制”四字款。

高足碗盛于元代，又称“靶杯”，在明代初年亦十分流行。

286

甜白釉僧帽壶

年代　明永乐
尺寸　通长 16.7 厘米　足径 7.5 厘米　高 19.7 厘米
收藏单位　故宫博物院

壶阔口，鼓腹，圈足。一侧有鸭嘴形流，另一侧有宽带形曲柄。附圆纽盖，盖一侧有小圆系，与壶口后的圆系对应，可结绳连接。通体及足内均施白釉，无款。

此壶形制创自元代，为藏传佛教所用法器，因壶口形似僧帽而得名“僧帽壶”。明代永乐时期烧造了大量颜色釉僧帽壶，体现了汉藏间的民族交融。

287

黄釉牺耳尊

年代　明弘治
尺寸　口径 19 厘米　底径 17.5 厘米　高 32 厘米
收藏单位　故宫博物院

罐敞口，短颈，溜肩，平底。两侧有对称牛头形耳。罐内施白釉，外施黄釉，外壁自上而下饰金彩九道，底素胎无釉。

明代黄釉以弘治朝最为出色，如鸡油般光泽润滑，有“鸡油黄”之称。此件黄釉罐为弘治时期黄釉代表作，当为祭祀之器。

孔雀绿釉碗

年代　明正德
尺寸　口径 15.9 厘米　足径 6.4 厘米　高 6.6 厘米
收藏单位　故宫博物院

碗撇口，弧壁，圈足。外施孔雀绿釉，近足处刻划变形莲瓣纹。碗内及圈足内均为白釉。

孔雀绿釉亦称“法翠”、“吉翠”，以氧化铜为着色剂。自元代开始，景德镇即有孔雀绿釉瓷器烧造，而成色之美，当推正德时期产品。

289

德化窑白釉观音坐像

年代　明
尺寸　宽 12 厘米　高 19 厘米
收藏单位　故宫博物院

观音呈坐姿，左手持如意，右手自然垂于右膝。身着披风，背部有方形“何朝宗印”四字篆书款。

此件观音原存放于紫禁城慈宁宫佛堂，当为清宫佛前供器。

德化窑白釉达摩立像

年代　明
尺寸　通高 43 厘米
收藏单位　故宫博物院

达摩身披袈裟，前额宽大，鬓发卷曲，双眉紧锁，二目俯视，双手合抱于袖中，赤足立于汹涌的波涛之上，衣袂飘荡。通体施象牙白釉。人像背后刻“何朝宗印”四字阴纹篆书印款。

斗彩鸡缸杯

年代　明成化
尺寸　口径 8.3 厘米　足径 4.3 厘米　高 3.4 厘米
收藏单位　故宫博物院

杯敞口微撇，口下渐敛，平底，卧足。杯外壁饰子母鸡两群，间以湖石、月季与幽兰，一派初春景象。足底边一周无釉。底心青花双方栏内有“大明成化年制”六字双行楷书款。

此杯是明成化朝景德镇御窑厂烧制的宫廷用器，明清文献多有所载，颇为名贵。明万历年间《神宗实录》载：“神宗时尚食，御前有成化彩鸡缸杯一双，值钱十万。”

斗彩云龙纹天字盖罐

年代　明成化
尺寸　口径 8.7 厘米　足径 11.2 厘米　通高 13.3 厘米
收藏单位　故宫博物院

罐短直颈，丰肩，肩以下渐收敛，圈足，盖平顶无纽。罐外施斗彩纹饰：肩部及近足处饰仰覆蕉叶纹，腹部饰海水双龙纹，盖顶饰海水龙纹。

此罐盖与罐体的色彩和纹样有别，是清雍正时期所配。罐底青花楷书“天”字，故有“天字罐”之称。

293

斗彩三秋杯

年代　明成化
尺寸　口径 6.9 厘米　足径 2.6 厘米　高 3.9 厘米
收藏单位　故宫博物院

杯撇口、深腹、瘦底、圈足。杯内光素无纹饰。外壁绘两组斗彩山石花卉纹，间以飞舞的蝴蝶。青花勾边，内施以釉彩，所施釉上彩有红、黄、姹紫等。蝶翅上所施紫彩即著名的姹紫彩，其特点是色浓无光，为成化斗彩所仅有，也是后世仿品望尘莫及的。由于描绘的是秋天庭院或花园中的景色，而秋季一般历时三个月，故有“三秋杯”之称。圈足内施白釉。外底青花双方框内书青花楷体“大明成化年制”六字双行款。

294

矾红地黄彩龙纹罐

年代　明嘉靖
尺寸　口径 11.5 厘米　底径 11.2 厘米　高 20.4 厘米
收藏单位　故宫博物院

罐直口，短颈，丰肩，肩以下渐收敛，圈足。外壁以矾红为地，上施黄彩，肩部为卷草纹，腹部主题纹饰为云龙纹。足内青花双圈“大明嘉靖年制”六字双行楷书款。

大明嘉
靖年製

295

五彩海马图盖罐

年代　明嘉靖
尺寸　口径 8.5 厘米　足径 8.7 厘米　通高 18 厘米
收藏单位　故宫博物院

罐直口，短颈，圆腹，圈足。附盖，盖置宝珠形纽。通体为釉上五彩装饰，腹部绘四匹天马跃奔于云海之间。颈部、肩部及胫部分别绘有蕉叶纹、缠枝莲纹、变形莲瓣纹装饰。圈足内施白釉，署青花双圈“大明嘉靖年制”六字双行楷书款。

296

五彩镂空云凤纹瓶

年代　明万历
尺寸　口径 15 厘米　足径 17.2 厘米　高 49.5 厘米
收藏单位　故宫博物院

瓶洗口，长颈，垂腹，圈足。颈两侧贴饰狮耳。通体以褐色或赤褐色勾勒轮廓，用釉下青花及红、黄、绿、茄紫、孔雀绿诸彩装饰，全器共绘八层纹饰。瓶腹镂雕九只凤凰飞翔于祥云之间，构成了器物的主题纹样。瓶口镂空如意头云纹，颈部环绘五彩蕉叶纹，并镂雕若干飞舞的蝴蝶。颈部两侧堆雕的狮耳上有青花篆书“寿”字，颈下饰朵花和八宝纹。无款识。

297

青花五彩鱼藻纹蒜头瓶

年代　明万历
尺寸　口径 7.8 厘米　足径 13.7 厘米　高 40.3 厘米
收藏单位　故宫博物院

瓶蒜头口，长颈，圆腹，圈足。通体以青花五彩装饰，腹部绘鱼藻纹，颈部绘折枝梅花纹。口沿及胫部分别有莲瓣纹、卷草纹等。口沿下自右向左有青花楷体“大明万历年制”六字一排款。

珐琅篇

珐琅是一个独特而庞大的工艺品种，按工艺可分为掐丝珐琅、錾胎珐琅、画珐琅、透明珐琅和复合珐琅等类型。中国战国之金银错、汉之琉璃、唐宋之镏金技术及瓷釉，皆珐琅之先驱。

掐丝珐琅于六世纪时兴起于拜占庭，至迟在南宋时已出现在我国境内，元末由阿拉伯地区直接或间接传入，不久我国即能自制。明人称掐丝珐琅为“大食窑”、“鬼国窑”、“鬼国嵌”，清内廷档案称为“掐丝珐琅”。晚清，北京厂肆称为“景泰蓝”，遂成为通称。

掐丝珐琅在我国珐琅工艺中占主导地位，它最早传入，民族化最彻底，延续时间最久，产量也最大。明代掐丝珐琅的发展，大体经历了宣德、景泰、嘉靖、万历朝的变化，以宣德器和景泰器为最佳。明代永宣盛世，宣宗擅诗文书画，喜珍奇玩好，不光搜罗还下令制造新奇御用器皿。景帝爱好书画艺术，生性奢侈浪费，对来自伊斯兰地区的珐琅工艺特别重视。他非常喜爱珐琅器五彩缤纷的色调，令内府御用监倾力研制，使珐琅工艺臻于鼎盛。明代工匠有住坐及轮班之分，住坐归内府内官监，轮班的各地工匠必须轮流赴京服役，因此内廷与民间的珐琅技艺得以相互交流。成化时开始实行以银代役之工匠制度，促进生产力快速发展。此时民窑作业兴旺，嘉靖以后开始官搭民烧，掐丝珐琅器趋向粗犷，有的呈半透明状。万历朝掐丝珐琅的质与量更是惊人，它一改宣、景、嘉三朝的冷色调而变为暖色调，并一直影响到清初。至于制作珐琅所必需的铜，这一时期的民营生产已经压过官营。民间作坊生产了很多适应市场需求的、落款景泰的仿古制品。

故宫博物院共收藏有从元代到民国时期的珐琅器6000余件，其中掐丝珐琅4000余件，画珐琅2000余件。除此两大类外，还有少部分的錾胎珐琅、锤胎珐琅、透明珐琅，以及在一件珐琅器上同时使用两种制作工艺的作品。这些藏品品种齐全，历史传承清楚，在世界上首屈一指，数量和质量上占有绝对的优势。它们除一部分为民间作坊制造外，绝大部分是由明代御用监、清代内务府造办处珐琅作及广东由皇家所控制的机构生产的。故宫博物院现藏署有明代官方款识的传世掐丝珐琅器，涉宣德、景泰、嘉靖和万历四朝，共130余件。这些作品用途广泛，涉及宫殿陈设、宗教祭祀、殿内建筑装饰，以及日常生活的方方面面，是研究中国古代金属胎珐琅器的珍贵实物资料。

掐丝珐琅广腹撇口瓶

年代　元
尺寸　口径 4.8 厘米　足径 5.5 厘米　高 23.5 厘米
收藏单位　故宫博物院

此为后改器，盘口，直颈，平底，圈足。颈有凸起的镀金弦纹，肩部盘绕两条镀金龙。通体天蓝色珐琅釉地，颈饰菊花、梅花纹，腹饰彩色缠枝莲花纹，腹下饰蕉叶纹。底铜镀金，阴刻十字杵纹。此种瓶又称“藏草瓶”，是西藏地区用以插圣草供佛的器皿，此瓶颈、腹由不同时期的器物组合而成。

掐丝珐琅勾莲纹双耳三足炉

年代　元
尺寸　口径 15.3 厘米　足距 12.8 厘米　高 20.5 厘米
收藏单位　故宫博物院

后改器，三足及器里为后配。仿古鼎式，双冲耳，三柱足。通体饰掐丝珐琅花卉纹，口沿下为草绿色珐琅釉地饰缠枝白色小花；炉身施宝蓝色珐琅釉地，饰红、白、黄、紫等勾莲六朵；三足及炉底饰缠枝绿叶花卉纹。炉内、口沿及双耳镀金。此炉釉色纯正，有鲜明元代特征。

300

掐丝珐琅勾莲纹鼎式炉

年代　元
尺寸　口径 17 厘米　足距 14 厘米　高 28.4 厘米
收藏单位　故宫博物院

炉造型仿商周青铜鼎，朴实庄重。双耳冲直，鼓腹，三圆柱形足，炉内置铜镀金胆。炉腹上部有一道镀金弦纹，弦纹上墨绿地，饰一周白色菊花，共 12 朵；弦纹下天蓝色地，饰红、黄、白、紫四色缠枝莲花，共 6 朵。三足及底部饰彩色菊花纹。元代掐丝珐琅器的图案装饰多以缠枝莲为主题纹饰，珐琅釉色纯正、蕴亮，似用进口原料烧造。大部分元代珐琅器被后人改装或配耳、足，此鼎式炉是较为完整的原器物，反映了元代掐丝珐琅器的真实面貌。

301

掐丝珐琅缠枝莲纹象耳炉

年代　元
尺寸　口径 16 厘米　足径 13.5 厘米　通高 13.9 厘米
收藏单位　故宫博物院

炉铜胎，圆形，鼓腹，双象首耳，炉胆錾花。口沿下浅蓝色珐琅釉地，上饰黄、白、红、紫四色菊花 12 朵，花心为铜镀金乳钉嵌成。炉身宝蓝色珐琅釉地，饰红、黄、白三色缠枝莲六朵，腹下一周莲瓣纹。此器釉质莹润，有的部分釉质呈玻璃般的透明状，珐琅色泽浑厚协调，富丽典雅，是一件高水平的元代掐丝珐琅作品。唯其铜胆、象耳和圈足为后配。

302

掐丝珐琅缠枝莲纹球式香熏

年代　元
尺寸　口径 14 厘米　通高 14.3 厘米
收藏单位　故宫博物院

球形熏、炉、盖各为半球形，中部启盖钮可以开合。熏内有大、中、小三层活轴相连的同心圆环，环轴相交，呈“十”字形，确保位于中心的铜质双立耳悬心炉，不因熏的转动而倾斜，香料也不会遗撒。熏外天蓝色珐琅釉地，饰三层八色十二朵掐丝珐琅缠枝莲纹。盖顶、炉底及口沿处有铜镀金圆形镂空古钱纹。此炉设计巧妙，图案富丽，在唐代银制香囊基础上运用掐丝珐琅工艺制作，堪称元代珐琅器的精品。

303

掐丝珐琅缠枝莲纹兽耳炉

年代　明宣德
尺寸　口径 15 厘米　足径 12.3 厘米　高 9.7 厘米
收藏单位　故宫博物院

敞口，垂腹，圈足，铜镀金龙首吞彩色云纹双耳。通体以蓝色珐琅为地，掐丝填红、黄、蓝、白等色珐琅的缠枝莲纹两层，上下相间排列。足上以彩色莲瓣纹为衬，足底镀金光素，虽无款，但据工艺特征可判断为宣德时期。

304

掐丝珐琅缠枝莲纹直颈瓶

年代　明宣德
尺寸　口径 2.9 厘米　足径 9 厘米　高 22 厘米
收藏单位　故宫博物院

小口，细长颈，垂腹，圈足。通体天蓝色珐琅釉地，口沿下红、黄蕉叶纹，颈部各色缠枝花纹，腹部饰红、宝石蓝、黄、砗磲白等色大朵缠枝莲纹，足部饰垂莲纹。镀金底有楷书款“宣德年制”。

305

錾胎珐琅缠枝莲纹盒

年代　明宣德
尺寸　口径 10.4 厘米　底径 11.5 厘米　通高 5.5 厘米
收藏单位　故宫博物院

铜胎镀金。圆形，平盖面，铜胎錾花珐琅，錾花粗壮，没有焊痕，与掐丝作法不同，器盖浅蓝地，彩花缠枝莲纹，底心莲瓣团花，花心阳文楷书款。宣德款铸胎的只此一件，是现存明代唯一的也是最早的錾胎珐琅器。

306

掐丝珐琅花蝶纹撇口瓶

年代　明宣德
尺寸　口径 2.9 厘米　足径 9 厘米　高 22 厘米
收藏单位　故宫博物院

铜胎镀金。阔腹，撇口，细颈。通体掐丝珐琅浅蓝色地，饰彩色四季花卉及飞蝶蜻蜓纹。腹下莲瓣纹一道。底里铜镀金。

掐丝珐琅花卉纹双环方瓶

年代　明早期
尺寸　口纵 12.7 厘米　口横 12.6 厘米
　　　底纵 14.5 厘米　底横 14.4 厘米　高 30 厘米
收藏单位　故宫博物院

铜胎镀金。方形，敞口，狮耳活环。通体珐琅釉。腹相对两面分别饰荷塘鹭鸶和雉鸡牡丹。颈饰缠枝莲及蕉叶纹。腹下饰勾云梅花纹，颈、肩、腹各有竹云横纹三道，足饰海马水云纹。

308

掐丝珐琅缠枝莲纹梅瓶

年代　明早期
尺寸　口径 4 厘米　足径 5.5 厘米　高 21 厘米
收藏单位　故宫博物院

小圆口，短颈，丰肩，削腹，平底。通体浅蓝色珐琅釉地，颈部饰各色缠枝小朵菊，肩部饰葡萄纹，下有铜镀金弦纹一周，腹部饰红、黄、紫、白缠枝莲各一朵，近足处饰蕉叶纹一周。此器造型挺拔，花朵饱满，纹样工致，釉色纯正、莹润、明快，是明早期为御用制作的精美工艺品。

309

掐丝珐琅菊花纹兽环耳瓶

年代　明早期
尺寸　口径 7.4 厘米　底径 9 厘米　高 27.1 厘米
收藏单位　故宫博物院

瓶撇口，束颈，垂腹，有铜镀金兽首衔活环双耳。颈有两道镀金弦纹，内饰紫地红白灵芝纹。通体浅蓝色珐琅釉为地，饰红、黄、白、墨绿、蓝、宝蓝等色菊花纹，近足处饰红色菊瓣纹。

310

掐丝珐琅云龙纹双螭瓶

年代　明早期
尺寸　口径 5.7 厘米　足径 7.8 厘米　高 24.3 厘米
收藏单位　故宫博物院

撇口，长颈，鼓腹，圈足。通体蓝色珐琅釉地，颈饰弦纹及蕉叶纹，腹部于彩色云纹锦地上饰蓝色、赭色两条夔龙。自颈至腹处镶嵌铜镀金的双螭扬尾回首。底镀金无款。

311

掐丝珐琅龙戏珠纹方瓶

年代　明早期
尺寸　口径 6.4 厘米　底径 7 厘米　高 21.9 厘米
收藏单位　故宫博物院

方形瓶，镀金錾花回纹口沿，颈两侧有镀金兽首衔环耳。通体浅蓝色珐琅釉地，饰缠枝莲纹。腹前后龙戏珠纹，龙身填黄色珐琅釉。底镀金无款。

312

掐丝珐琅缠枝莲纹蒜头瓶

年代　明早期
尺寸　口径 3.8 厘米　底径 11.3 厘米　高 33.5 厘米
收藏单位　故宫博物院

瓶为小圆口，口下外鼓，似蒜头，长颈，下垂鼓腹，圈足。一条铜镀金蟠龙盘绕于瓶体。瓶以浅蓝珐琅釉为地，满饰缠枝勾莲纹，腹饰八大朵各色勾莲花，上承八宝纹。圈足外饰下垂莲瓣纹一周。瓶底铜镀金，光素无纹。

313

掐丝珐琅甪端香熏

年代　明万历
尺寸　高 36.5 厘米
收藏单位　故宫博物院

该甪端方形大嘴，二目圆睁，双耳独角，圆形垂尾。四足立于一条盘蛇之上，蛇首在甪端胸前，蛇尾翘立于甪端尾部。通体豆绿色地，身由大小各异的各色螺旋纹组成。胸前活动钮可使头部活动，头内有“大明万历年制”楷书款。甪端为古代传说神兽，日行一万八千里，好生恶杀，明君在位则奉书而至。甪端仅此一例带万历款。

314

掐丝珐琅八宝纹长方熏炉

年代　明万历
尺寸　长 26.9 厘米　宽 14.5 厘米　高 8.4 厘米
收藏单位　故宫博物院

熏炉长方形，双朝天耳，四云头足。长方形盖面镂空镀金绣球锦纹，四边为万字锦纹。通体白色珐琅釉地，炉身饰缠枝花卉及各色藏传佛教八宝纹。底掐丝勾云纹，正中彩色如意云头纹围出长方形栏，内有掐丝填红色珐琅楷书款“大明万历年造”。炉内有铜镀金胆，可燃烧炭和香料。

315

掐丝珐琅缠枝莲纹盘

年代　明万历
尺寸　口径 23.3 厘米　底径 16.2 厘米　高 2.9 厘米
收藏单位　故宫博物院

盘折边口、平底。内外饰彩色花卉纹。盘内心施淡粉白色珐琅釉，其上满布缠枝山茶花纹，内壁及折边施天蓝色釉，上饰花卉纹。盘外壁天蓝色釉地上掐丝如意云头纹，盘底饰缠枝莲纹，正中以如意云头纹围成长方形边框，内嵌铜镀金片，其上镌楷书“大明景泰年制”六字双行款。

此器纹饰缜密，掐丝纤细。在如意云头纹框栏内刻款为明万历时期掐丝珐琅器的明显特征，此器原款被挖，原款应是绿地掐丝填红釉双勾“大明万历年造”款，景泰款系后人改刻。

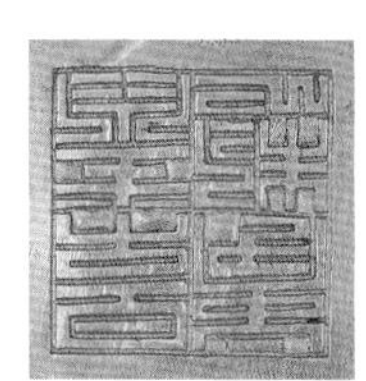

316

掐丝珐琅莲花鹭鸶图梅瓶

年代 明晚期
尺寸 口径 4.6 厘米 足径 10.7 厘米 高 27.5 厘米
收藏单位 故宫博物院

梅瓶通体以天蓝色为地，掐丝勾云做锦地。在这幅池塘秋色图景中，荷、菊随风摆动，鹭鸶、蝴蝶、秋虫等飞翔于碧波和秀石之上。瓶颈饰折枝梅花和莲瓣纹。底铜镀金，中心单线方框内剔地阳文“景泰年制”篆书款，应为后刻。

317

掐丝珐琅缠枝莲纹龙耳炉

年代 明
尺寸 口径 15.3 厘米 底径 11.3 厘米 高 9.8 厘米
收藏单位 故宫博物院

炉撇口，浅腹，镀金龙首吞鱼双耳，圈足外撇。通体浅蓝色釉地，饰掐丝珐琅缠枝莲纹，近足处饰莲瓣纹。底楷书款“景泰年制”为后刻。

318

掐丝珐琅缠枝莲纹兽耳炉

年代　明
尺寸　口径 23.7 厘米　底径 16.9 厘米　高 16.4 厘米
收藏单位　故宫博物院

此炉为后改器，口、耳、足为后配。炉颈两侧有兽首衔鱼耳。通体饰掐丝珐琅彩色花卉纹。颈部宝蓝色釉地饰各色小朵菊花纹，腹为浅蓝色珐琅釉地，上饰六朵黄、红、白、紫四色缠枝莲，足壁为绿色忍冬纹。凸起双龙环抱镌阳文“大明景泰年制”楷书款，为后加。

掐丝珐琅云鹤纹螭耳炉

年代　明
尺寸　口径 11.1 厘米　足径 6.9 厘米　高 10.4 厘米
收藏单位　故宫博物院

炉两侧饰铜镀金螭耳，扁圆腹，下承三镀金兽足。通体翠蓝色珐琅釉地，饰三只白鹤翱翔于云海之中。颈及底部饰各色六瓣花卉，底心为菊花纹。

掐丝珐琅缠枝莲纹螭耳熏炉

年代　明
尺寸　口径 25.8 厘米　足径 19.4 厘米　通高 28.5 厘米
收藏单位　故宫博物院

铜胎。葵瓣式折边口，平底。铜镀金双螭耳，三半跪状人形足，器身及折边口上下面浅蓝地彩花缠枝莲纹。盖两节式，作镂花铜镀金蟠夔纹，周掐丝珐琅蓝釉彩花菊花纹，镂花铜镀金蟠龙盖顶。

321

掐丝珐琅缠枝莲纹鼓式熏炉

年代　明
尺寸　口径 19.4 厘米　足径 13.7 厘米　通高 26.2 厘米
收藏单位　故宫博物院

铜胎镀金。圆形，鼓式，绳耳，三足。附镂空云龙盖。炉身浅蓝底掐丝珐琅，彩花缠枝莲九朵，口缘、足上各有镀金鼓钉一道。盖镂空镀金云龙圆顶。周缘天青色地掐丝彩花缠枝莲八朵，炉底铜胎镀金。式样特殊，釉料精纯，镀金灿烂。

322

掐丝珐琅兽耳鼓式炉

年代　明
尺寸　口径 12.1 厘米　足径 11 厘米　高 11.8 厘米
收藏单位　故宫博物院

铜胎镀金。鼓式，双兽耳衔环，三足垂云卷立。通体天青色地掐丝珐琅。炉身如意云头并各色五瓣花纹。腹部镀金，周雕连环纹。口下、足上各有镀金鼓钉一道。

323

掐丝珐琅缠枝莲纹螭耳熏炉

年代　明
尺寸　口径 22 厘米　足径 16.3 厘米　通高 24.9 厘米
收藏单位　故宫博物院

炉为桶形，铜镀金双螭耳，下承三兽首足。炉身蓝色珐琅釉地，饰彩色缠枝莲花托杂宝纹。后配盖饰铜镀金镂空蟠螭纹，边缘为蓝色釉地饰菊花纹，顶为彩色莲瓣纹环绕镂雕夔凤纽。

324

掐丝珐琅葡萄纹鼓式炉

年代　明
尺寸　口径 12.1 厘米　足径 11 厘米　高 11.8 厘米
收藏单位　故宫博物院

炉为后改器，耳、足为后配。铜镀金，鼓式，双螭耳，三神兽足。腹部上下饰弦纹，两边为朵云纹。中间蓝色珐琅釉地，饰紫葡萄纹。底铜镀金，有阳文楷书款“景泰年制”，为后刻。

掐丝珐琅狮耳三足熏炉

年代　明
尺寸　口径 26.3 厘米　足径 24.8 厘米　通高 15.2 厘米
收藏单位　故宫博物院

炉盖为清代后配，镀金透錾龙凤戏珠纹，环绕密布流云，壁及边錾蝙蝠及缠枝莲纹。本为洗，加配盖和双狮耳后成为熏炉。炉身通体天蓝色珐琅釉地，饰各色缠枝莲纹，下承三垂云足，掐丝流畅，花朵肥厚，为明早期风格。

326

掐丝珐琅葡萄纹朝冠耳炉

年代　明
尺寸　口径 12.2 厘米　足径 8.9 厘米　高 10 厘米
收藏单位　故宫博物院

铜胎镀金。圆形，折边口，朝冠耳，三象足，通体掐丝珐琅，腹饰白地缠枝葡萄纹，底饰白地六瓣缠枝花，中饰菊花纹。口缘饰黄色圈点纹，口缘下饰浅蓝地缠枝花纹。色调鲜明，叶色翠蓝，葡萄半透明如紫晶，皆景泰时的特色，为前后时期所不及，以葡萄为题材也少见。

327

掐丝珐琅勾莲纹熏炉

年代　明
尺寸　口径 15.3 厘米　足径 10 厘米　通高 8.8 厘米
收藏单位　故宫博物院

铜胎镀金。折边口，双绳耳，三乳足，附铜镀金双龙镂空盖。口錾刻回纹，腹天蓝色珐琅釉地，上饰白黄紫白黄红六朵缠枝莲，颈及底各色花卉。盖、耳、足包口均为后配。

328

掐丝珐琅勾莲纹螭耳象足熏炉

年代　明
尺寸　口径 17.1 厘米　足径 14.8 厘米　通高 26.1 厘米
收藏单位　故宫博物院

铜胎镀金。圆身，折边葵瓣式。双螭耳，三象足。通体天青色地掐丝珐琅，炉身饰香色缠枝莲纹，上附炉圈为铜镀金镂空蟠螭纹，炉盖镀金镂空双螭流云圆顶。双耳镀金双螭作爬伏炉口状。三象首足饰璎珞纹。造型壮丽，双螭头角峥嵘，筋骨隐露，极为生动，釉料及镀金皆佳。

掐丝珐琅菊花纹螭耳熏炉

年代　明
尺寸　口径 11.6 厘米　足径 5 厘米　通高 13.2 厘米
收藏单位　故宫博物院

折边口，两侧双螭耳，盖镂空三龙纹，扁圆腹，三兽足，耳、足、盖皆为铜镀金。通体翠蓝色珐琅釉地，上饰掐丝珐琅花卉纹。口沿下饰六瓣缠枝花卉，腹饰各色菊花，底饰缠枝花卉，正中为菊花纹。

330

掐丝珐琅缠枝莲纹螭耳熏炉

年代 明
尺寸 口径 25.3 厘米 足径 15.3 厘米 通高 30.9 厘米
收藏单位 故宫博物院

铜胎镀金。圆形，撇口，附有镂空盖。通体天青色底掐丝珐琅。炉身饰缠枝莲六朵，口下饰垂叶纹，底缘饰垂云纹，底饰缠枝莲，中心为葵花花朵。双耳镀金，呈双螭攀附状，下承三足亦铜镀金，为三人跪负形。盖镂空蟠夔纹，顶上有镀金蟠龙纽。

331

掐丝珐琅缠枝莲纹炉

年代　明
尺寸　口径 15 厘米　底径 12.3 厘米　高 12.3 厘米
收藏单位　故宫博物院

敞口、龙首吞云形双耳，圈足。通体天蓝色珐琅釉地，腹饰两层各色缠枝莲纹，足墙饰彩色莲瓣纹。镀金底光素。

332

掐丝珐琅葡萄纹绳耳炉

年代　明
尺寸　口径 12.8 厘米　足径 6.8 厘米　通高 10.8 厘米
收藏单位　故宫博物院

折边口，绳纹冲天耳，扁圆腹，三足。盖为紫檀木质，白玉镂雕鹭鸶荷花纽。通体白色珐琅釉地，口沿下饰小朵花纹，腹部饰葡萄纹，底饰菊花纹。此器口、耳、足均为后配。

333

掐丝珐琅海水异兽纹双耳炉

年代　明
尺寸　口径 18 厘米　足径 12.2 厘米　高 20.3 厘米
收藏单位　故宫博物院

炉呈半圆形球体，双朝冠耳，下承三象腿足。通体施天蓝色珐琅釉为地，腹饰黄、赭、蓝三色摩羯口衔莲花追戏于波涛之上，周围密布流云。双耳正背两面錾刻阴线夔纹，三足和炉底饰彩色缠枝莲纹。

掐丝珐琅勾莲纹双耳炉

年代　明
尺寸　口径 11.4 厘米　足径 8.5 厘米　通高 12.4 厘米
收藏单位　故宫博物院

炉盖面有三只姿态各异的铜镀金纽。通体天蓝色珐琅釉地，以红、黄、白、宝蓝、绿色填饰花纹。盖面以弦纹为界，饰花卉、云纹各一周。腹饰缠枝莲花八朵，三足饰镀金兽面纹。

335

掐丝珐琅天马纹龙耳洗

年代　明
尺寸　口径 31 厘米　足径 29.3 厘米　高 17 厘米
收藏单位　故宫博物院

铜胎。圆形、直口，平底。铜镀金镂花双龙耳，三蝠足。内外掐丝珐琅蓝地彩花，外及底缠枝莲纹。里饰海水江山八海马流云纹，里底饰五龙团寿纹。

336

掐丝珐琅天马纹三螭洗

年代　明
尺寸　口径 23.7 厘米　足径 23 厘米　高 13 厘米
收藏单位　故宫博物院

铜胎。圆形，直口，平底，三足。口外镂雕铜镀金三螭，足上端有铜镀金蝙蝠。外掐丝珐琅蓝地彩花缠枝莲纹，并长寿字六。里饰浅蓝地彩花海马江山纹，地为海水游鱼杂宝纹。镀金三螭攀援于口外，形制特殊，十分罕见。

337

掐丝珐琅狮戏球图盘

年代　明
尺寸　口径 36.6 厘米　高 6 厘米
收藏单位　故宫博物院

盘内外以海蓝色珐琅釉为地，盘心以掐丝珐琅勾云头作锦地，饰赭红、深紫、深墨绿、深茄紫四只狮子口衔连着绣球的飘带追逐嬉戏。盘边一周缠枝莲花纹。盘背边饰规则的各色菊花，上下点缀装饰带，足饰折枝梅花。足内正中阴刻太极杵纹，正中阴刻“大明景泰年制”楷书横行款，应为后刻。

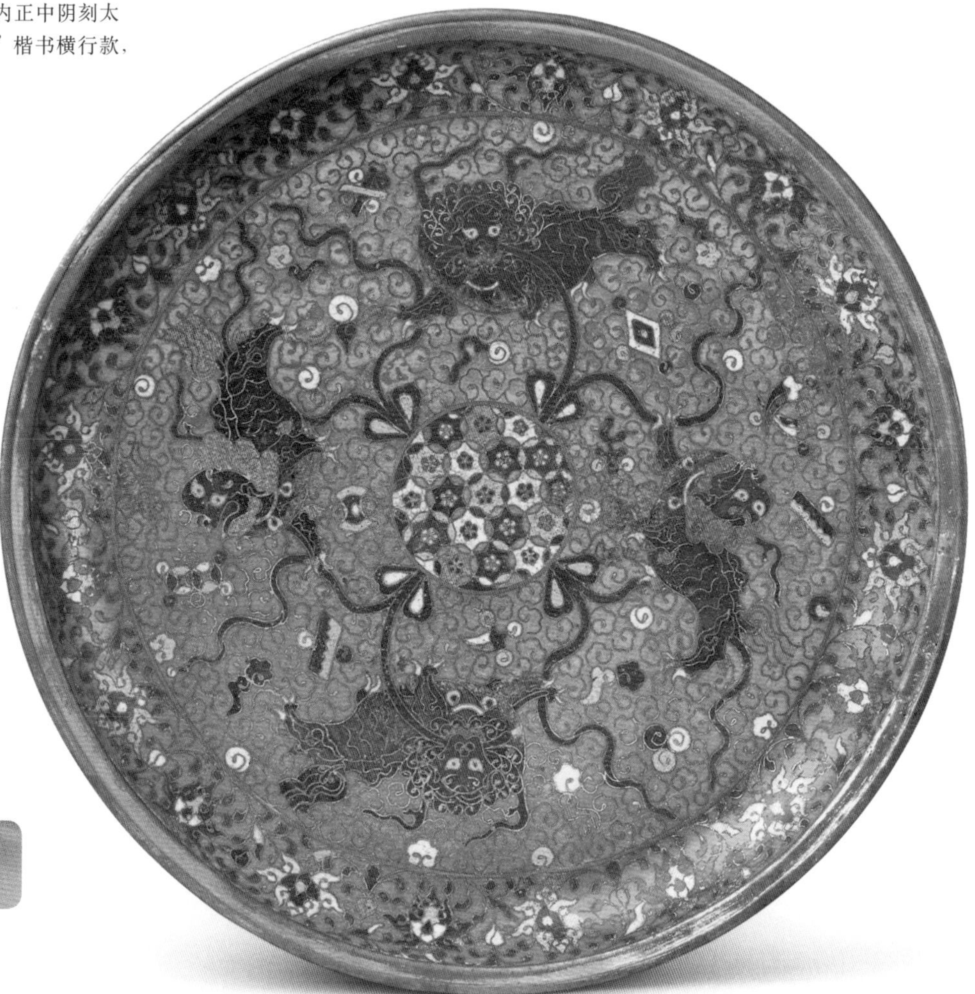

漆器篇

中国漆器之古，早在新石器时代已见，史载尧舜之时已知用漆。周代漆业发达，日常器物、兵、舟、车等都有用之，种植树林并设官管理，直至战国中期庄子曾任过漆官。随后，青铜器日衰，漆器逐渐受到上流社会喜爱。漆艺的发展中，战国至汉为第一个高峰，元至清代为第二个高峰。战国楚地因自然环境之利，漆器精良。两汉时期，漆器成为日常生活必要用具，制造达到了高潮。两晋时漆器逐渐让位于瓷器，由日常用品向工艺品发展。唐代制作技法精尖，在雕漆、螺钿、金银平脱和夹纻佛像上有新的创造。宋代宫廷喜好转向雕漆，雕作漆艺及样式繁盛，为宫廷重要器用之一。宫中所用者，多以金银为胎，所刻皆俨若图画。唐宋宫中用器多取给于地方，镶样和平脱，至今还有孑遗。宋元以降，漆器形成两类产品：一类髹朱、黑、酱色为主，光素无纹；一类精雕细作，不厌其烦。元代宫中漆工有戗金银漆器名家彭君宝，雕漆巨匠张成、杨茂等。以张成和杨茂为代表的嘉兴漆工，“藏锋圆滑”，此派直接影响了明初永宣之世的风格，如永乐果园厂剔红漆器即享誉后世。

剔红始于唐代，宋元渐趋成熟，明初由于成祖永乐皇帝的重视，使之成为该时期的代表性工艺，其后只有清代乾隆时的作品堪与其媲美。明代雕漆生产上有两个系统：一在浙江嘉兴，名家上承元代张成、杨茂，至永宣时有张德刚、包亮，后期有黄成、杨清仲等，他们的作品丰润浑厚；二是云南，这一地区作品风格多是露出锋棱。两地工匠集中到北京和江南，宫廷漆器的制作并非贯彻始终，而是分早（洪武至宣德）和晚（嘉靖至崇祯）两期，中间由正统至正德曾中断了 80 多年。永乐时，在北京皇城内金鳌玉蝀桥西迤北棂星门果园厂设立了制造漆器的作坊。宫中带有永宣年款的多是厂工的作品。果园厂造漆只有十余年，宣德之后停止漆器制作。明早期漆器的品类，永乐以前有剔红、剔黄、戗金漆，宣德新增了剔彩和填彩漆。这时期数量最庞大的雕漆继承发展了元代的工艺，但缺少了个人特点，基本是统一的宫廷风格。品种以各种盘、盒居多，并增加了小柜、香几、盖碗、小瓶、画台等新品。由于内使到地方采办漆器物料时多所勒索，宣德时处死不少内使并罢减了这些采办，宫廷漆器数量减少，出现了将永乐款改成宣德款的现象，引起后人仿效。嘉靖时漆器经过六朝的低迷又出现复兴，直到万历时又兴盛百年。这一时期的漆器，有官方的亦有民间制品，风格华丽繁缛。宫廷作坊已不在果园厂，但仍在紫禁城之内。明代全国各地形成了不少以擅长某种漆艺而著称的造漆中心，如浙江的漆器、云南雕漆、扬州百宝嵌、苏州金漆器、北京杨倭漆、山西金漆家具等。

千百年来匠人制作的漆器，保存至今的不多。宋以前多为出土文物，元以后者多为传世品。大部分漆器留在了中国大陆，台湾藏品以清代为主，元明很少。流散在外者，日本所藏以宋元居多。故宫博物院所藏来源有三：宫廷御用作坊制品、各地官府奉旨承造的宫廷御用品和地方官员以各种名义进贡皇帝的方物。元朝雕漆名家众多，故宫所藏传世的只有张成和杨茂两人的作品，其余多为明清两代之器。其中明代漆器数量丰富、品类齐全、时代完整，海内外无出其右者。

338

剔红楼阁人物图八方盘

年代　元
尺寸　口径 17.8 厘米　底径 12.8 厘米　高 2.6 厘米
收藏单位　故宫博物院

盘木胎八边形，内壁八方开光，分雕三种锦纹地以示天、水、地的不同空间。盘心雕山石殿阁，阁畔苍松挺立，一老者身临曲槛，眺望山前飞瀑，身后有两小童侍立。盘口三面凹棱，刻俯仰缠枝茶花、牡丹、栀子和桃花等四季花卉纹。盘底髹黑漆，左边近足处隐有针刻楷书“杨茂造”竖行款，已被磨损；正上方有刀刻填金楷书“大明宣德年制”，为后刻。明代宣德时有改刻并填掩前代雕漆款识的现象。底外还有黄纸签：“乾隆五十四年（1789）十一月初三收宁寿宫览红雕漆八方盒一件，缺漆蜡补。”

杨茂与张成的雕漆作品多以花卉和山水人物为题材。此盘雕刻细腻、刀法圆熟、磨制光滑，为元代雕漆的佳作。

339

剔犀云纹圆盒

年代　元
尺寸　口径 18 厘米　底径 19.5 厘米　高 7.5 厘米
收藏单位　故宫博物院

圆形，平盖面。器、盖剔犀勾云纹，里及外底黑退光漆。刀法深峻圆熟，漆质厚重。

340

剔黑孔雀牡丹纹八瓣盘

年代　元
尺寸　直径 27 厘米　高 3.17 厘米
收藏单位　台北“故宫博物院”

盘作尖瓣形花，内雕牡丹花。花丛上方，一对孔雀飞翔，雌上雄下，动静相应，构图极富均衡的韵律。盘底圈足亦作尖瓣形花，足内深褐色漆，原有正文楷书“宣德年制”款，为后刻，遭磨去遮掩。此器花叶姿态生动，漆层薄漆色润，用刀藏锋灵活，漆面打磨起伏圆滑，纤细精致，是明代永乐剔红漆器的先声。

341

剔红松下抚琴图八方盒

年代　明永乐
尺寸　口径 25.2 厘米　高 13.5 厘米
收藏单位　故宫博物院

盒通体髹朱漆，盖面雕三种锦纹为地，雕亭阁古松下老者抚琴图案。盒壁及口缘黄漆作地，雕各种俯仰花卉图案。底部髹赭色漆，左侧边缘刀刻填金楷书款“大明宣德年制”，为涂抹永乐旧款所致。

342

剔红牡丹纹圆盒

年代　明永乐
尺寸　口径 18.5 厘米　高 6.5 厘米
收藏单位　故宫博物院

蔗段式盒，通体黄漆素地雕朱漆花纹。盖面三朵牡丹花，构成均衡三角式图案。盒壁雕茶花、菊花、牡丹、石榴等各种花卉纹。盒内及底髹赭色漆，底部左侧有刀刻填金“大明宣德年制”楷书伪款，款下隐约可见被涂抹的“大明永乐年制”针划款。

343

剔红携琴访友图葵瓣式盘

年代　明永乐
尺寸　口径 35 厘米　高 4.3 厘米
收藏单位　故宫博物院

八瓣葵瓣式盘，随形圈足。盘心雕天、地、水三种锦纹，两座亭阁内童子侍立，院子里一老者迎候另一老者与一携琴童子，有“携琴访友”之意。盘内外壁均黄漆素地雕朱漆茶花、菊花、石榴、牡丹、栀子、莲花、芙蓉等各种花卉。足底髹赭色漆，有“大明永乐年制”款，正中阴刻“甜食房”。此盘为宫内厨房之一的甜食房专用。

344

剔红花卉纹盖碗

年代　明永乐
尺寸　口径 20.2 厘米　高 16 厘米
收藏单位　故宫博物院

碗圆口，带纽盖，腹部下敛，圈足。通髹黄漆素地压雕朱漆花纹。纽雕灵芝纹；盖面及腹部分别雕石榴、牡丹、茶花和菊花等花卉；盖边、碗口边、足边雕连续回纹。碗内髹黑漆，足内髹赭色漆，左侧边缘有针划“大明永乐年制”款。明早期漆器以盘、盒为主，盖碗极少。

345

剔红百花纹长方盘

年代　明宣德
尺寸　长 36.3 厘米　宽 23.6 厘米　高 3.6 厘米
收藏单位　故宫博物院

长方形盘，斜壁圈足。盘内满雕朱漆折枝花卉，下衬菱形锦纹。盘外壁亦雕各式花卉，外底髹朱漆，正上方横刻“大明永乐甲午年制”伪款，款下刻乾隆御制诗一首。

346

剔红荔枝纹圆盒

年代　明永乐
尺寸　口径 9.6 厘米　高 4 厘米
收藏单位　故宫博物院

通体髹黄漆素地，压雕朱漆花纹。盖面雕荔枝果实、枝叶，果实上雕不同锦纹。盒壁雕折枝花纹。盒内及底髹赭色漆，足内有“大明宣德年制”刀刻填金款，下有隐约可见的“大明永乐年制”针划款。

347

剔红番莲纹葵花式盏托

年代　明永乐
尺寸　口径 12.9 厘米　底径 11.5 厘米　高 10.5 厘米
收藏单位　故宫博物院

钵式，下连高足。腰际凸出葵花式圆盘，中空。通体雕朱漆番莲纹。黑退光漆里，足内缘针刻楷书单行款“大明永乐年制”。

348

剔红蕙兰梅花纹圆盒

年代　明永乐
尺寸　口径 12.9 厘米　高 4.5 厘米
收藏单位　故宫博物院

盒圆口，盖略隆起，凹足，俗称“蒸饼式”。通体黄漆素地雕朱漆梅、兰，上下交错。器外壁雕花卉纹一周。盒内及底髹黑漆，底部左侧刀刻填金“大明宣德年制”楷书款，为后刻。

349

剔红楼阁人物图葵瓣式盘

年代　明永乐
尺寸　口径 34.3 厘米　高 4.5 厘米
收藏单位　故宫博物院

黄漆素地雕朱漆花纹，盘心雕天、水、地三种锦纹。图为楼阁和庭院内有数位老者向乘鹤而去的一人施礼告别，表达了唐人崔灏的“昔人已乘黄鹤去，此地空余黄鹤楼”之意。盘内外壁皆雕各种花卉纹。底髹赭色漆，有针划填金的“大明永乐年制”款。另有清代黄条：“乾隆五十四年十一月初三日收，宁寿宫呈览，红雕漆葵花盘一件，缺漆蜡补。”

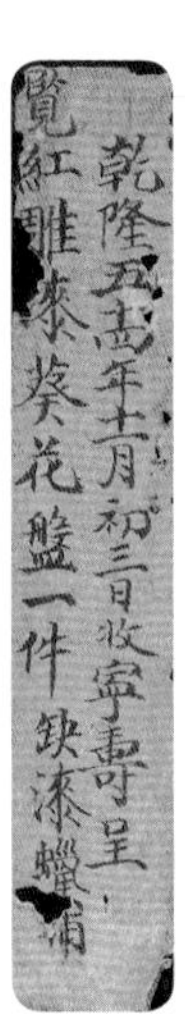

350

剔红双层牡丹纹盘

年代　明永乐
尺寸　口径 32.5 厘米　高 4.1 厘米
收藏单位　故宫博物院

盘内及外壁髹黄漆素地雕朱漆牡丹花卉，上下两层牡丹花卉叠压，互为映衬。刀工和风格均为永乐特征。底部髹黑漆，正中有刀刻填金楷书款“大清乾隆仿古”，为乾隆时重修底部所刻。

大清乾隆倣古

剔红楼阁人物图方委角盘

年代　明永乐
尺寸　边长 17.7 厘米　高 2.7 厘米
收藏单位　故宫博物院

盘方形委角，随形圈足。盘心雕天、地、水三种锦纹，在苍松环绕的亭阁中两个老人饮酒，院内有三个老人正缓步前来相聚。盘内外壁皆黄漆素地，上雕各种花卉纹。足底髹黄色漆，有“大明永乐年制”针划款。五老图表现的是北宋庆历年间，杜衍、王涣等五人告老还乡、诗酒相会的情形。

剔红山水人物图长方几

年代 明永乐
尺寸 长 16.5 厘米 宽 34.4 厘米 高 5.3 厘米
收藏单位 故宫博物院

长方形，两端下曲如卷书式，以代足。外雕朱漆，几面作松亭峭壁山水景，两位老人松下弹琴，一老人坐于亭内。两端云鹤纹。

剔红云龙纹长方盒

年代 明永乐
尺寸 长 40.5 厘米 宽 13 厘米 高 13 厘米
收藏单位 故宫博物院

直壁平底，通体髹黄漆素地，盖、壁雕朱漆龙戏珠纹。盒内髹黑漆，盛紫檀木屉。盒底髹赭色漆，有细碎牛毛断纹，为典型的永乐漆器特征。左侧刀刻"大明宣德年制"款，后刻并覆盖在"大明永乐年制"针划细款上。整个盒的造型、图纹和雕刻刀法，都具有元代漆器的风格。盒盖四角上收，是为"盝顶"，此种漆器造型始见于秦代，明永乐以后基本消失。

354

剔红花卉纹瓶

年代　明永乐
尺寸　腹径 9.2 厘米　高 16.4 厘米
收藏单位　台北“故宫博物院”

直口、长颈、广腹、平底、圈足。全器以直而不带弧形的轮廓为造型，非常特别，源自中亚的玻璃器。底与里髹黑漆，其余髹红漆，上满雕四季花卉图。口缘饰回纹一周，底边缘针刻“大明永乐年制”楷书细字。传世永乐剔红器以盘、盒居多，瓶不多见。全器满饰花卉纹。花叶间隙露出黄色素地。设计严谨，刀法运用灵活，达到了剔红技法的最高境界。不论器型还是花卉样式都是明代雕漆的新风格。

355

剔红楼阁人物图方盘

年代　明宣德
尺寸　边长 39.6 厘米　高 5.6 厘米
收藏单位　故宫博物院

盘正方形委角。盘心雕天、地、水三种锦纹地，上雕五老图。两老在松树林中的楼阁上畅谈，楼下两童子在忙着服侍。另两老在迎接一位拄杖前来的老者，有携琴童子随行。盘内外壁分雕各种花卉。足雕回纹，底髹黑漆，正中刀刻“大明宣德年制”楷书款。右侧有填金乾隆御制五言律诗，末署“乾隆癸卯清和月中浣御题”和“会心不远”、“德充符”篆书印章款。

滿七除其二在十去以五謂鬼韓文嘲詠
君顏詩補圖中兒其人多難屈指數要之
均為賢姓字寧煩舉喬松庭院間揖讓翩
仙侶遥緬舜之臣安得為弼輔
乾隆癸卯清和月中澣御題

356

剔彩林檎双鹂图捧盒

年代 明宣德
尺寸 口径 44 厘米 高 19.8 厘米
收藏单位 故宫博物院

盒盖平顶开圆光，木胎红漆剔刻斜方锦地上，林檎（沙果，又称“花红”）一枝，果实累累；两只黄鹂神情专注，枝前后两相呼应。枝叶空隙还有蝴蝶、蜻蜓各一。盒盖开光外围及盒底近底足周围，刻有桃、樱桃、石榴、葡萄等。盖身立墙刻有牡丹、栀子、菊花、茶花等花卉。盒交替髹涂红、黄、绿、黑四色漆，自下而上有红、黄、绿、红、黑、黄、绿、黑、黄、红、黄、绿、红，共十三层，每层色漆均有一定厚度。盖面刻有刀刻填金“大明宣德年制”楷书款。此盒有重色和堆色两种做法，图纹华美富丽，漆色绚丽，磨制精美，为明代所见最早剔彩杰作，宣德唯一剔彩实物。

357

戗金彩漆花卉纹椭圆盒

年代 明宣德
尺寸 口横 18.1 厘米 口纵 13 厘米 高 7 厘米
收藏单位 故宫博物院

盒天地盖式，花边牙条，下四垂足。通体红、黄、绿、紫等色漆花纹，花纹轮廓内戗金。盒面菱花形开光，内卍字球形锦纹地，上有折枝牡丹纹。外为灵芝纹。盖壁为戗金缠枝牡丹纹，后髹的器壁上饰戗金卷草纹。盖面边缘处有款“大明宣德年制”。

358

剔红人物图方委角二层盒

年代　明中期
尺寸　边长 5.5 厘米　高 6.2 厘米
收藏单位　故宫博物院

盒双层，盖面雕天、地、水三种锦纹，一老叟垂钓于疏林之下，月映江岸，十分静谧安详。盒壁雕牡丹纹，足外墙雕成壶门状纹。盖内有乾隆四十八年（1783）的御题诗一首，后有“比德”、“朗润”印两方。盒底髹黑漆，右侧边缘有刀刻填金楷书款“大明永乐年制”，从风格上看应为后刻假款。

359

剔黑祝寿图圆盒

年代　明中期
尺寸　口径 26.4 厘米　足径 19.8 厘米　高 21 厘米
收藏单位　故宫博物院

盒八角式，通体朱漆锦地雕黑漆花纹。盖面雕八仙祝寿图，盒壁雕凤喜牡丹等花鸟图，足雕海兽纹。盖内刻乾隆御题诗一首，末署“乾隆壬寅御题”款。盒内及底髹黑光漆，左侧边缘刀刻填金楷书伪款“大明永乐年制”。

360

剔红牧牛图方盘

年代 明中期
尺寸 边长 18.6 厘米 高 2.6 厘米
收藏单位 故宫博物院

方形盘，朱漆锦地压雕柳塘放牧图景。内外边以黄漆为地雕朱漆花卉纹。盘底髹黑漆，正中刀刻“大明宣德年制”楷书伪款。

361

剔黑山水人物图方委角盒

年代 明中期
尺寸 边长 24 厘米 高 15.5 厘米
收藏单位 故宫博物院

盒正方形委角，平盖面，矮方足。通体以黑漆为面，间有三道朱线。盖面随形开光，朱漆雕天、水、地三种锦纹，上雕三人骑马行进，后有童子荷担紧随。盖边及近底处雕牡丹、菊花等花纹，上下口缘剔犀卷草纹。足部一周回纹。盒内及底髹黑漆，无款。

362

戗金彩漆葵花纹圆盒

年代　明中期
尺寸　口径 11.1 厘米　底径 8 厘米　高 3.9 厘米
收藏单位　故宫博物院

圆形，折边凹棱，小平盖面。通体黑漆，盖面填彩漆戗金折枝秋葵花。盖周及足上填朱漆戗金勾云莲瓣纹。器盖口缘填朱漆回纹，足上戗金弦纹两道。里底均朱红退光漆。

363

剔彩莲塘龙舟纹荷叶式盘

年代　明嘉靖
尺寸　口横 21.7 厘米　口纵 16.8 厘米　高 3.5 厘米
收藏单位　故宫博物院

盘卷口荷叶式，木胎剔彩，有红、绿、黄等色。盘心开光内雕两童子撑龙舟前行，水面莲花盛开。盘内外边黄漆锦地上雕莲花、水禽等纹。底髹黑漆，正中刀刻填金“大明嘉靖年制”楷书款。此盘造型新颖，雕刻精巧，具有浓厚的生活气息。

364

剔彩寿字云龙纹梅花式盒

年代　明嘉靖
尺寸　口径 23.5 厘米　高 14.8 厘米
收藏单位　故宫博物院

五瓣梅花式盒，随形圈足，剔彩备红、绿、蓝等色。盖面随形开光，中心雕寿字，五瓣内雕折枝花承葫芦、书卷、寿桃九章图纹，壁雕龙纹，上下口缘雕缠枝莲纹。内外底髹朱漆，正中刀刻“大明嘉靖年制”楷书款。

365

剔彩万寿长生云龙纹八方盆

年代　明嘉靖
尺寸　口径 22.3 厘米　底径 15 厘米　高 13.5 厘米
收藏单位　故宫博物院

盆八方形，上宽下窄，平底。盆外壁雕红、黄、绿三色漆。八面壁上雕龙纹四、聚宝盆四，相间排列。四龙跃于海上，聚宝盆置于三角形几上，盆内有珊瑚等宝物，珊瑚上方承一火焰式球，内各雕一字，合为“万寿长生”。底有“大明嘉靖年制”填金楷书款。

366

剔彩寿春图圆盒

年代　明嘉靖
尺寸　口径 33.3 厘米　底径 27.5 厘米　高 13 厘米
收藏单位　故宫博物院

圆形，器、盖雕彩漆，盒壁上下各有开光四组，内刻山水人物并杂宝纹等，上下口缘雕缠枝灵芝草纹，盖面聚宝盆上雕一“春”字，中雕一寿星，外缀以双龙流云纹。里及外底黑退光漆。产地为北京果园厂，足内楷书填金“大明嘉靖年制”单行款。

大明嘉靖年製

大明嘉靖年製

367

戗金彩漆龙凤纹银锭式盒

年代　明嘉靖
尺寸　口横 24.2 厘米　口纵 20.5 厘米
　　　底横 20.1 厘米　底纵 13.5 厘米　高 11.7 厘米
收藏单位　故宫博物院

木胎，银锭式，椭圆形，束腰。盖面雕填龙凤、海水江崖及描金篆书“万”字，盖壁和口沿分饰花朵、八宝及水纹。通体以朱漆为地，填彩漆细钩戗金纹饰，足内髹黑光漆。明代雕漆填金数量仅次于剔红，此技艺中之花纹有填、描两法，嘉万时两法兼用，这件盒子即其体现。盒足内有刀刻填金楷书款“大明嘉靖年制”。

368

戗金彩漆龙纹匣

年代　明嘉靖
尺寸　上长 24.4 厘米　上宽 18.5 厘米
　　　下长 26.5 厘米　下宽 20.5 厘米　高 25.1 厘米
收藏单位　故宫博物院

小柜长方形，前后有门，左右有铜提环，底略阔，内有屉四层，计十屉。通体朱漆地戗金彩漆，柜顶前后左右五面纹饰，均是开光双龙戏珠纹，开光外缠枝灵芝托杂宝纹，开光内攒犀地戗金龙一。柜内屉面戗金牡丹花纹。底髹黑漆，正中刻“大明嘉靖年制”填金楷书款。

369

戗金彩漆龙凤纹方胜式盒

年代　明嘉靖
尺寸　长 28.5 厘米　宽 15.3 厘米　高 11.1 厘米
收藏单位　故宫博物院

方胜式盒，随形圈足。通体红漆地戗金填彩漆，盖面左凤右龙，中为云纹。盖、器斜壁饰缠枝灵芝托杂宝纹。盖口边饰龙、凤、仙鹤，器口边为落花流水。足部为三角形锦纹。盒内及底髹黑漆，底正中刻“大明嘉靖年制”填金款。

370

戗金彩漆花果纹寿字形盒

年代　明嘉靖
尺寸　长 36.7 厘米　宽 12.3 厘米
收藏单位　故宫博物院

盒呈“寿”字形，平盖面。通体髹朱漆填彩戗金。器盖周缘饰缠枝莲纹及杂宝纹，盖面饰折枝缠枝莲及杂宝等纹。上方团龙捧桃形纹中有“圣”字一。里及足内朱退光漆。足中心刻楷书填金单行款“大明嘉靖年制”。

371

戗金彩漆鱼藻纹慈姑叶式洗

年代　明嘉靖
尺寸　长 26 厘米　高 3.8 厘米
收藏单位　故宫博物院

盘慈姑式，通体髹深绿色漆为地，饰戗金彩漆花纹。盘心饰红色鲤鱼一尾，间饰水藻、荷花，鱼头顶火珠雕乾坤二卦，左右各有一卍字。盘壁饰荷花、慈姑、水草等纹，外壁饰水藻和鲤鱼六尾。足饰戗金海水纹，底髹红漆，正中刀刻填金“大明嘉靖年制”楷书款。

大明宣德年製

372

剔彩开光花鸟图长方委角盘

年代　明万历
尺寸　长 25.7 厘米　宽 16.1 厘米　高 4.6 厘米
收藏单位　故宫博物院

通髹朱漆，盘心菱花形开光，内刻三种锦地，压雕雉鸡花卉图案。盘边绿漆地雕云龙戏珠纹，背边黄漆地雕缠枝莲纹。底髹黑漆，有刀刻填金“大明宣德年制”楷书伪款。

373

戗金彩漆团龙纹笔筒

年代　明万历
尺寸　口径 11.6 厘米　底径 13.3 厘米　高 16.1 厘米
收藏单位　故宫博物院

圆筒形，四角如意云足。外围为赭色地戗金填彩漆花纹。口边两道弦纹，内为缠枝牡丹纹。筒身四菱花形开光，内各饰正龙一，下为海水江崖，开光外为万字锦地上饰杂宝纹。座上饰缠枝灵芝纹。筒底黑漆，正上方刻“大明宣德年制”，为后人所刻。笔筒纹饰布局、龙纹均为万历时特征，正面龙形象出现应为御用之物。

374

黑漆描金双龙药柜

年代　明万历
尺寸 长 78.8 厘米　宽 57 厘米　高 94.5 厘米
收藏单位 故宫博物院

长方形，正面对开门，中有活动立栓，可拆装。柜内中心装八方旋转式抽屉 80 个，两旁各有长屉 4 个，每屉分为 3 格，共盛药品 140 种。每一抽屉面上绘有泥金标签，尚留有墨笔书写的药名字迹。最下层另有三个大抽屉，存贮用具。药柜全身黑漆地，正面及两侧描金开光升降双龙戏珠。门里及背面为松竹梅等，背有泥金“大明万历年制”款。外观华丽，内精巧适用。仅存两件，另一件在国家博物馆。

黑漆嵌螺钿长方盒

年代　明
尺寸　长 13 厘米　宽 9.5 厘米　高 7 厘米
收藏单位　故宫博物院

盒平盖面，圆角，直壁，平底。通体髹黑漆为地，嵌薄螺钿片饰纹。盖面钤“长春堂”印及诗一首，款署“西白铭”，钤“星贲”方章。盒四壁均装饰有一龙在云中翻腾。盒内髹黑漆，盖里嵌“江千里式”篆书印章款。

江千里，晚明浙江嘉兴人，生卒年不详，善制螺钿漆器，当时曾有“家家杯盘江千里”之说。

376

剔红人物图长方盒

年代　明
尺寸　长 58.2 厘米　宽 21.5 厘米　高 21.2 厘米
收藏单位　故宫博物院

盒长方形，平盖面，底与台座相连，通体雕山水人物楼阁景色，表现的是北宋文学家范仲淹《岳阳楼记》中的情景，布局井然，繁而不乱。

剔红花鸟纹三层提盒

年代　明
尺寸　长 40.5 厘米　宽 13 厘米　高 13 厘米
收藏单位　故宫博物院

盒长方形，底盖共三层，承一提梁托。盒盖饰喜鹊、梅花和牡丹，四边饰过枝牡丹、梅花，提梁、托为红地黑色缠枝灵芝。

竹木牙角雕刻篇

我国工艺美术发展史中，雕刻工艺的历史源远流长。古代先民利用利器削磨竹、木、角、玉、石等质材，做成兼具实用性和装饰性的器物。竹木角雕除了竹、木和犀角雕刻外，还有果核雕和匏器（葫芦）工艺等，是我国古代在青铜、陶瓷、玉器、金银器等之外的各种工艺杂项的代名词。竹木牙角雕刻在工艺美术中虽是小器，但一器之微常常穷工极巧，因此为艺林珍赏之品，为世人所喜爱。历史上它们虽有官府手工艺与民间手工艺之别，但雕刻并无严格分工。因此同一时期的这类雕刻艺术，风格都有很多相似之处。很多名家都是多种材质的雕刻高手。

一、竹

我国竹类资源丰富，在距今一万年前的长江中下游和珠江流域，原始人类已开始栽培和使用竹类。竹材易朽，史前实物留存无多。中国竹雕艺术发轫于简或册，即用刀刻在竹片上记事或表达思想。发现竹雕器最早者是湖南长沙马王堆汉墓出土的雕龙形漆竹勺。早期竹制品多囿于实用，以批量生产的产品为主，还难以称作独立的工艺门类。不过，在缓慢的孕育发展期里，竹刻也为其自身的勃兴准备了条件。竹雕被视为艺术始于六朝，直到唐宋时期才普遍为一般文人雅士所喜爱。传世的竹制品，以现存于日本正仓院的唐朝尺八为最早。据《南齐书》卷五四上所载，齐高帝赐征诏不仕的明僧绍竹根如意，这是文献中最早出现的将竹子雕琢成器具的记录。最早被记载下来的艺人是宋代的詹成。

明清时期竹刻达到了高峰，出现了嘉定“三朱”和金陵濮仲谦两派。朱鹤为嘉定地区有影响力的竹刻先驱之一。朱鹤长子朱缨继承了乃父刻竹家法，且更胜一筹。朱缨技艺再传至儿子稚征，逐渐发扬光大。这祖孙三人合称“三朱”，以他们为核心，嘉定竹人吸收书画创作经验，完善了多层雕镂技巧，遂令嘉定竹器为他处所无。“三朱”之后，嘉定地区知名的竹人还有侯崤曾、秦一爵及沈氏兄弟汉川、大生，并汉川之子沈兼。清初吴之璠为“三朱”后第一高手，同时者有嘉定封锡禄，与兄锡爵、弟锡璋入值养心殿造办处。直到民国，嘉定仍以竹器闻名于世。濮仲谦是与嘉定派相颉颃的金陵派创始人。他的主要风格一为重视选材，善用竹之盘根错节，以不事刀斧为奇；另一则为极浅的浮雕或浅刻，若不向光，纹饰几不可见。嘉定派重视深雕及立雕，尚细工，写实功夫独到，深雕法为其所创，作品精致而雅小。而金陵派重视浅刻，尚简洁，作品重线刻，笔画有致，韵味古雅。除去嘉定、金陵两地，浙江、江苏一带亦有其他竹人活动，如著名鉴藏家项元汴所赏重之浙中名匠严望云。

故宫所藏明清两代竹雕艺术品，大体可分平面与立体两种，流传至今的有笔筒、竹簾、臂搁、扇骨及竹章等。

二、木

木雕与竹雕类似，因易腐朽，所以未有发现与古铜器同时期的木器。商代已普遍使用木器，殷墟墓葬曾发现木豆与木托盘之类器物的残痕。周代用于木工的工具增多，雕制技巧更进步。目前发现的西周时期漆木器也大多残坏。战国时代墓葬挖掘出许多完整的木器与木雕。在进入铁器时代的汉代，铁工具的推出使得木的砍伐、加工更容易，木雕的制作更趋精致，如甘肃武威出土汉代木猴，自然生动。魏晋南北朝时，佛教盛行，木雕普遍用为寺庙建筑的装饰及佛像。唐宋木雕更加广泛地应用于建筑，各种木雕佛像等制器刻工精致。唐代的木刻印本与版画已有相当的发展。宋元时期木雕名家亦代不乏人。

明清由于文人参与雕刻竹木等清玩及文房用具，木雕工艺进入艺术领域，成为我国雕木的全盛时期。明代中期以降，木雕在江南一带取得了空前的成就。这个阶段非常重视材料本身的质地和美感，紫檀木、花梨木、鸡翅木、红木等珍稀而质优的硬木受到特别的青睐；雕刻技术达到空前的高度，不仅圆雕、镂刻、浮雕等技术灵活地结合使用，而且贴金、彩绘等装饰手段也获得长足进步。特别是从漆器工艺中引进的“百宝嵌”，将金银、宝石、螺钿、象牙、珊瑚、蜜蜡等材料雕成山水、人物、楼台、花卉、翎毛，嵌于木器之上，大到屏风、桌椅、窗格、书架，小则笔床、茶具、砚匣、书箱，五彩陆离，精美富丽。清代宫中自康熙朝建立内务府造办处之后，木作始终存在。乾隆时期还专设广木作，多承做为器物配置木座的活计，所用以紫檀等珍贵木料为主，此时期制造达到了顶峰。明清时期木雕主要分布在浙江、福建、江苏、广东各地，很多地区形成了有地方特色的流派，对木根、瘿瘤等材料的创造性利用则开拓了人们的审美视野。当时的名匠大多一专多能，能治木雕者也不例外。如鲍天成、朱小松、王百户、朱浒崖、袁友竹、朱龙川、方古林，以及金陵竹刻名家濮仲谦、嘉兴巧匠严望云、北京良工贺四。

竹木牙角中的木雕，约定俗成主要指明中晚期以来兴起的各式文房用具和一些以珍贵木料雕成的小型陈设品、装饰品等。故宫所藏明清时期的木雕作品，质材方面有黄杨木、桦木、沉香木、伽南香木、檀香木、红木、乌木、紫檀木等，其中桦木最多。

三、角

考古表明，远在新石器时代，原始先民已经使用兽骨牙角制成器物。从殷人田猎犀牛食肉，殷周用角制兕觥，春秋战国取皮，到汉代犀牛在我国绝迹，犀角开始从东南亚、非洲等地进口。犀角珍贵，可以制器入药，同时质厚色美，为人所喜爱。鹿、羊、牛等角制品，在新石器时代遗址屡有发现，但易腐朽的犀角制品却很少有出土。传世最早者是明代制作。明代鲍天成以治犀著称，濮仲谦也是这方面的高手。

明清还盛行微雕，在各种果核、干豆、米粒、种子及象牙等材料上，常以触觉雕刻纹饰。微雕在明代达到了很高的水平，上层人物常将之视为珍宝，并和玉串饰挂在一起，作为装饰配件。

378

竹雕羲之画扇图笔筒

年代　明

尺寸　直径 5.2 厘米　高 15.6 厘米

收藏单位　台北“故宫博物院”

用浅浮雕技法，雕一老妪拱手立于左方，王羲之坐在桌前，左手持扇，右手持笔托腮，作凝思状。羲之后立一侍女，桌旁一童子俯身磨墨。右端浅刻一鹅，嬉戏于水中。四人及鹅皆以墨点睛，刀笔圆润。水畔一松在众人之上，贯穿整个画面，松树旁刻“小松”款。此笔筒描绘的是王羲之在一老妇团扇上题字，起初被责骂，当众人获悉是羲之真迹后争相高价购买，老妇想再让他题字，他笑言：“我已尽兴了。”

379

刻乾隆御题竹雕仕女图笔筒

年代　明

尺寸　口径 7.8 厘米　底径 7.7 厘米　通高 14.6 厘米

收藏单位　故宫博物院

此三足笔筒棕红色，外壁雕一仕女手持兰花，头戴风帽，依石而立。盘曲如龙的古松下有石台，台上放置杯、砚。此筒以镂空和浮雕制成，石上行书阴刻“万历甲寅秋八月三松作”，旁还有隶书阴刻乾隆御制诗和印章。

380

竹雕白菜图笔筒

年代　明

尺寸　口径 10.8 厘米　底径 10.5 厘米　高 13.7 厘米

收藏单位　故宫博物院

圆筒式，下承三矮足。正面雕一白菜，叶片俯仰如风吹拂，一只螳螂伏于叶上，菜旁点缀数丛小草。背面刻有填蓝隶书七言律诗、“乾隆乙亥仲秋月御题”和阴文“三松”草书款。

朱稚征，号三松，明嘉定竹刻派创始人朱鹤之孙。他竹艺精湛，为当时高峰，超越其祖。

381

竹雕仕女图笔筒

年代　明

尺寸　口径 14.7 厘米　高 15.7 厘米

收藏单位　台北“故宫博物院”

圆筒形，下有三矮足。周壁以浮雕、透雕手法，镂作花卉仕女图。笔筒用巨石分成二景，一为室内透雕的圆窗下，两仕女观赏瓶荷，两仕女研讨屏风上的花鸟画；室外松石下，三女闲憩，一坐蒲团上吹笛，一坐石上弹琴，一持扇闲立松下。下方石间浅刻“三松”二字行书款识。朱稚征竹刻精妙，兴致来了才下刀，一器常历数月甚至一岁乃成。

382

竹雕窥简笔筒

年代 明
尺寸 口径 8.5 厘米 高 13.5 厘米
收藏单位 台北“故宫博物院”

此笔筒依名画家张深之本《西厢记》中《窥简》插图，用深浮雕技法，通景式构图刻成。器壁上崔莺莺背屏风而立，含羞展卷细读。屏风上浅刻梧桐，后红娘以指掩唇偷窥。左方屏风后用深浮雕刻木几、花瓶、荷花，屏风右下角刻“三松”款。

383

竹雕老人图笔筒

年代 明
尺寸 口径 10 厘米 底径 9.9 厘米 高 15 厘米
收藏单位 故宫博物院

筒式，三矮足。筒壁镂雕山石竹枝。一长髯老人头戴朝冠，长衣肥裤，手执牙笏，坐于山崖松树下掏耳。人物形象生动，雕刻圆润，不露刀锋，于竹壁上雕出多层次。

384

竹雕郭子仪免胄笔筒

年代 明
尺寸 口径 13.57 厘米 高 15 厘米
收藏单位 台北“故宫博物院”

圆形，底有三矮足，筒壁镂雕老松巨干，树下郭子仪骑着战马，一侧七八个回纥兵肃立，前有回纥将领拱手而立。此图表现的是唐朝大将面对西域来犯大军，单骑前往回纥阵营，表示和平诚意的故事。郭子仪自信祥和的神态，回纥将领的心悦诚服，战马的双眼圆睁，都刻画得恰到好处，是难得的艺术品。

385

竹雕草虫白菜图香筒

年代　明
尺寸　口径 4.3 厘米　通高 24.4 厘米
收藏单位　故宫博物院

筒式，上下两端镶牙雕夔纹，中有圆孔饰件。筒身镂雕白菜一棵，叶上栖一草虫，还有两只飞舞的蜜蜂。上下有紫檀木凸榫镶镂花白玉盖、座。

386

竹雕白菜图香筒

年代　明
尺寸　口径 4.3 厘米　通高 24.2 厘米
收藏单位　故宫博物院

筒式，上下两端镶染牙雕夔纹，中有圆孔饰件。筒身镂雕白菜一棵。上下有紫檀木圆凸榫镶镂花白玉盖、座。

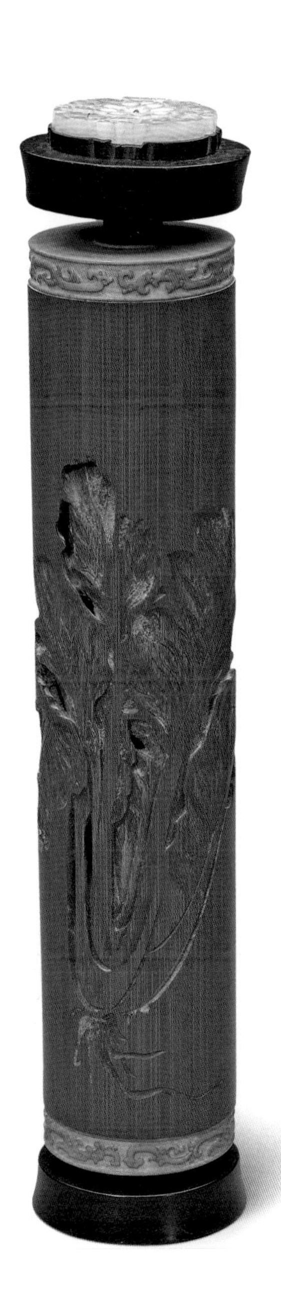

387

竹雕人物香筒

年代　明
尺寸　口径 6.3 厘米　高 19.9 厘米
收藏单位　台北“故宫博物院”

器呈长筒形，上下口做成嵌入式口沿，估计原来配有平顶盖和底座。外壁透雕文会图。松下一文士抚琴，旁有立者三人，童子一人。古琴前摆有一小石几，几上列置炉、瓶、盒。香瓶内插香匙、香铲。石几前二文士坐观流泉，流泉部分被雕刻成透空状。苍松之后文士相谈，一老者拄杖，另一文士拱手回顾。旁立一童子掮一捆书卷等候。隙地奇石、松竹、栏杆及流泉，花纹为高浮雕及镂孔装饰手法。

388

竹根雕和合二仙

年代 明
尺寸 长 6.2 厘米 宽 3.6 厘米 高 5.2 厘米
收藏单位 故宫博物院

竹根雕之二仙，是唐贞观年间名为寒山、拾得的两位台州高僧。他们以莲瓣为舟，笤帚为桨，一人执扇戏耍蜘蛛，一人摇桨渡河，超凡脱俗。此作品人物古朴，刻画细腻，构思精巧，堪称佳作。

389

竹根雕松树罗汉

年代 明
尺寸 长 16.1 厘米 通高 12.7 厘米
收藏单位 故宫博物院

此器分座和罗汉两部分。座为一节大竹筒，从中截断后留下底节和部分中节，刻成一松树和磐石座。石奇巧叠错，树苍古遒劲，势若虬龙。罗汉为一块竹根刻成，广目深眉，丰颡朵颐，双耳垂肩，左手撑地，右手持珠抚膝，袒肩露腹，盘膝曲肱，席地而坐。他微笑注视左膝上一只小狮，小狮昂首张口似与之说话。罗汉怀中小狮刻画细腻，神情兼备。

390

竹根雕古松水丞

年代 明
尺寸 长 14 厘米 宽 10 厘米 高 5.8 厘米
收藏单位 台北"故宫博物院"

竹根雕成椭圆水丞，侈口，近口缘处渐薄。松枝侧分成二支，一入水丞内部，一折向器底。器外满布长圆形松皮状纹，器内壁的自然竹纹清晰可见。该器雕工精细，布局巧妙，古雅宜人，是文人雅士书斋几案之饰物，寓长寿遐龄之意。

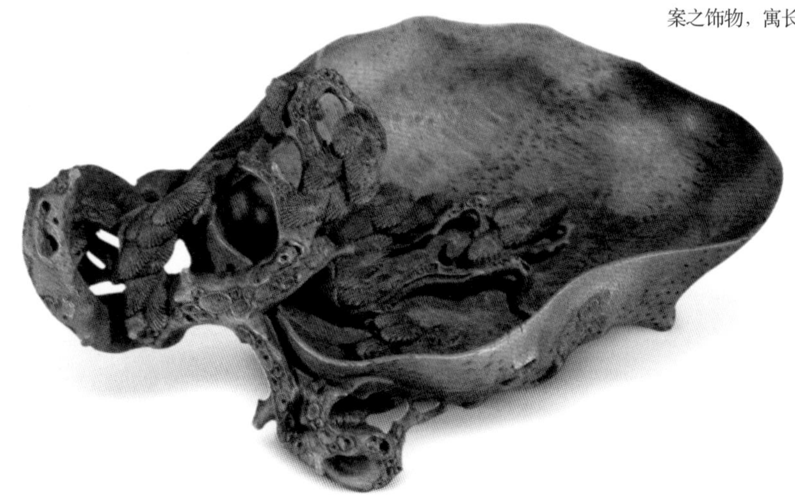

391

竹根雕残荷洗

年代　明
尺寸　长 13.8 厘米　宽 8.2 厘米　高 6.6 厘米
收藏单位　台北“故宫博物院”

器身作一枯卷荷叶形，叶脉密布，一只螃蟹栖于叶上。螃蟹旁雕出破荷残痕，叶柄蟠转于器底，一朵已形成莲蓬的老荷自器底伸展于外，底左刻“三松制”行书款。此器有“留得残荷听雨声”的诗意。

竹根雕松树纹壶

年代　明
尺寸　口径 8.4 厘米　底径 8.5 厘米　高 12.3 厘米
收藏单位　故宫博物院

以天然盘连的竹根枝干巧制而成，呈天然树桩状。作者采用深浮雕技法，以一节老松树干作为壶身，一侧有枝沿树身攀附而上，蟠曲成柄，壶盖巧雕成枝叶，曲折如纽，且又与壶身枝干相连。断梗作流，壶柄下方隐刻“仲谦”二字款。

濮仲谦善制水磨竹器，以浅浮雕名世。此壶采用的却是深浮雕，精镂细琢而成，实为竹刻艺术的精品。

393

黄杨木雕李铁拐

年代　元
尺寸　通高 35.7 厘米
收藏单位　故宫博物院

此像立姿，肩系葫芦，身着破衣，围百结叶裙，瘦骨嶙峋，虬髯连鬓，赤双足，一腿跛起，一腿直立，右腋下架有一拐，左臂抬起，手捏一只蜘蛛，在后衣裙下方刻有阴纹“至正二年制”隶书款。

李铁拐是民间传说的八仙之一。元代以后，对八仙的各种传说愈趋离奇，以八仙为题材的各种雕刻在工艺美术创作中也颇多。

394

黄杨木刻董其昌书《饮中八仙歌》笔筒

年代　明
尺寸　口径 34.2 厘米　高 24.8 厘米
收藏单位　故宫博物院

董其昌，上海华亭人，晚明书画家，书风平淡古朴。其所书唐代杜甫的《饮中八仙歌》，被加彩阴刻于笔筒外壁，雕刻者运刀如笔，一气呵成。此笔筒体大壁厚，内髹黑漆，在书法的衬托下更显庄重沉稳，韵味深厚。

紫檀木嵌犀角双龙纹椭圆盒

年代　明
尺寸　口横 21.5 厘米　口纵 18. 5 厘米　通高 10 厘米
收藏单位　故宫博物院

盒为椭圆形，从中分启，下承四垂云矮足。盖面以浮雕技法满刻流云纹，正中嵌有镂雕双龙犀角椭圆形佩，周围一圈共四组团寿和团蝠。犀角佩原来可能是如意瓦首的配件，康熙六十一年（1722）清宫造办处遵旨将其嵌在盛装《皇祖圣训》册页的紫檀装匣上。

396

紫檀木百宝嵌花鸟图长方盒

年代　明
尺寸　长 36.1 厘米　宽 22 厘米　通高 13.4 厘米
收藏单位　故宫博物院

盒以紫檀制作，长方形，有盖，口沿处饰嵌银丝回纹，盖面凸边微隆，上嵌花鸟图纹。以褐色木制树干，孔雀石、青玉为叶，螺钿为山茶、玉兰、石榴。一只绶带鸟立于枝头，纹饰寓意春寿。此器用螺钿、染牙、孔雀石、青金石、大漆、椰壳等料，采用百宝嵌工艺制成。

397

紫檀木嵌螺钿人物花卉图两节长方匣

年代　明
尺寸　长 34.8 厘米　宽 22.2 厘米　通高 22.1 厘米
收藏单位　故宫博物院

原藏于热河行宫，是书斋宝阁中盛放文玩的装饰盒。紫檀木胎，分盖、器、底三层。每层口沿衔接处用银丝嵌双层回纹边，盒面嵌东坡应邀赏月图。苍松古桐下，三老者昂首观月，小舟上侍童小憩，整个画面十分娴雅幽静。盒四周，每层分别饰有不同花卉。其中石榴花和叶由红珊瑚、染牙所制，其余均嵌螺钿。此盒镶嵌精密细致，是明代百宝嵌工艺中的精品。

紫檀木云纹方委角盒

年代　明
尺寸　边长 34.2 厘米　通高 24.8 厘米
收藏单位　故宫博物院

扁盒为正方形，委角，矮足，有如四出花瓣。盒外壁及盖面以剔地浮雕技法满雕云纹，造型与装饰仿效漆器工艺中的剔漆，针对木质又有所创新，刀法、磨工俱佳，在紫檀木雕中别具一格。

紫檀木嵌汉玉墨床

年代　明
尺寸　长 13.5 厘米　宽 4.8 厘米　高 1.8 厘米
收藏单位　台北“故宫博物院”

长方形紫檀木顶面，挖槽嵌入一件汉代玉璏。璏切如条几状。紫檀木错嵌着齐整的银丝螭纹、寿字纹及螭形蚌片。底部嵌银丝款“嘉禾项墨林珍赏”，印款“墨林山人”，应是明代大收藏家项元汴赏玩的佳作。

400

犀角兽面纹三足炉

年代　明
尺寸　口径 9.5 厘米　足距 6.5 厘米　高 12.3 厘米
收藏单位　故宫博物院

炉仿古青铜器造型，圆口、方唇、立耳、三圆柱足。炉身大部分光素，只在近足处雕一由多种几何图形组成的兽面纹，近似剪纸效果。此器造型突破了犀角本身形状的局限，工艺水平极高。

401

犀角蟠螭纹双耳四足鼎

年代　明
尺寸　口长 9.5 厘米　口宽 7.9 厘米　足距长 8.6 厘米　足距宽 6.4 厘米　通高 21 厘米
收藏单位　故宫博物院

亚洲犀牛额前角制成。仿古方鼎形，四撇足。以浮雕技法将方鼎耳刻成堆垒如云的螭纹朝天耳，又将犀角尖切劈的四足用热烫技法向外弯撇。鼎壁浅刻勾云如意纹锦地，上有 15 条蟠螭攀附，一条苍龙潜伏于底足之间，底盘为马鞍形。鼎上配有嵌鹤鹿灵芝纹白玉纽红木盖。只有一角的亚洲犀角味浓纹粗，价值高于味淡纹细有两只角的非洲犀角。

402

犀角仙人乘槎杯

年代　明
尺寸　长 27 厘米　宽 8.7 厘米　高 11.7 厘米
收藏单位　故宫博物院

杯由长形如舟的广角制成。作者根据犀角的形状，采用圆雕、浮雕等多种技法，巧做成仙人乘槎形杯。槎首如同灵芝花瓣。槎中后部以梅花、牡丹、荷花相拥，似为舟篷，花间篷下坐一老人，手持如意，架腿翘足，昂首向天。老人身前为杯口，有一圆洞与之相通。槎尾雕有水波纹。杯腹中镌刻楷体乾隆御题诗及“比德”、“朗润”两方印 。槎首前面刻篆文“再来花甲子”和“尤通”字款，下有“雨源”小印 。

此槎杯制于明末清初时期，是尤通众多犀角作品之一，光洁莹润，色如浅栗。由于犀角形长，两边色黄淡，中间微暗，作者便以汉使臣张骞通西域的故事为题材，巧妙地将犀角制成一只槎船，在船上刻出树干，沿船边轻轻刻出浪花，并雕出人物悠然自信、冲波迎浪的形象。

1783 年，乾隆帝在古物箱中发现这件作品，对尤通的雕刻技术十分推崇，多次亲笔御题诗句赞誉尤通的技能，并作注，对尤通的作品进行考证。这件形制自然、角质莹润的犀角仙人槎杯，在艺术设计、雕刻技巧上均有独到之处，确为明末清初时期犀角器皿中的珍品。

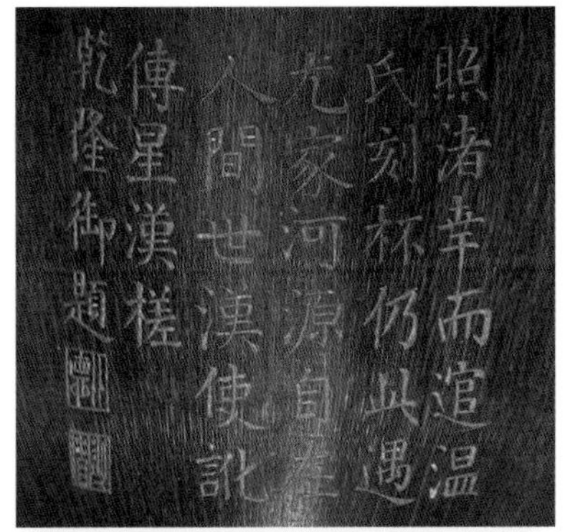

403

犀角荷叶双螭纹杯

年代 明
尺寸 口长 18.9 厘米 口宽 15.8 厘米 高 21.3 厘米
收藏单位 故宫博物院

荷叶形，高足杯状。外雕榴实、玉兰，下镂雕荷梗、榴枝及花枝，以为杯之高足。内中心凹入，口上镂雕双螭。此为“无奈何”杯，用整只犀角雕成，保留犀角原形的尖底，只能手拿不能平放，无可奈何。

404

犀角荷叶式杯

年代 明
尺寸 口径 19.3 厘米 高 15.8 厘米
收藏单位 故宫博物院

杯以一只整角雕成，有身有流，作“一把莲”式。身、流是变形弯曲而成，并非粘接，中空暗合“心有灵犀”诗意。杯身为一大荷叶，有叶、莲、花、草等环绕而成衬托。近口沿一小蟹举螯剪荷。

三国时魏郑公亮取荷叶饮酒，以簪刺叶茎相连处，由茎饮酒，此种“碧荷杯”遂流行于后世文人士大夫之间。

405

犀角蟠螭纹出戟杯

年代　明
尺寸　口长 13.9 厘米　口宽 8.9 厘米
　　　足长 4.5 厘米　足宽 4.1 厘米　高 10.7 厘米
收藏单位　故宫博物院

杯大口沿，一侧翻卷成流，杯耳雕成螭兽状。杯身仿商周青铜器的饕餮纹及变形夔纹并带出戟。足底刻阳文“胡星岳作”篆书印章款。此器仿古意味浓烈，雕刻技艺高超，反映出犀角雕刻艺术追求精致古雅的特质。

406

犀角花卉纹三足觥

年代　明
尺寸　口长 13.6 厘米　口宽 10.5 厘米　高 16.7 厘米
收藏单位　故宫博物院

杯口雕成盛开之花，外壁雕荷花、海棠、蜀葵、荔枝。枝叶花果穿插，三足雕成三束折枝花果形，枝蔓交错，托抱杯体。此器采用镂雕，觥端一分为三，是角材浸入烧碱熔液，加热膨胀变柔软，经处理后外撇成足的。角质如骨似玉，光韵内敛，纹饰肥厚，是明代犀角磨制工艺的精品。

407

犀角山水人物觥

年代　明
尺寸　口横 16.7 厘米　口纵 8.8 厘米
　　　底横 4.6 厘米　底纵 3.9 厘米　高 12 厘米
收藏单位　台北“故宫博物院”

觥口近椭圆形，外壁雕有浮雕山水人物，满布奇石古松，人物有饮食者，有休憩者；口内有一螭伸展，通体雕刻圆熟，线条简易而流畅，底部有“文枢”二字款。周文枢，明末清初南京犀角雕专家，台北“故宫博物院”存世 19 件犀角器皿上有他的款识。

408

犀角勾云纹圆盒

年代　明
尺寸　口径 4.3 厘米　高 1.9 厘米
收藏单位　故宫博物院

盒用犀角雕成，圆形有盖，子母口相合，又称“牛眼盒”。盖面与外壁各剔刻三朵如意云头纹，小巧玲珑，颇为可爱。此器模仿漆器工艺中的剔犀技法，精心打磨，几不见刀锋。

明代犀角注重磨工。此件制作上仿漆器工艺中的剔犀技法，打磨精心，线条圆转流利，刀锋泯然无痕。

409

犀角洗

年代　明
尺寸　口径 16.1 厘米　足径 8.3 厘米　高 6.2 厘米
收藏单位　故宫博物院

碗用犀角雕成，方唇，折沿，玉鐾形底。通体光素无纹，凸现出犀角本身的质地纹理。底刻阳文“墨林”篆书印章款。犀角珍贵，得之者常极尽雕镂，此器以天然为本，不加雕刻，更显不俗。

410

犀角花果纹洗

年代　明
尺寸　口长 18.9 厘米　口宽 15.1 厘米　高 7.1 厘米
收藏单位　故宫博物院

以犀角近根部雕成，淡褐色，口如花瓣式，收腰，底为竹枝式圈足，并浅雕出一灵芝。杯身雕桃花、桃实、玉兰、竹叶等，浅刻叶脉、花筋，设计精巧。纹饰为民间喜闻乐见的花卉，有吉祥祝福之意。

牛角云龙纹嵌件

年代　明
尺寸　长 15 厘米　宽 11.8 厘米　厚 1.1 厘米
收藏单位　故宫博物院

此犀角饰件是取用非洲犀角横截一大片镂雕而成，当是如意瓦首或盒具上的嵌件。其切口色泽淡黄，板饰正面染色，呈棕红色，并以镂刻技法将犀角片镂出海水纹椭圆形框，框内上为烟云，下为涌涛，云涛之间两条带翼应龙曲颈伸爪，相对腾跃，龙口大张，龙鼻上扬，龙发成绺状从双角中向前飘拂，龙脊的鳞纹也刻画得细密遒劲，加之染为棕红色，古色古香，使双龙显得尤为威猛苍劲。神话中应龙曾助大禹治理水患。

此件犀角嵌件刻工浑朴，刀法娴熟流畅，将明代的雕刻技巧和时代风格表现得十分突出。

藏传佛教造像篇

清朝在入关前，为招徕蒙古诸部，壮大实力，努尔哈赤便极力推崇藏传佛教。天聪八年(1634)，皇太极征服蒙古林丹汗部，获得元初八思巴帝师所铸嘛哈噶喇金像，皇太极特建嘛哈噶喇楼及实胜寺供奉，这是清代宫廷最早供奉的藏传佛教金铜佛像。入关后，诸位清帝充分了解藏传佛教在蒙藏地区的重要影响，把“兴黄安蒙”作为巩固蒙藏边疆的重要国策贯彻始终，尊崇达赖、班禅、章嘉、哲布尊丹巴等黄教领袖，给予崇高的地位，同时促进内地与西藏的文化交流。藏传佛教也以其博大精深的文化在清代宫廷中扎下根，逐渐成为皇室宗教信仰。皇宫御苑中修建了大量的佛堂，供奉佛像、唐卡、佛经、法器等，“凡是西藏有的，这里无所不有”，为后人留下了丰富且精美的藏传佛教文物典藏。其中又以清宫供奉的藏传佛教造像为个中翘楚。本篇介绍的是清代以前的藏传佛教造像。

清宫收藏、供奉的清代以前的藏传佛教造像，其来源主要是蒙藏地区的贡品。西藏、蒙古各地各派佛教首领为取得朝廷的封号，提高自己的地位，纷纷赴京向皇帝进贡，佛像则是其中最主要的贡品。这些佛像入宫之后，先得经过章嘉、土观、阿旺班珠尔等地位崇高的驻京活佛的鉴定，然后再根据皇帝的旨意送入各个佛堂供奉。

按照产地来分，这些佛像主要来自于四个地区，即斯瓦特、克什米尔、东北印度和尼泊尔。

斯瓦特即今巴基斯坦北部斯瓦特河谷地区，属古犍陀罗。唐代称乌仗那国，此地佛教曾十分兴盛，8 世纪时是无上瑜伽密教的发源地之一。西藏密教祖师莲花生即此地人。从 8 世纪莲花生到西藏传法时起，此地与西藏就有联系，西藏人一直把斯瓦特看成佛教圣地。流传西藏的斯瓦特铜像已是晚期犍陀罗艺术的余绪，但仍可从造型中找到渊源关系。清宫所藏斯瓦特佛像的时代约在 7—9 世纪。

克什米尔在印度西北喜马拉雅山区，群山环抱，地势高峻，古称迦湿弥罗，与吐蕃接壤。10 世纪末，佛教在西藏复兴，阿里古格王益西沃选派仁钦桑布等人到克什米尔学习佛教。仁钦桑布学成返藏，并迎请佛教大师到藏传法，同时邀请克什米尔艺术家到古格从事寺庙修建工作，克什米尔的佛教艺术随之传入藏西地区，并对藏西地区产生深刻影响。清宫所藏克什米尔佛像约为 7—11 世纪作品。

东北印度造像主要指东印度帕拉王朝及相邻地区如北印度笈多王朝后期的佛像。帕拉王朝在 8 世纪中期崛起，主要统治区域在今天印度比哈尔邦和孟加拉一带，延续了约 400 年（约 750—1150），其造像艺术对西藏影响很深。清宫收藏的东北印度造像可见 7—12 世纪各期作品。

尼泊尔与西藏地域相连，自古以来经济文化关系紧密。尼泊尔佛像艺术源于印度，主要吸收东北印度帕拉佛像艺术因素，独立发展，自成系统，并对西藏佛像艺术影响深远。清宫收藏的年代最早的尼泊尔像约为 8—9 世纪作品，一直延续到 18 世纪。

古代的文化交流与地理环境关系密切，西藏地接中亚、印巴次大陆，西藏本土文化、印度文化、汉文化、中亚文化，都曾在这里交相辉映。位于今天新疆地区的于阗和阿富汗、巴基斯坦、克什米尔、印度、孟加拉、尼泊尔及中原汉地，在不同时期以不同方式对西藏佛教艺术产生深刻影响。清宫收藏的藏传佛教造像也对此有所反映，据其不同时期的风格造型演变，大致可分为四期：

其一，7—9世纪吐蕃时期，即佛教前弘期。据《拔协》等藏文古籍记载，汉地、于阗、尼泊尔及印度等地工匠都曾在藏工作，把各地的佛像式样、造像技术传播到西藏。可惜朗达玛灭佛时，吐蕃时期的寺庙、佛像多遭摧毁，导致前弘期作品遗留稀少。

其二，10—13世纪佛教后弘期前期，造像多模仿外来艺术风格。大体说来藏西地区受斯瓦特、克什米尔艺术影响很大，藏中、藏南地区更多地接受东北印度帕拉王朝、尼泊尔艺术影响，藏东地区受汉地艺术影响更强。

其三，14—16世纪，西藏本地雕塑艺术逐渐成熟，约在15世纪达到其艺术发展的鼎盛时期。风格样式多种多样，从背光、台座、璎珞装饰等细部可以看出模仿印度、尼泊尔的因素，但不同地区、不同师承、不同艺术流派，表现各异，互不协调。元明两朝，西藏与内地联系日益紧密，汉藏艺术双向交流逐渐成为西藏佛像艺术风格的主流。

其四，17—19 世纪，为其艺术发展的后期。18 世纪前后在清王朝的扶持下，格鲁派在西藏取得统治地位。佛教的兴旺发展促进了佛教艺术的繁荣，是西藏佛教艺术发展的最后一个高潮。

总之，清宫收藏的清代以前的藏传佛教造像，历经几百年漫长岁月，点点滴滴汇入了紫禁城，并被完好地保存在皇宫这一封闭的特殊环境中。这些藏传佛教艺术精品的历史文化内涵深厚，既显示了西藏佛教艺术的辉煌成就，又真实反映了清王朝治理蒙藏边疆的历史进程，生动说明了清代多民族统一的历史条件下，汉满蒙藏等各民族文化的密切交流。

一 五方佛

412

铜毗卢佛坐像

年代　10 世纪
尺寸　高 22 厘米
收藏单位　故宫博物院

此为东北印度黄铜造像。毗卢佛施智拳印，全跏趺坐。头戴三叶冠，面部有些不清，眉眼细长，面庞宽厚。身着圆领大袍，饰项链、璎珞、臂钏和手镯。台座为半圆形，正面镂空雕刻毗卢佛的坐骑——两头狮子，两头狮子中间及两边雕刻有菩萨形象；台座后面雕有八位菩萨坐在莲枝中；座下刻有梵文铭文。

413

铜不动佛坐像

年代　10 世纪
尺寸　高 22 厘米
收藏单位　故宫博物院

此为东北印度黄铜造像。不动佛头戴三叶冠，身着袒右袈裟，右手结触地印，左手结禅定印，全跏趺坐。十字花纹坐垫下承多折角双象台座，座正面镂雕五位侍从菩萨和两头大象。大象为不动佛的坐骑，长鼻垂地、獠牙突出，十分生动。

不动佛也称阿閦佛，其起源可以追溯到初期大乘佛教经典，后来并入五方佛系统，代表大圆镜智，居东方妙喜国土。

414

铜宝生佛坐像

年代　10 世纪
尺寸　高 22 厘米
收藏单位　故宫博物院

此为东北印度黄铜造像。此尊宝生佛与上面毗卢佛、不动佛同是一组五方佛的成员。宝生佛双目细长，面庞浑圆，鼻翼修长，眉宇间庄严温厚。右手结与愿印，手心有法轮标志，左手结禅定印。莲花座下为半圆形台座，正面两匹马是宝生佛的坐骑，台座下面有梵文铭刻。

宝生佛又名宝胜佛，五方佛中居南方，代表平等性智。

415

铜无量光佛坐像

年代　10 世纪
尺寸　高 22 厘米
收藏单位　故宫博物院

此为东北印度黄铜造像。此造像与上面毗卢佛、不动佛、宝生佛同为一组五方佛成员。无量光佛头戴三叶宝冠，饰璎珞、臂钏。双手结禅定印，全跏趺坐。从其半圆形台座正面的雕饰中可以看到他的坐骑——孔雀。

无量光佛和无量寿佛，在汉文译名中均为阿弥陀佛。无量光佛的起源可以追溯到大乘佛教时期，出生地可能在西北印度或中亚地区。

416

铜不空成就佛坐像

年代　10 世纪
尺寸　高 22 厘米
收藏单位　故宫博物院

此为东北印度黄铜造像，与上面毗卢佛、不动佛、宝生佛、无量光佛同为一组五方佛成员。不空成就佛头戴三叶宝冠，左侧冠叶残断。身着袒右袈裟，饰璎珞、臂钏，右手施无畏印，左右结禅定印，掌中嵌银法轮，全跏趺坐。半圆形台座前面雕有不空成就佛的坐骑——金翅鸟，金翅鸟人面鸟身，双手合十，施礼敬印，身后有翅膀。

不空成就佛在五方佛中居北方，代表成所作智。

417

铜毗卢佛坐像

年代　11 世纪
尺寸　高 21.8 厘米
收藏单位　故宫博物院

此为西藏西部黄铜造像。此毗卢佛面部泥金，蓝发髻，头戴三叶冠，长发披肩。袒上身，佩戴项链、臂钏、手镯。肩挂帛带，腰下束裙。双手施智拳印，全跏趺坐。下承方形狮座，正面四只，两侧及后面各一只，下托覆莲座。

毗卢佛，全称毗卢舍那佛，又译为大日如来，为佛教密宗主尊，按照密教理论“五佛五智”说，佛为教化众生，化为东、南、西、北、中五方佛，代表五种智慧，中央毗卢佛代表法界体性智。

418

铜毗卢佛坐像

年代　14—15 世纪
尺寸　高 32.7 厘米
收藏单位　故宫博物院

此为西藏西部黄铜造像。毗卢佛头戴三叶冠，眉眼细长，面目清秀，身饰项链、璎珞、臂钏。天衣从头部后面呈环形而下，绕双臂飘落身体两侧，有独特的古典气息。施智拳印，右手食指、左手小指伸出持法轮。全跏趺坐，下承仰覆莲座。

二

本 尊

419

铜上乐金刚曼陀罗

年代 13世纪
尺寸 高43厘米
收藏单位 故宫博物院

此为西藏地区黄铜造像。曼陀罗为一朵八瓣莲花，莲瓣可开合。居于莲蕾中心的是四面十二臂上乐金刚拥抱他的明妃金刚亥母，立于单层覆莲圆台上，代表曼陀罗的主尊。每个莲瓣上相间排列着四位空行母和四个噶布拉碗，代表上乐金刚身边曼陀罗内院四位眷属。上乐金刚及四位空行母眷属所在的莲台被八瓣大莲叶包围，每瓣莲叶内侧有四层尊神，每层共八尊。莲枝主干两侧分别出三道旁枝，卷曲成圆形，中间一层左右各坐一菩萨，左边可能是金刚手菩萨，右边是观音菩萨。

上乐金刚，在清宫也译作胜乐金刚、上乐王佛，是藏传佛教无上瑜伽部母续最重要的本尊之一。八瓣莲花在印度和西藏的佛教传统中，通常是心的象征。同时莲花也是纯洁和高贵的象征，以此题材作为曼陀罗的造型不仅暗示曼陀罗在瑜伽修行过程中用于观想的作用，也暗喻佛教教法清净无染。

420

铜喜金刚曼陀罗

年代 13 世纪
尺寸 高 19 厘米
收藏单位 故宫博物院

此为西藏地区黄铜造像。曼陀罗上部呈莲花式，莲花分八瓣，可开合。此曼陀罗的主尊是八面十六臂四足喜金刚拥抱其明妃无我佛母。花蕾部分的八叶内侧各有一空行母，作为上乐金刚的眷属，按曼陀罗方位排列。莲蕾置于粗莲枝主干上，主干下端各出旁枝。

喜金刚被认为是阿閦佛的化现，为无上瑜伽部母续本尊，极受嘎举派和萨迦派的信仰。

421

铜镏金持噶布拉喜金刚立像

年代 16 世纪
尺寸 高 19.5 厘米
收藏单位 故宫博物院

此为西藏地区铜镏金造像。喜金刚为八面十六臂四足，各手均持噶布拉碗，正二手碗内盛白象神和黄土神拥抱明妃无我佛母。明妃右手持钺刀，左手持噶布拉碗。此像面目狰狞，多臂展开，十分生动。四足中前二足右展立姿，后二足作舞蹈姿，下踏印度教四尊神。这些印度教的尊神在佛教象征中，分别代表四魔——蕴魔、烦恼魔、死魔、天魔，降伏他们意味着战胜魔障。

422

铜镏金双身二臂上乐金刚

年代　16 世纪
尺寸　高 26 厘米
收藏单位　故宫博物院

此为西藏地区铜镏金造像。此尊上乐金刚为一面二臂双身像，主尊上乐金刚双手施金刚吽迦罗印，各持铃、杵并拥抱明妃金刚亥母。上乐金刚头戴五叶冠，高发髻正中交杵装饰，左侧有一月牙，作为神秘的护持和修行特征，表情是愤怒与喜悦交汇。右展立姿，右脚下踏威罗瓦，左脚下踏黑夜女神，下身着虎皮裙。金刚亥母右手持钺刀并上举，左手持噶布拉碗，绕到主尊头后。此造像全身镀金明亮，线条圆柔典雅。

般若佛

423

铜释迦牟尼佛坐像

年代　7 世纪
尺寸　高 15.4 厘米
收藏单位　故宫博物院

此为斯瓦特黄铜造像。此释迦佛面相庄严祥和，身着袒右袈裟，双手施转法轮印。左手握衣角，施授记印。

释迦牟尼，意为释迦族出身的圣人。根据佛典记载，释迦牟尼本名乔达摩・悉达多，是古印度迦毗罗卫国（今尼泊尔南部）净饭王太子。他舍弃荣华富贵出家修行，最终获得觉悟，创立佛教。

424

铜释迦牟尼佛坐像

年代　9 世纪
尺寸　高 16.5 厘米
收藏单位　故宫博物院

此为克什米尔黄铜造像。释迦佛双目俯视，神情庄严，身着袒右袈裟，宽胸阔背。右手施无畏印，左手上翻握衣角，全跏趺坐。下承覆莲座，座下为须弥座式束腰方台。

425

铜救度焰口释迦牟尼佛坐像

年代　10 世纪
尺寸　高 26.5 厘米
收藏单位　故宫博物院

此造像为宝冠佛的组合神，最高处正中端坐宝冠佛，施无畏印。身边为两尊施与愿印的佛像，二佛像斜下方坐菩萨，右边为弥勒菩萨，左手持净瓶；左边为观音菩萨，左手施无畏印，右手持莲花。佛与菩萨均坐于莲台上，在旁枝与主干之间的莲枝上还坐有两位佛。莲枝最下台座上，二龙子立水中，一手置腿上，一手扶莲枝。此为克什米尔黄铜造像，清宫配有佛龛，龛后有满、汉、蒙、藏四种铭文：“乾隆二十年三月初四日，钦命阿嘉胡土克图认看供奉大利益梵铜琍玛同侍从救度焰口释迦牟尼佛。”救度焰口是佛的名号之一。

426

铜释迦牟尼佛坐像

年代　13 世纪
尺寸　高 24.8 厘米
收藏单位　故宫博物院

此为西藏地区黄铜造像。释迦牟尼神态祥和庄严，面带微笑，眉间白毫突起。螺发高髻，发际齐平。身着袒右袈裟，左手结禅定印，右手结触地降魔印，全跏趺坐，下承仰覆莲座。

427

铜释迦牟尼佛坐像

年代　13—14 世纪
尺寸　高 81 厘米
收藏单位　故宫博物院

此为西藏地区黄铜造像。释迦牟尼面部泥金，蓝色螺发，修眉长目，面带微笑。身披袒右袈裟，右手结触地印，左手结禅定印，全跏趺坐。下承仰覆莲座。另配镏金靠背式背光及有足折角方台。

428

铜鎏金释迦牟尼佛坐像

年代　15 世纪
尺寸　高 26 厘米
收藏单位　故宫博物院

此为西藏地区铜鎏金造像。佛着袒右袈裟，白毫与胸前衣角嵌松石。右手施触地印，左手施禅定印托钵。面庞浑圆，身体健壮。莲座下有半圆形折角莲台，正面以细阴线刻画图案。

429

铜弥勒菩萨坐像

年代　7—8 世纪
尺寸　高 12.7 厘米
收藏单位　故宫博物院

此为斯瓦特黄铜造像。弥勒菩萨全跏趺坐，右手施无畏印，左手中指与无名指间夹一小净瓶。头戴三叶冠，头后面的发辫卷曲如连珠散落，左肩斜披的禅思带是弥勒作为苦修者的标志。

弥勒原为释迦牟尼佛座下大弟子之一，作菩萨形象，住兜率天，故称弥勒菩萨。弥勒菩萨尽其一生之后，在未来世降生娑婆世界，继释迦牟尼佛之后成佛，习俗相沿，也称其为弥勒佛。弥勒信仰是佛教的救世主信仰，以未来佛——弥勒菩萨为信仰对象。

430

铜弥勒菩萨坐像

年代　12 世纪
尺寸　高 18.8 厘米
收藏单位　故宫博物院

此为东北印度或西藏地区黄铜造像。弥勒菩萨身着袒右袈裟，左肩斜披络腋和圣索，腰与右腿系禅思带，在膝部打结，十分生动。高发髻，卷发如蛇，散落肩头，是弥勒作为苦修者的标志。发髻正中有佛塔，为弥勒的标志物。身体两边各有一莲枝，左莲花上置净瓶。游戏坐，下踏莲台。

431

铜弥勒佛坐像

年代　14 世纪
尺寸　高 23 厘米
收藏单位　故宫博物院

此为西藏西部黄铜造像。弥勒佛像常见的形式是垂足坐像，西方学者称之为西方坐式，以别于东方的盘足或跪坐式。在佛教诸神中，唯有弥勒佛为垂足坐。佛右手施说法印，左手禅定印，表现的是他在未来世界说法的形象。身着袒右袈裟，袈裟一角包裹右肩，为百衲衣式，在胸前背后所有的补丁中各刻罗汉一名，共十六罗汉，其余部分刻有各种花枝图案。

432

铜药师佛坐像

年代　14 世纪
尺寸　高 30.5 厘米
收藏单位　故宫博物院

此为西藏地区黄铜造像。佛全跏趺坐，右手持药果，左手托钵，眉间白毫为右旋式，螺发，肉髻，戴五叶冠，发髻顶饰摩尼宝。着袒右袈裟，衣褶为地台式，层层起褶。

药师佛，又作药师如来、药师琉璃光如来，为东方净琉璃世界之教主。据称，若有人身患重病，生命垂危，昼夜尽心供养礼拜药师佛，诵读药师如来本愿功德经便可以痊愈。所以，药师佛的功能与其他佛的不同之处在于能救人于垂死，治愈各种疾病。但也并非局限在这种功利于现世利益的工作，仍然履行佛教众神的共同职责，即救拔众生出离地狱恶趣，转生佛国。

四 菩萨

433

铜四臂观音菩萨坐像

年代 7—8世纪
尺寸 高15.5厘米
收藏单位 故宫博物院

此为斯瓦特黄铜造像。观音菩萨一面四臂，为密教变化身。头戴三叶宝冠，冠叶宽大，正中有无量光佛。左上手与右上手的持物已失，右下手掌有残断痕迹，可能是莲枝。左下手持净瓶。

观音菩萨，又称为观自在菩萨、观世音菩萨，是佛教最受欢迎的尊神。据传说，他生于阿弥陀佛观想中的一道白光，以广大的慈悲胸怀救济众生，代表了菩萨神格里最为核心的部分而成为佛教最重要的神祇。

434

铜思维观音菩萨坐像

年代 8—9世纪
尺寸 高17.5厘米
收藏单位 故宫博物院

此为斯瓦特黄铜造像。观音菩萨头戴三叶冠，正中冠叶前有无量光佛形象。右手抬起，食指伸出指头部，头微右侧，作思维相，长发披肩，可能是观音修行的姿态。左手捧莲枝，天衣随意披在左肩，长裙裹双腿。台座是一种用藤枝编成的坐具，可能是佛经所云苦修者所坐藤床或藤椅的形式。

435

铜思维观音菩萨坐像

年代　8—9 世纪
尺寸　高 14.3 厘米
收藏单位　故宫博物院

此为斯瓦特黄铜造像。观音菩萨头戴化佛宝冠，发髻在头顶束成扇形。袒上身，肩披帛带，腰下束裙。右臂弯曲支在右腿上，呈思考状，左手持莲枝。菩萨面相秀美，坐姿舒展。下承双狮方座，底座前刻有梵文题记。

铜思维观音菩萨坐像

年代　10—11 世纪
尺寸　高 15 厘米
收藏单位　故宫博物院

此为克什米尔黄铜造像。观音菩萨束高发髻，发髻正中有化佛。袒上身，左肩披仁兽络腋，腰下束裙。右手上支，左手持莲，左舒坐。下承仰覆莲座，身后饰镂空火焰纹背光，套连的葫芦形头光与身光。

437

铜同侍从观音菩萨立像

年代　10—11 世纪
尺寸　高 15 厘米
收藏单位　故宫博物院

此为克什米尔黄铜造像。观音菩萨左手持长莲枝，右手施无畏印，发髻中坐无量光佛。左肩到右肋系仁兽络腋，暗示了观音菩萨苦修者的本色和他神格中威猛的特点，下身着短裙。头光为卵形，四周火焰纹。身边侍从两位度母，也有同样的头光，双手合十，持长莲枝，作三折姿而立，侧身向观音菩萨，施礼敬印。

438

铜四臂观音菩萨立像

年代　11—12 世纪
尺寸　高 15.8 厘米
收藏单位　故宫博物院

此为东北印度黄铜造像。观音菩萨三折姿而立，右下手施与愿印，右上手持念珠，左下手持莲枝，左上手持般若经卷。发髻正中有无量光佛。背光为红铜，火焰纹背光与造像风格不和谐，疑为后配。

四臂观音菩萨又名六字观音，因为他的著名真言“嗡嘛呢叭咪吽”在梵文中是六个音节，故名。他的真言在西藏和整个藏传佛教区域广泛传播，他也因此获得了崇高的地位。

439

铜地藏菩萨坐像（附龛）

年代　9 世纪
尺寸　高 13.2 厘米
收藏单位　故宫博物院

此为尼泊尔黄铜造像。菩萨头戴三叶宝冠，上身袒露，戴项链、臂钏、手镯，前胸垂圣线。右手施无畏印，左手持摩尼宝穗，全跏趺坐。铜镏金佛龛为后来清宫制作，龛后刻有铭文：“南无地藏王菩萨摩诃萨，乾隆十七年六月初九日供奉。大利益梵铜琍玛地藏王菩萨，咸丰三年八月初一日自如是斋敬请，万代供奉虔诚顶礼敬皈依超苦海之众生同登极乐，御笔敬识。”铭文说明了此造像是乾隆、咸丰二帝亲自供奉的珍贵佛像。

佛典记载，地藏菩萨受佛嘱托在佛国圆寂后至弥勒成佛前这段无佛的时期内教化众生，然后成佛，他有“地狱未空，誓不成佛”的誓愿。

440

铜五字文殊菩萨坐像

年代　15 世纪
尺寸　高 44 厘米
收藏单位　故宫博物院

此为西藏西部黄铜造像，错嵌红铜、银。五字文殊菩萨高扁发髻，高五叶冠，冠叶以线条相连。右手施期克印，持长剑，左手未见持经卷，仅施三宝严印（拔济众生印）。身体左侧莲枝与肩齐平，莲花中置小经卷，左侧莲枝支撑右肘部。莲台上沿有双层细连珠纹，下沿有半单层大连珠纹。

文殊菩萨，或称文殊室利、曼殊室利等，是佛教智慧的象征，还被看作佛教智慧的保护神。从元代直到清代，在藏族人的观念中，北京的皇帝都是文殊菩萨在世间的转轮王化现，故称为“曼殊室利大皇帝”。所以文殊菩萨既是藏传佛教中的重要尊神，在宫廷佛教中也有不可替代的作用。

441

铜转法轮文殊菩萨坐像

年代　15 世纪
尺寸　高 43 厘米
收藏单位　故宫博物院

此为西藏西部黄铜造像，上嵌松石、珊瑚。文殊菩萨施转法轮印，游戏坐，右腿伸出，下踏小莲台。发髻高扁，头戴高五叶冠，冠叶间有线相连。面带微笑，头略左偏，与身体两侧莲枝的线条相应，散发出柔美的感觉。

五 女尊

442

铜绿度母坐像

年代 8—9 世纪
尺寸 高 18.2 厘米
收藏单位 故宫博物院

此为克什米尔黄铜造像。度母头戴宝冠，袒上身。右手放膝上，手中握一圆果实，左手持莲枝。游戏坐于独枝仰覆莲座上，姿态闲适。

度母，又译为多罗菩萨，或全译作救度佛母。度母在西藏家喻户晓，地位很高，被誉为“众神之母”。度母具有形象不定（泪与光的特征）、变化众多的特点。她直接继承了观世音菩萨慈悲的性格，同时兼具母性柔美温厚的特点，她在西藏的影响力绝不亚于观世音菩萨。度母众多形象中，最著名的有白、绿、红、蓝、黄五大化身。

443

铜绿度母立像

年代 13 世纪
尺寸 高 16.5 厘米
收藏单位 故宫博物院

此为尼泊尔黄铜造像。绿度母头戴三叶宝冠，袒上身，饰瓔珞，帛带绕右臂飘下。左手持莲枝，右手结与愿印，三折姿立于莲座上。附黄条：“大利益巴勒波琍玛绿救度佛母，乾隆三十九年九月十一日收，报上请来。”巴勒波是清代对尼泊尔的称呼。

绿度母因身体绿色而得名，是所有度母中最活跃、最重要者，也被称为“一切度母之源”。据说，绿度母是从观音菩萨的左眼所生。在佛教神系中，她被称为“三世佛之母”，具有拔济众生出苦难之功能。

444

铜同侍从白度母坐像

年代 12世纪
尺寸 高13厘米
收藏单位 故宫博物院

此为西藏或东北印度黄铜造像。造像中心坐白度母一尊，右手施与愿印，左手施三宝严印并持莲枝，半跏趺坐。左侧侍坐摩利支天，右侧侍坐独髻母，莲座下面为多折角方台座，侧下方跪坐供养人形象。

白度母，因白色身得名。由于她的面部有三只眼睛，手心、脚心各有一只眼睛，共七只眼睛，所以也被称为“七眼佛母”。据传说，白度母是从观音菩萨的右眼所生。白度母象征纯洁无瑕，佛教智慧的本质，也是长寿之神。在西藏，文成公主被认为是白度母的化身。

445

铜四臂般若佛母

年代 9世纪
尺寸 高13.2厘米
收藏单位 故宫博物院

此为尼泊尔黄铜造像。般若佛母全跏趺坐，一面四臂，正二手施禅定印捧钵，右上手持念珠，左手持般若经卷。单叶冠，卵形头光，左肩斜披络腋，左肩上卷曲的天衣垂落身后。附黄签：“大利益梵铜琍玛四臂般若佛母。乾隆四十二年五月二十九日收，达赖喇嘛进。”

般若佛母在佛教神系中占有很高的地位，她是一尊重要的佛教哲学概念般若（智慧）神格化的女尊，她是大乘佛教最重要的经典《般若波罗蜜多经》的人格化现。

446

铜同侍从孔雀佛母坐像

年代 8—9 世纪
尺寸 高 14 厘米
收藏单位 故宫博物院

此为克什米尔黄铜造像。孔雀佛母右手施与愿印，手中持珠宝，左手持长蛇，游戏坐于厚坐垫上。身后头光中有七蛇护持。右侧侍从菩萨交脚坐姿，双手持蛇置腿上，左侧侍从菩萨坐姿同主尊，头光中有一蛇头。方台正面有一宝瓶，瓶口有珠宝。附黄条："大利益梵铜同侍从孔雀佛母一尊。五十四年九月二十日收，热河请来。"

孔雀在佛教神系中被看作不空成就佛的化现。孔雀是蛇之天敌，因此孔雀佛母被赋予了保护人们免遭各种毒害的职能。

447

铜持世菩萨坐像

年代 11—12 世纪
尺寸 高 17.4 厘米
收藏单位 故宫博物院

此为尼泊尔红铜造像。持世菩萨戴单叶冠，冠叶上嵌红宝石和绿松石。一面六臂，右下手施与愿印，上手持珠宝串，最上手施礼佛印。左手分别持此尊最具特点的法器宝瓶、谷穗和般若经卷。天衣搭在左肩，游戏坐，莲台缺。

持世菩萨是度母的重要变化形象之一，是财富女神，她的名号意为"财富之河"。此外，她还有另外的神格，即知识女神，作为知识的化现形象，因此她手中常持经典。

448

铜金刚亥母立像

年代 12 世纪
尺寸 高 19.5 厘米
收藏单位 故宫博物院

此为东北印度黄铜造像。金刚亥母头戴骷髅冠，火焰发髻，头右侧有小猪头形象。右手持钺刀，象征清除人的一切愚昧，勾召真性智慧，左手托噶布拉碗。左臂夹持喀章嘎（一种无上瑜伽部母续最常见的法器）。拱门式背光，周围饰火焰纹，象征以女尊智慧的力量烧毁一切污垢魔障的隐蔽。左腿单腿立，踩踏人尸，象征战胜外在敌人。

金刚亥母在佛教神系中非常活跃，也是空行母一类尊神中非常重要的成员，她是上乐金刚的明妃。

449

铜空行母立像

年代 15 世纪
尺寸 高 22 厘米
收藏单位 故宫博物院

此为西藏地区红铜造像。空行母头戴五骷髅冠，三目圆睁，昂头仰视左手所托噶布拉碗，右手持钺刀。全身赤裸，胸前、腹部坠满璎珞，项挂骷髅鬘。身体呈弓步立姿，双脚践踏印度教神威罗瓦和黑夜女神。整个作品充满了力量和运动感。此像进入清宫后被供奉在银龛内，龛背后刻有题记：“乾隆四十四年十二月初一日，钦命章嘉胡土克图认看供奉利益番铜琍玛阴体空行佛母。”

六 护法

450

铜能胜三界金刚立像

年代 11世纪
尺寸 高22厘米
收藏单位 故宫博物院

此为西藏西部黄铜造像。金刚三头六臂，面相微怒。头戴三角形宝冠，顶立化佛。手持法器，右称左铃，其余各手举长剑、法轮、莲花。身后饰连珠火焰纹头光。黄条："大利益梵铜琍玛能胜三界金刚，四十七年十二月二十日收，达赖喇嘛进。"

藏传佛教密宗将双身佛中男性称为"金刚"或"明王"，代表牢固锐利，是守护佛法的天神。能胜三界金刚，梵文原意为三界的降伏者或三界之王。

451

铜黄布禄金刚坐像

年代 10—11世纪
尺寸 高13.8厘米
收藏单位 故宫博物院

此为尼泊尔地区红铜造像。此尊戴单叶冠，圆形耳珰。右手施与愿印持珠，左手持莲花。游戏坐于莲台上，左脚伸出，踏小莲台。清宫所系黄签云："利益番造黄布禄王金刚。三十五年八月初九日收，巴禄进。"巴禄是清代名臣班第之子，班第从乾隆十五年（1750）至二十年（1755）间一直驻藏。乾隆二十年（1755）班第战死新疆，巴禄袭爵。

布禄金刚也译为瞻婆罗、瞻巴拉或宝藏神，是藏传佛教中最著名的财神之一。

452

铜黄布禄金刚坐像

年代 13世纪
尺寸 高12.5厘米
收藏单位 故宫博物院

黄布禄金刚右手托柠檬果，左手托吐宝鼠，吐宝鼠口中吐出一串珠宝堆在莲台上。游戏坐于莲台上，右腿伸出，下踏海螺和宝瓶。海螺代表海里的珍宝，宝瓶也是盛满珍宝的容器。莲座下是一圆形台面，上面流动的线条应该代表海水。在印度传统中，海洋总是与珠宝密切关联。

453

铜宝帐护法立像

年代　15 世纪
尺寸　高 20.3 厘米
收藏单位　故宫博物院

此为西藏地区黄铜造像。宝帐护法是大黑天的变化身之一。此尊造像右手握钺刀，左手持噶布拉碗，双臂横置魔杖，双腿蹲踞，脚踏人尸。所持的杖在西藏传统上用于召集僧众集会，是古代佛寺号令的象征。他的项链、臂钏、手镯均以细密的连珠纹装饰。

454

铜马头金刚立像

年代　15 世纪
尺寸　高 20.5 厘米
收藏单位　故宫博物院

此为西藏地区黄铜造像。马头金刚为一面四臂，火焰发髻中有三个马头形象。左肩斜披长蛇，右上手持杵，下手持短刀。左上手持花（或羽毛），下手持金翅鸟。左展立姿，下踏长蛇。清宫所系黄签云："（残）克达穆琍玛大利益马头金刚。二十年十月二十五日收（残）。"这里的二十年应指乾隆二十年（1755）。

马头金刚来源于印度教，传入西藏后内容越来越丰富，变化越来越多，可以区分为宁玛派和格鲁派。

典籍篇

在中国历史上几乎每一个宫廷都拥有当时最为丰富完备的图书，并建有藏书楼。秦代的金匮、石室，汉代的兰台、东观，唐代的弘文馆，以及宋代的龙图阁等都是历史上著名的宫廷藏书楼。清虽为满族立国，但尊崇“帝土敷治，文教是先”，入关未几即“兴文教，崇经术以廾太平”，并逐步建立了完备的藏书体系。清宫文献旧藏以前朝皇室遗存为基础，同时皇室采取寓禁于征的策略，广汇天下图书于皇宫之中，囊括了自唐迄清一千余年间的传世典籍，故文献所藏承继前朝又远超前朝。

古人重藏书，但重心在一个“藏”字上，藏书基本秘不示人，宫廷藏书更是常人难以一观。相比前朝，清代宫中藏书处所则是星罗棋布，几乎无处无书。昭仁殿的天禄琳琅藏书，内阁大库的明代遗书，文渊阁藏《四库全书》、《古今图书集成》，摛藻堂的《四库全书荟要》，养心殿的《宛委别藏》，皇史宬的历代玉牒、圣训、实录，等等，这些都是宫中专设机构的藏书。另外，在宫内或者离宫别苑内，还有一些临时存放图书典籍的场所，比如翰林院、国史馆、方略馆及圆明园、避暑山庄、颐和园等处。

清宫内府及苑囿封闭而优良的收藏环境、石室金匮、楠阁檀橱、函匣锦套，确保了大批珍籍的保藏。此外，珍籍的保藏也归功于管理。清代对所藏图书的管理相对前朝更为规范。首先是编制了大量的书籍目录。如《天禄琳琅书目》是比较不错的提要、版本目录，时至今日也是研究者们经常使用的书目。其次是编制了大量的排架目录，有助于我们了解当时宫中藏书。此外，还有定期的清查、流通记录、移交点阅记录，以及出借和催还图书的记录等。

图册典籍，贯通古今，赓续文明。流传至今的清宫旧藏不仅是色彩斑斓的视觉盛宴，更是中华文明绵绵流传的重要载体。不但为我国保存了一批宝贵的宋元古籍，而且为我们研究当时的政治、经济、军事、文化提供了系统的、丰富的文献资料，更是研究清宫史和清代帝后文化生活不可多得的实物，弥足珍贵。

455

《扬子法言》

年代　宋淳熙八年（1181）
作者　（汉）扬雄撰
收藏单位　辽宁省图书馆

宋台州公使库刻本。扬雄著《扬子法言》以来，注家蜂起，代有其人。北宋仁宗时，司马光上疏请崇文院校正《荀子》、《扬子》、《文中子》、《韩子》，并送国子监刊行。神宗熙宁元年（1068），始刊而成，是为熙宁本，或称“国子监刻本”。靖康之乱，北宋官府所藏图书多为金人掳掠。是书乃南宋孝宗淳熙八年（1181），唐仲友在浙江台州据北宋国子监刻本（熙宁本）翻刻而成。清时，入藏昭仁殿，为天禄琳琅藏书。

揚子法言卷第一
李軌柳宗元注　宋咸吴祕司馬光重添注
雄見諸子各以其知舛馳（顔師古曰舛相背）大氐詆訾（顔曰大氐大歸也詆
訾毁也迂遠也析分也詭異也言諸子之書大歸皆非周孔之教爲巧辯異辭以攪亂時政也）聖人即爲怪迂析辯詭辭以撓世事雖小辯
終破大道而惑衆使溺於所聞而不自知
其非也及太史公記六國歷楚漢訖麟止
不與聖人同是非頗繆於經故人時有問

456

《汉隽》

年代　宋淳熙十年（1183）
作者　（宋）林钺撰
收藏单位　辽宁省图书馆

象山县学刻本。林钺选取《汉书》中古雅之文词语句，附颜师古对该文字词句的注释，析为50篇，分类排纂，每篇以篇首二字为名。虽有言“大可以详其事，次可以玩其词”，但亦有割裂字句、漫无端绪之憾。

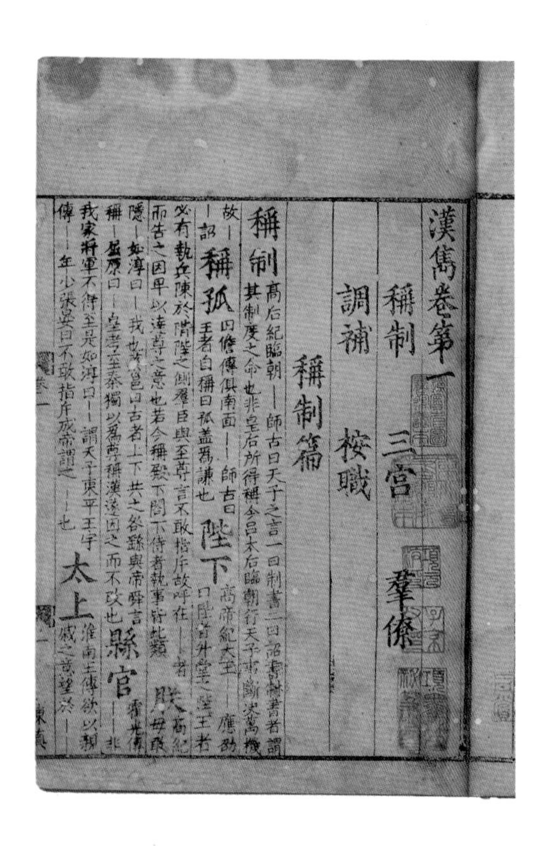
漢雋卷第一
稱制　三宫　羣僚
調補　桉職
稱制篇
稱制
稱孤
陛下
朕
太上
縣官

457

《童溪王先生易传》

年代　宋开禧元年（1205）
作者　（宋）王宗传撰
收藏单位　中国国家图书馆

刘日新三桂堂刻本。是书又名《童溪易传》，为王宗传致力易学研究之成果，对后世影响深远。三桂堂为南宋建阳望族刘氏刻书世家中的有名书肆，三桂堂刻本流传至今者凤毛麟角。是书清时入藏昭仁殿，为天禄琳琅藏书，几经名家递藏，印记琳琅，殊为珍稀。

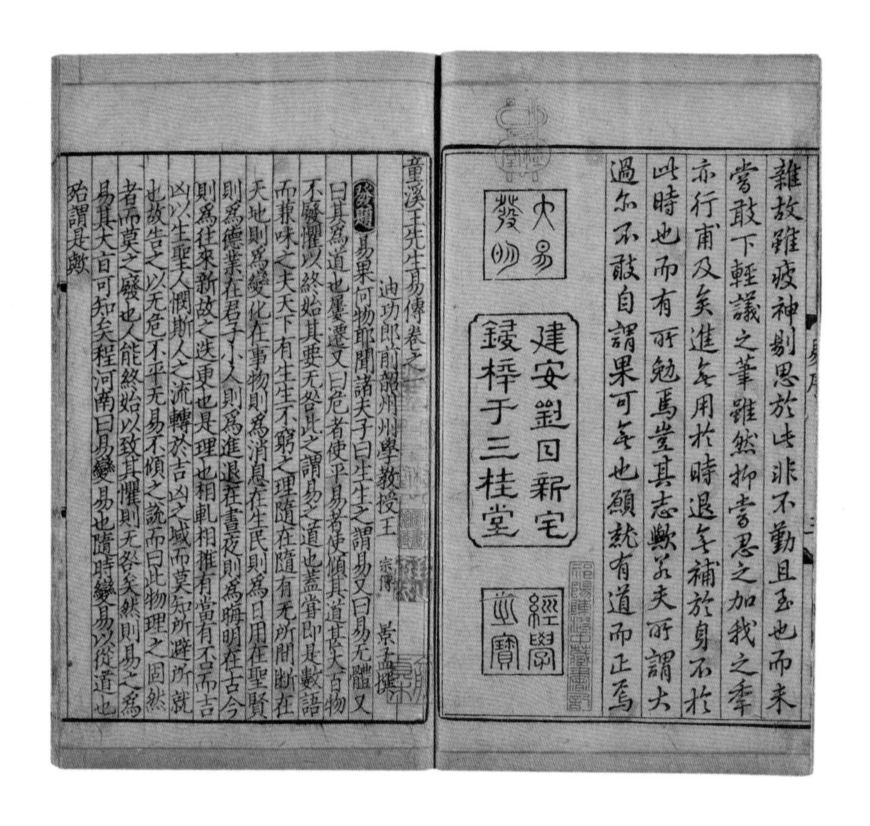

童溪王先生易傳卷之一
迪功郎前韶州州學教授王　宗傳　景孟撰
發題　易果何物耶聞諸夫子曰生生之謂易又曰易无體又
曰其為道也屢遷又曰危者使平易者使傾其道甚大百物
不廢懼以終始其要无咎此之謂易之道也蓋嘗即是數語
而兼味之夫天下有生生不窮之理隨在隨有无所間斷在
天地則為變化在事物則為消息在生民則為日用在聖賢
則為德業在君子小人則為進退在晝夜則為晦明在古今
則為往來新故之迭更也是理也相軋相推有當有不當而吉
凶以生聖人憫斯人之流轉於吉凶之域而莫知所避所就
也故告之以无危不平无易不傾之說而曰此物理之固然
者而莫之廢也人能終始以致其懼則无咎矣然則易之為
易其大旨可知矣程河南曰易變易也隨時變易以從道也
殆謂是歟

雜故雖疲神劇思於此非不勤且至也而未
嘗敢下輕議之筆雖然抑嘗思之加我之年
亦行甫及矣進無用於時退無補於身不於
此時也而有所勉焉豈其志歟若夫所謂大
過尔不敢自謂果可無也顧就有道而正焉

大易發明

建安劉日新宅鋟梓于三桂堂

458

《朱文公校昌黎先生集》

年代　宋绍定六年（1233）
作者　（唐）韩愈撰　（宋）朱熹考异
收藏单位　辽宁省图书馆

宋临江军学刻本。凡40卷，外集10卷，遗文1卷，海内孤本。中国国家图书馆存十五、十六两卷，恰好与辽宁省图书馆所存合璧，原为一帙散出。朱熹所校《昌黎先生集》自宋行世以来，流传极广，版本繁芜，至明代文字衍误严重。是书可校明清传本之讹误，文献和版本价值很高。清时，入藏昭仁殿，为天禄琳琅藏书。是书几经名家递藏，印记琳琅。

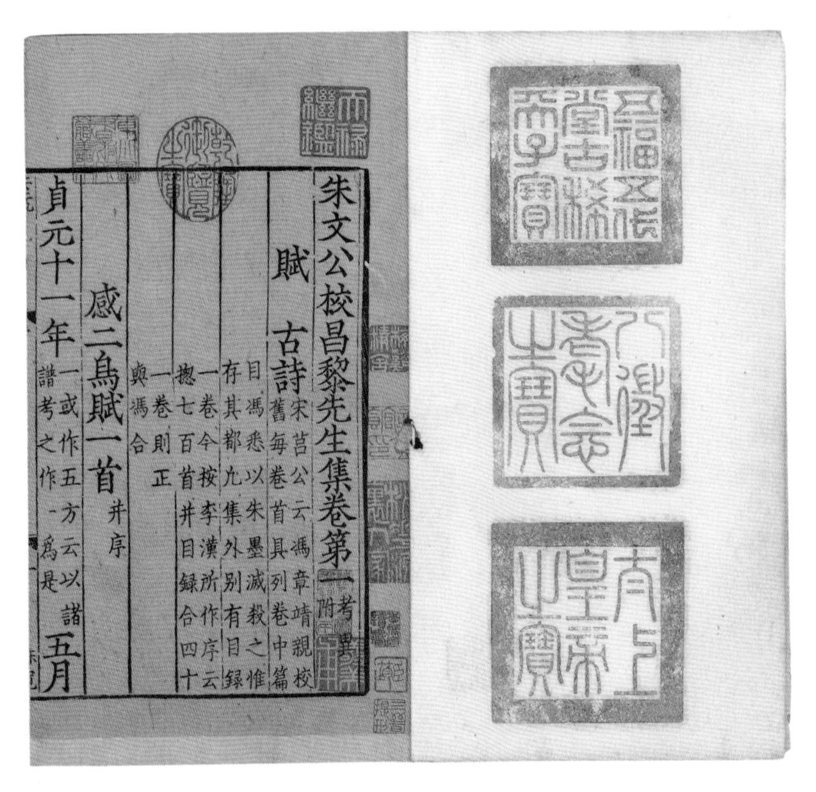

朱文公校昌黎先生集卷第一　考異附
賦　古詩　宋莒公云馮章靖親校舊每卷首具列卷中篇目馮悉以朱墨滅殺之惟存其都凡集外別有目錄一卷今按李漢所作序云摠七百首并目錄合四十一卷則正與馮合
感二鳥賦一首　并序
貞元十一年　一或作五方云以諸譜考之作一為是　五月

459

《礼记》

年代 宋

作者 （汉）郑玄注

收藏单位 辽宁省图书馆

宋蜀刻大字本，凡20卷，为郑玄单注本。辽宁省图书馆存一至五卷，中国国家图书馆存六至二十卷，原为一帙。清时，入藏昭仁殿，为天禄琳琅藏书。本书属精雕初印，版式精美，为蜀刻大字本之上品。

460

《韵补》

年代 宋

作者 （宋）吴棫撰

收藏单位 辽宁省图书馆

宋刻本，凡5卷。卷一为上平声，卷二为下平声，卷三为上声，卷四为去声，卷五为入声。是一部综合运用《诗》、《易》、《楚辞》以后50种作品的韵文、韵语材料来考求古韵的专著。凡古人用韵与今韵不合的，吴氏都分别作了自己的解释。吴氏把古韵分为九类，在其心目中，这九类就是古人大致的押韵规范。是书在音韵学史上占有重要地位。

禮記卷第一
曲禮上第一 禮記 鄭氏注
曲禮曰毋不敬 禮主於敬 儼若思 儼矜莊貌人之坐思貌必儼然 安定辭 審言語也易曰言語者君子之樞機 安民哉 此上三句可以安民說曲禮者美之云耳
敖不可長欲不可從志不可滿樂不可極 四者慢遊之道桀紂所以自禍
賢者狎而敬之 狎習也近也習其所行也月令曰雖有貴戚近習
畏而愛之 心服曰畏曲禮曰 子曰吾先子之所畏
愛而知其惡憎而知其善 謂凡與人交不可以

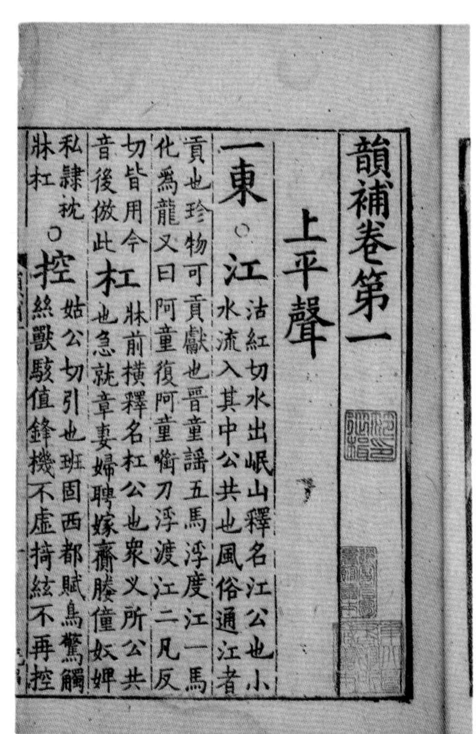
韻補卷第一
上平聲
一東 ○江 沽紅切水出岷山釋名江公也小水流入其中公共也風俗通江者貢也珍物可貢獻也晉童謠五馬浮度江一馬化為龍又曰阿童復阿童嘴刀浮渡江二凡反切皆用今音後倣此
杠 牀前橫釋名杠公也衆叉所公共也急就章妻婦聘嫁齋媵僮奴婢私隸枕牀杠
○控 姑公切引也班固西都賦鳥驚觸絲獸駭值鋒機不虛掎弦不再控

《春秋意林》

年代　宋

作者　（宋）刘敞撰

收藏单位　辽宁省图书馆

宋刻本，凡二卷。刘敞为北宋学术大师，长于《春秋》之研究，不拘泥于传注，开创宋人评论汉儒之先河，著有《春秋意林》、《春秋传》、《春秋权衡》等。是书体裁似随笔札记，世人推测为刘敞未竟之稿。虽佶屈聱牙，卒难句读，但保存了《春秋权衡》未及详细讨论之问题，仍有一定的学术价值。此书曾为明懿文太子朱标所藏，后屡经名家递藏，清时入藏昭仁殿，为天禄琳琅藏书，印记琳琅，殊为珍稀。

《续资治通鉴长编》

年代　宋

作者　（宋）李焘撰

收藏单位　辽宁省图书馆

宋刻本，凡108卷。李焘仿司马光《资治通鉴》之例编撰《续资治通鉴长编》，纪事起自建隆，迄靖康，凡九朝，168年历史。李焘分五次进呈朝廷，共计1063卷。因卷帙浩繁，传写刊刻不易，宋时并未全刻。《续资治通鉴长编》流传至今最全的是四库馆臣从《永乐大典》辑录的七朝520卷本。是书所刻乃太祖、太宗、真宗、仁宗、英宗五朝事，故又称为“五朝本”。五朝本不但保留了原书以卷分纪的分卷格式，还保留了原书对西夏、辽等国的人名、地名、官名的称谓，具有重要的历史文献价值和版本价值。清时入藏昭仁殿。

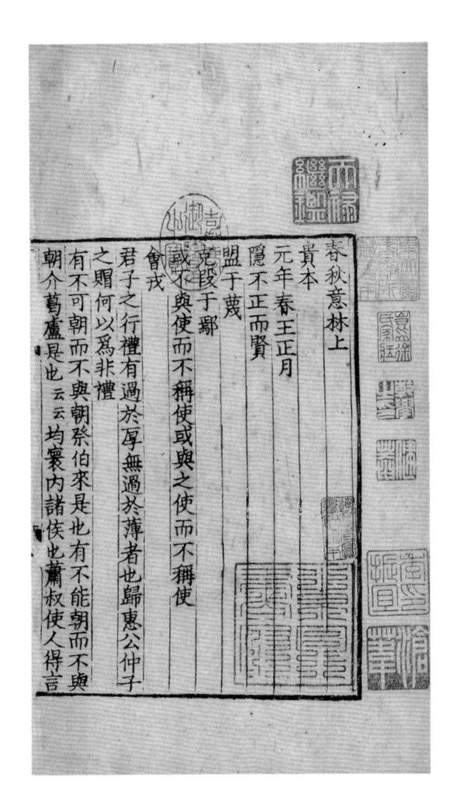

春秋意林上
貫本
元年春王正月
隱不正而賢
盟于蔑
克段于鄢
或不與使而不稱使或與之使而不稱使
會戎
君子之行禮有過於厚無過於薄者也歸惠公仲子
之賵何以爲非禮
有不可朝而不與朝祭伯來是也有不能朝而不與
朝介葛盧是也云云均囊内諸侯也蕭叔使人得言

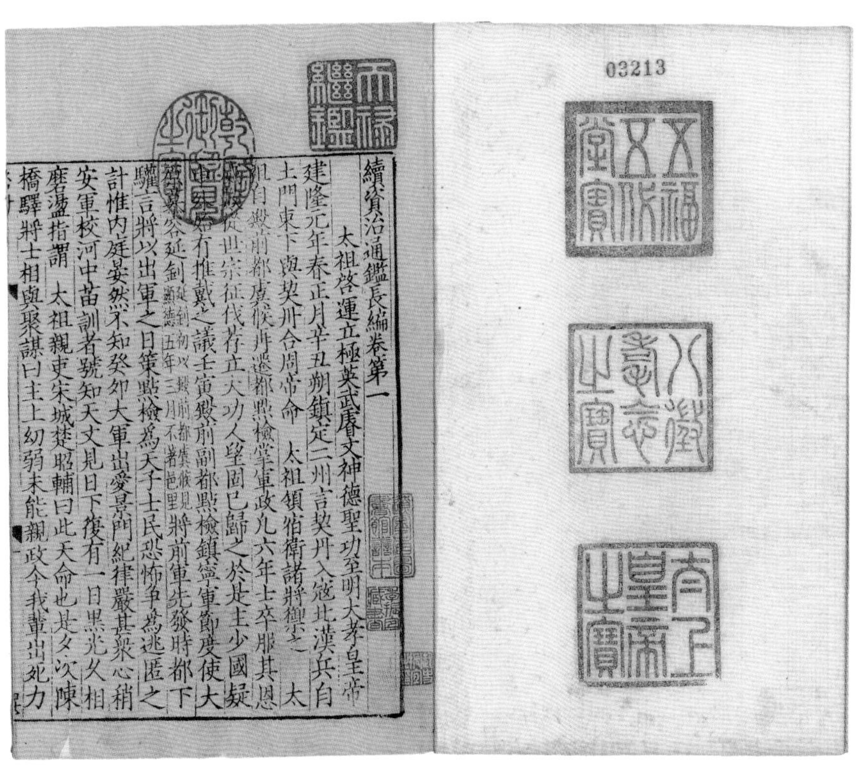

續資治通鑑長編卷第一
太祖啓運立極英武睿文神德聖功至明大孝皇帝
建隆元年春正月辛丑朔鎮定二州言契丹入寇北漢兵自
土門東下與契丹合周帝命　太祖領宿衛諸將禦之　太
祖自殿前都虞候再遷都點檢掌軍政凡六年士卒服其恩
[illegible]從世宗征伐荐立大功人望固已歸之於是主少國疑
[illegible]始有推戴之議壬寅殿前副都點檢鎮寧軍節度使大
[illegible]慕容延釗[illegible]將前軍先發時都下
讙言將以出軍之日策點檢爲天子士民恐怖爭爲逃匿之
計惟内庭晏然不知癸卯大軍出愛景門紀律嚴甚衆心稍
安軍校河中苗訓者號知天文見日下復有一日黑光久相
磨盪指謂　太祖親吏宋城楚昭輔曰此天命也是夕次陳
橋驛將士相與聚謀曰主上幼弱未能親政今我輩出死力

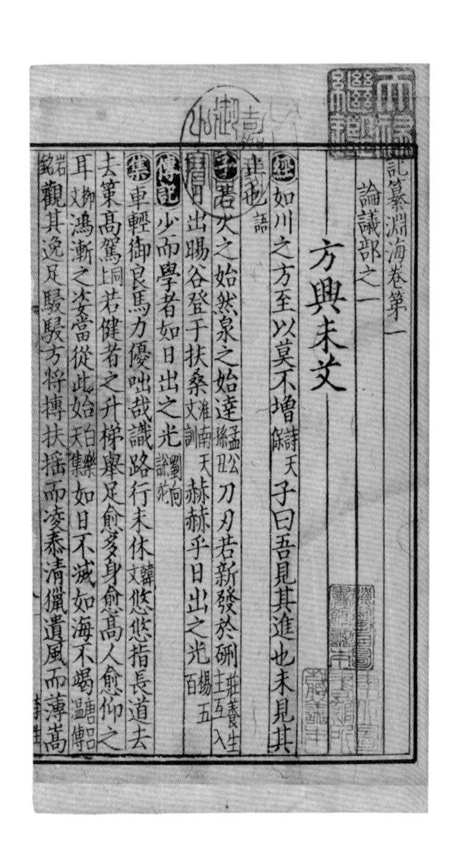
記纂淵海卷第一
論議部之一
方輿未文
經 如川之方至以莫不增 子曰吾見其進也未見其止也
子 若火之始然泉之始達 刀刃若新發於硎
傳 出暘谷登于扶桑 赫赫乎日出之光
記 少而學者如日出之光
集 車輕御良馬力優咄哉識路行未休 悠悠指長道去去策高駕 若健者之升梯舉足愈多身愈高人愈仰之耳 鴻漸之姿當從此始 如日不滅如海不竭
銘 觀其逸足驟駸方將搏扶搖而凌泰清獵遺風而薄

463

《记纂渊海》

年代　宋
作者　（宋）潘自牧辑
收藏单位　辽宁省图书馆

宋刻本，凡195卷，目录1卷。宋刻本分22部：论议部36卷、性行部43卷、识见部22卷、人伦部10卷，人道部4卷，人情部6卷，人事部14卷，人己部2卷，物理部1卷，叙述部7卷，接物部4卷，问学部4卷，言语部3卷，政事部3卷，名誉部6卷，著述部5卷，生理部5卷，丧奠部4卷，兵戎部3卷，释部3卷，仙道部3卷，阃仪部7卷，合为195卷。《记纂渊海》流传至明，曾经胡维新、陈文燧为之补注，厘为百卷。万历七年（1579）王嘉宾为之刊刻，部类编排上与宋刻相去甚远。清时入藏昭仁殿，为天禄琳琅藏书。

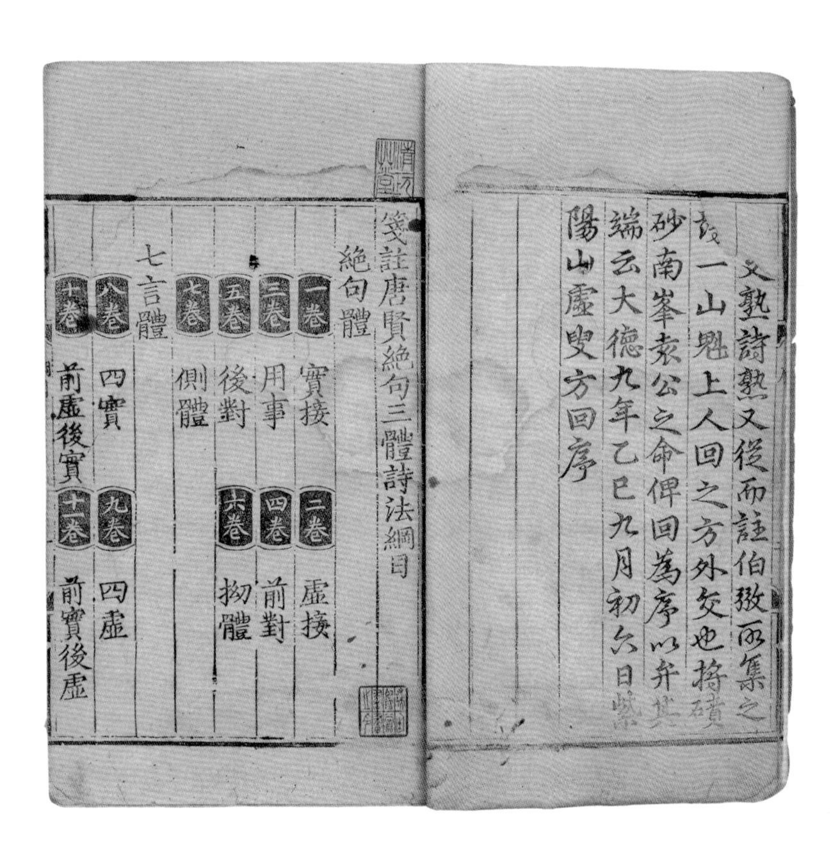
箋註唐賢絕句三體詩法綱目
絕句體
一卷 實接　二卷 虛接
三卷 用事　四卷 前對
五卷 後對　六卷 拗體
七卷 側體
七言體
八卷 四實　九卷 四虛
十卷 前虛後實　十一卷 前實後虛

文孰詩熟又從而註伯㢸所集之詩一山魁上人回之方外交也持示砂南峯袁公之命俾回為序以弁其端云大德九年乙巳九月初六日紫陽山虛叟方回序

464

《笺注唐贤绝句三体诗法》

年代　元大德九年（1305）
作者　（宋）周弼选编　（元）释圆至注
收藏单位　故宫博物院

元刻本，凡20卷。书首刻纲目。书中内容分为三部分：卷一至卷七是绝句体；卷八至卷十三是七言律；卷十四至卷二十为五言律，并按作诗的技巧方法予以细分。此书是作近体诗的基本知识与技巧方法，清人叶德辉称："盖此书在元、明两朝三家村授徒课本，颇自风行。"后明朝翻刻、覆刻本甚多，有明嘉靖吴春刻本、明火钱刻本、明经厂本和明书坊刻本。而最为珍贵的祖本乃此元大德本。

465

《春秋诸传会通》

年代　元至正十一年（1351）
作者　（元）李廉辑
收藏单位　故宫博物院

虞氏明复斋刻本，凡 24 卷。此书是资料荟萃的学术著作，辑宋代春秋学诸家传注，以供世人参考。作者本人的见解作为按语条理分明，叙述得极为清楚，学术态度十分严谨。清时入藏昭仁殿，为天禄琳琅藏书。

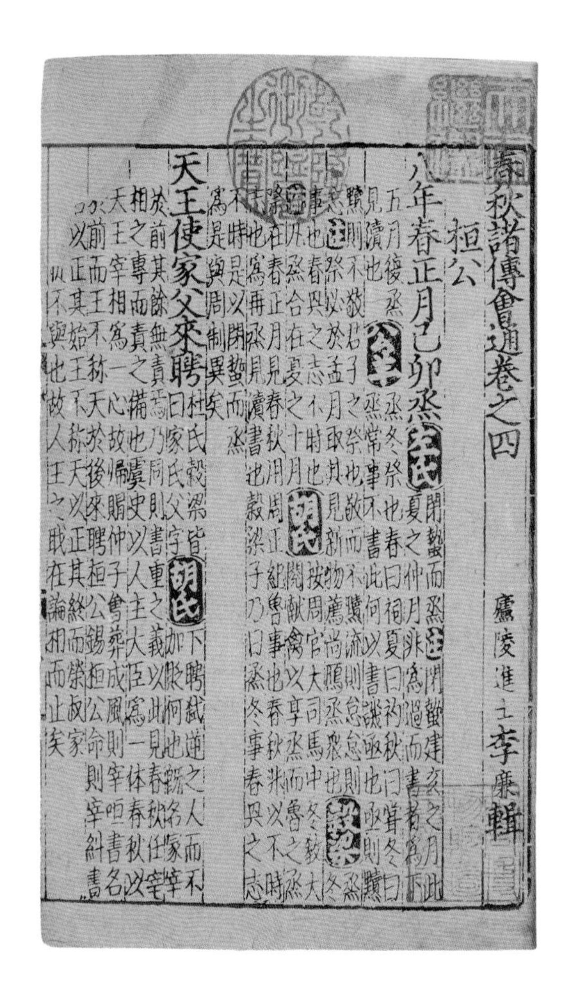

春秋諸傳會通卷之四

廬陵進士李廉輯

桓公

八年春正月己卯烝

天王使家父來聘

466

《大方广圆觉修多罗了义经》

年代　元至正十三年（1353）
作者　（唐）沙门佛陀多罗译
收藏单位　故宫博物院

元至正十三年（1353）苏州海云禅寺据赵孟頫手书刻本，凡一卷。此经的内容，是佛为文殊、普贤等 12 位菩萨宣说如来圆觉的妙理和观行方法。此经为赵孟頫于元延祐七年（1320）正月廿七日为其夫人管道升超度荐福所写，并施于苏州海云寺。元至正十二年（1352），海云寺住持大延多方化缘集资，择名工摹勒赵孟頫手书经卷上版雕镌。版雕既竣，尚无资刷印，于是信士顾德懋等自愿捐资刷印 100 部以广流传。

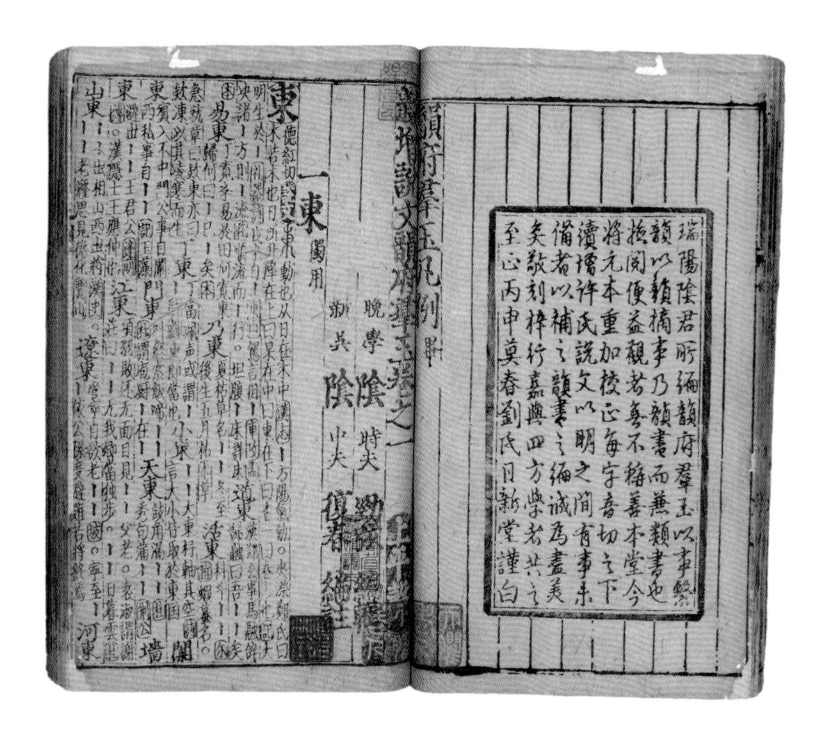

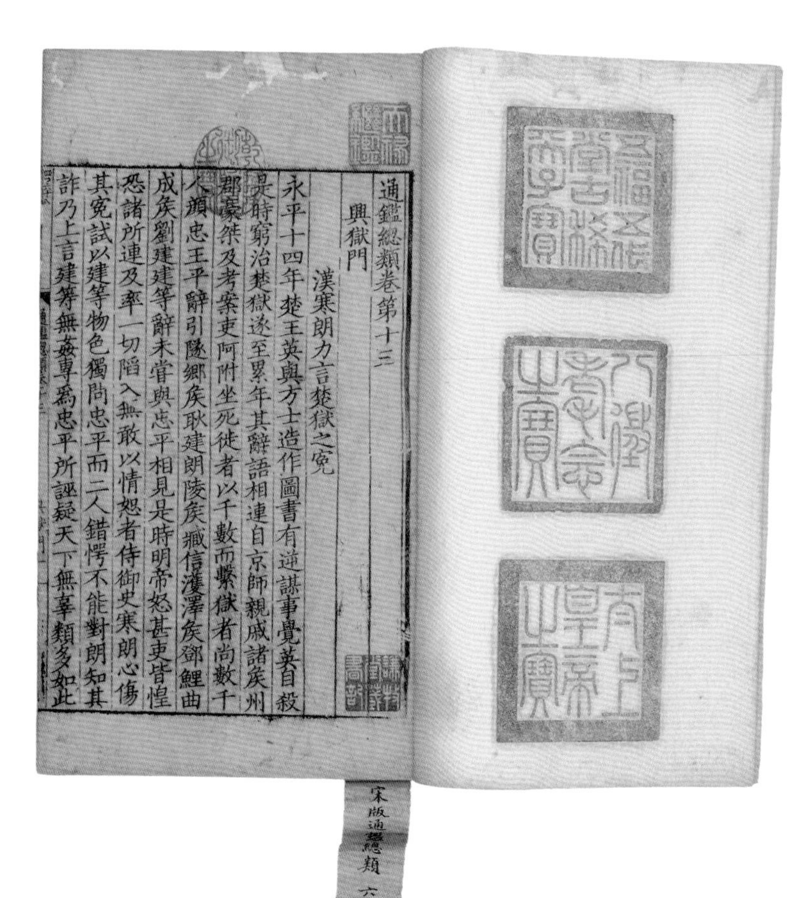

467

《新增说文韵府群玉》

年代　元至正十六年（1356）
作者　（元）阴时夫辑　（元）阴中夫注
收藏单位　辽宁省图书馆

刘氏日新堂刻本，凡20卷。此书是部韵书，也是一部类书。全书按韵编排，以每个词语最后一字归韵。其涉及内容广泛，包括音切、散事、事韵、活套、卦名、书篇、诗篇、年号、岁名、地理、人名、姓氏、草木、禽兽、鳞介、昆虫、曲名、乐名等。此书在中国音韵史上占有极其重要的地位。

468

《通鉴总类》

年代　元至正二十三年（1363）
作者　（宋）沈枢辑
收藏单位　故宫博物院

元杭州吴郡庠刻本，凡20卷。此书取材于司马光的《资治通鉴》，按照事类编纂，分为271门类。按照时代的先后顺序，兼采用司马光的议论，便于读者了解司马光对所取事迹的看法，文辞简练，便于读者查阅。《通鉴总类》的南宋刻本今已不传。杭州郡庠刻本存世亦极稀。清时入藏昭仁殿，是天禄琳琅藏本。

469

《叠山先生批点文章轨范》

年代　元
作者　（宋）谢枋得选注
收藏单位　故宫博物院

元刻本，凡7卷。谢枋得号叠山，故名《叠山先生批点文章轨范》。全书选录汉、晋、唐、宋之文共69篇。卷一至卷二为“放胆文”，卷三至卷七为“小心文”，几乎每篇文章均批注圈点。其中卷六《岳阳楼记》，卷七《祭田横文》、《上梅直讲书》、《三槐堂铭表忠观碑》、《后赤壁赋》、《阿房宫赋》、《送李应归盘古序》，七篇只有圈点而无批注。《前出师表》、《归去来辞》两篇则圈点皆无。

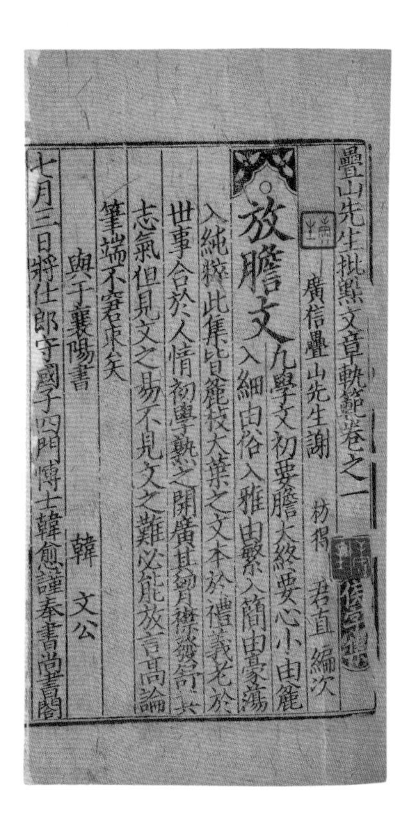
疊山先生批點文章軌範卷之一
廣信疊山先生謝 枋得 君直 編次
放膽文 凡學文初要膽大終要心小由麄入細由俗入雅由繁入簡由豪蕩入純粹此集皆麄枝大葉之文本於禮義老於世事合於人情初學熟之開廣其胸襟發舒其志氣但見文之易不見文之難必能放言高論筆端不窘束矣
與于襄陽書 韓 文公
七月三日將仕郎守國子四門博士韓愈謹奉書尚書閣

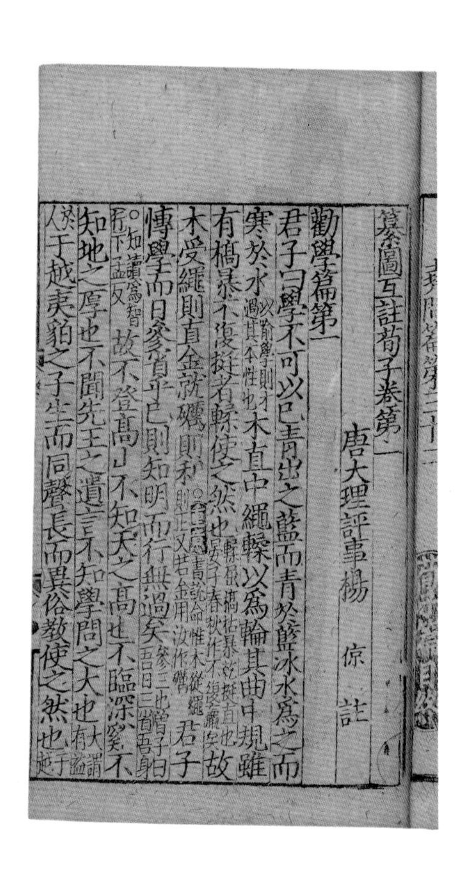

纂圖互註荀子卷第一

唐大理評事楊　倞　註

勸學篇第一

君子曰學不可以已青出之藍而青於藍冰水爲之而寒於水（以喻學則才過其本性也）木直中繩輮以爲輪其曲中規雖有槁暴不復挺者輮使之然也（輮屈槁枯暴乾挺直也晏子春秋作不復贏矣）故木受繩則直金就礪則利（○重意 書說命惟木從繩則正又若金用汝作礪）君子博學而日參省乎己則知明而行無過矣（參三也曾子曰吾日三省吾身）（○知讀爲智行下孟反）故不登高山不知天之高也不臨深谿不知地之厚也不聞先王之遺言不知學問之大也（大謂有益於人）干越夷貊之子生而同聲長而異俗教使之然也

470

《纂图互注荀子》

年代　元
作者　（唐）杨倞注
收藏单位　辽宁省图书馆

元刻明修本，凡20卷。《荀子》是战国后期儒家学派最重要的著作，现存32篇。宋元时期的科举以经义取士，由于经书、诸子书的内容往往艰涩难懂，书贾坊肆为了迎合学子的需求，便雕印带有"纂图"、"互注"、"重意"和名家注释之书。杨倞为《荀子》作注，是流传至今《荀子》的最早注本。

471

《历代道学统宗渊源问对》

年代　明成化四年（1468）
作者　（明）黎温编
收藏单位　故宫博物院

刘氏日新堂刻本，凡12卷。此书内容是儒家学者对先贤圣哲的思想及学说进行的整理性的叙录，属一家之说，其时间上起轩辕，下至明成化四年（1468）。此本流传极为罕见，《中国古籍善本书目》著录仅此一部。

472

《十七史详节》

年代　明正德十一年（1516）
作者　（宋）吕祖谦辑
收藏单位　故宫博物院

慎独斋刻本，凡274卷：史记20卷，西汉书30卷，东汉书30卷，三国志20卷，晋书30卷，南史25卷，北史28卷，隋书20卷，唐书60卷，五代史10卷，目录1卷。吕祖谦乃宋代著名学者，主张经史结合，充分重视史学。是书即吕祖谦读史书时删节备检之本，不仅是经典的简易读物，也是研究和了解吕祖谦本人的重要文献。

東萊先生史記詳節序
建陽　木石山人劉弘毅　刊行
正義序
史記者漢太史公司馬遷作遷生龍門耕牧河山之陽南遊江淮講
學齊魯之郡紹太史繼春秋括文魯史而包左氏國語釆世本戰國
策而撫楚漢春秋貫紬經傳旁搜子史上起軒轅下暨天漢作十二
本紀帝王興廢悉詳三十世家君國存亡畢著八書贊陰陽禮樂十
表定代系年封七十列傳忠臣孝子之誠備矣筆削冠於史籍題目
足於經邦裴駰服其善序事理辯而不華質而不俚其文直其事核
不虛美不隱惡故謂之實錄自劉向楊雄皆稱良史之才況墳典湮
滅簡冊闕遺比之春秋言辭古質方之兩漢文省理幽守節涉學三
十餘年六籍九流地里蒼雅銳心觀採評史漢詮衆訓釋而作正義
郡國城邑委曲申明古典幽微竊探其美索理允愜次舊書之旨兼

473

《皇明文衡》

年代　明嘉靖八年（1529）
作者　（明）程敏政编
收藏单位　故宫博物院

郑氏宗文堂刻本，凡100卷。悉从《玉台新咏》之例，全书分为38体，包括代言、赋、骚、乐府、琴操、表笺、奏议、论说、解、辩、原、箴、铭、颂、赞、策问、问对、书、记、序、题跋、杂著、行状、神道碑、墓志、墓表、祭文、字说等。内容比较芜杂，并多台阁体风韵，颇能反映明初文风。

皇明文衡序
嘉靖戊子歲
宗文堂新刊

474

《集古印谱》

年代　明万历三年（1575）
作者　（明）顾从德辑
收藏单位　故宫博物院

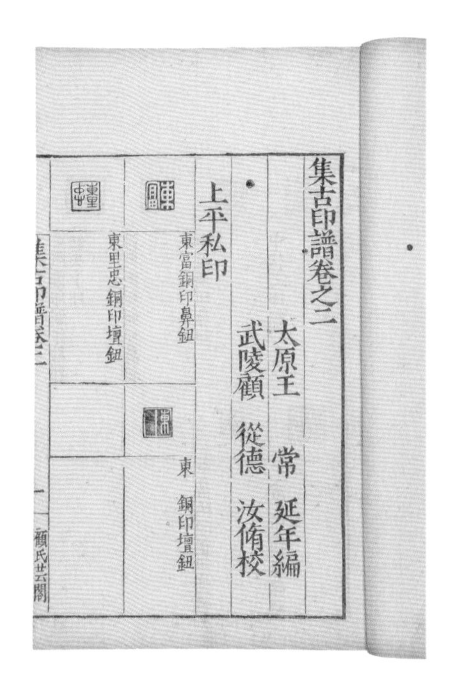
集古印譜卷之二
太原王　常　延年編
武陵顧　從德　汝脩校
上平私印
東富　銅印鼻鈕
東　銅印壇鈕
東里忠　銅印壇鈕
集古印譜卷之二　一　顧氏芸閣

朱墨印刻本，凡6卷。《集古印谱》是顾从德在《顾氏集古印谱》的基础上扩充而成的。此印谱集印1800方，其中玉印160余方，铜印1600余方，均为先秦和汉代的官、私印。官印以官职为次，私印以四声韵为序，复姓类附于后，将不识的先秦古印、吉语印和肖形印等列于最后。每印皆附简单的考释并标示纽式和印材。此印谱为现存最早的依原印镌刻的铜玉印谱，保存了古印的面貌，开创了依秦汉原印刻印成谱的先河。编辑体例一直为以后编辑印谱者所效仿。它在印坛的影响超出了历史上任何一种集古印谱，为秦汉印的研究人员提供了精良的范本，同时对古代官制、地理、姓氏和史事的探索都有珍贵的参考价值。

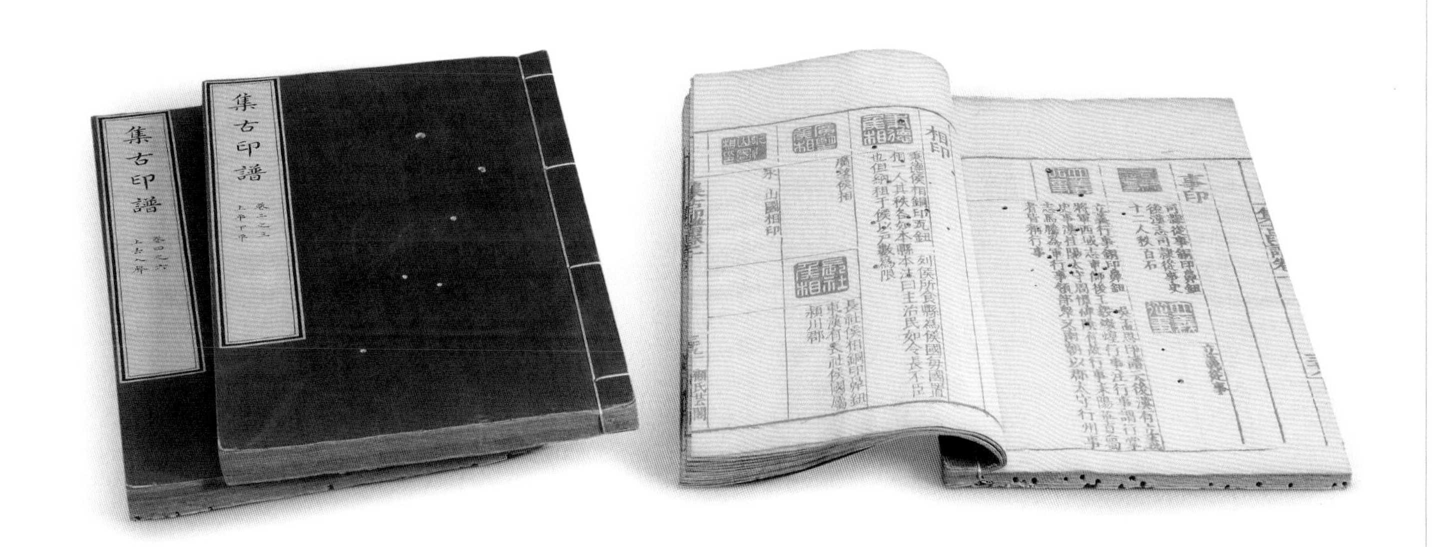

475

《劝戒图说》

年代　明万历二十二年（1594）
作者　（明）邹迪光撰
收藏单位　故宫博物院

书林安正堂刻本，凡4卷。此书是作者为官期间所编撰，是面向广大百姓的普及性读物，主要宣扬向善之美德。是书共有版画200幅，采用民间喜闻乐见的图绘，配以文字，编辑刊印。图画线条简洁，刀法朴拙，颇具建安版画风格。

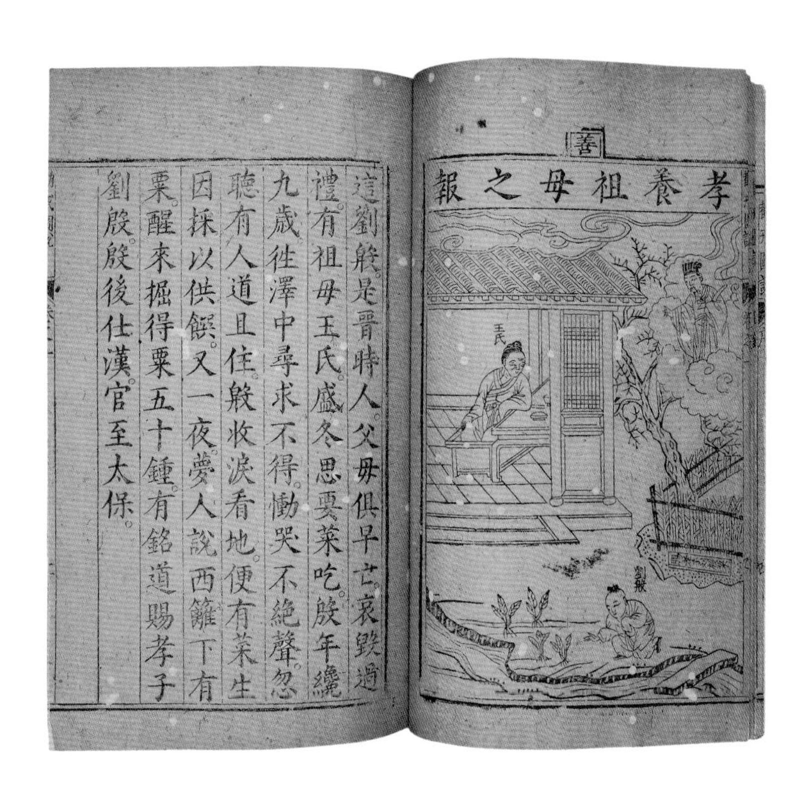

道。劉殷是晉時人。父母俱早亡，哀毀過禮。有祖母王氏，盛冬思要菜吃。殷年纔九歲，往澤中尋求不得，慟哭不絕聲。忽聽有人道且住。殷收淚看地，便有菜生，因採以供餵。又一夜夢人說西籬下有粟，醒來掘得粟五十鍾，有銘道賜孝子劉殷。殷後仕漢，官至太保。

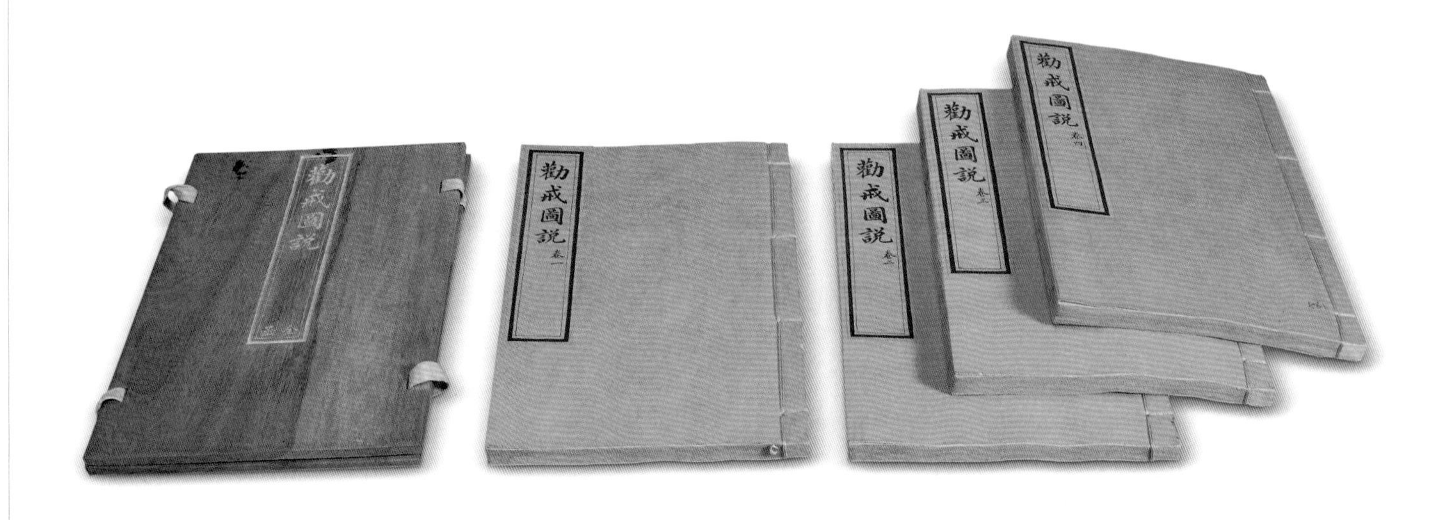

476

#《三才图会》

年代 明万历三十五年（1607）
作者 （明）王圻 （明）王思义辑
收藏单位 故宫博物院

槐荫草堂刻本，凡 106 卷。又名《三才图说》，类书。书分 14 门，依次为天文、地理、人物、时令、宫室、器用、身体、文史、人事、仪器、珍宝、衣服、鸟兽、草木。取材广泛，所记事物先有绘图，后有论说，图文并茂，相为印证。为形象地了解和研究明代的宫室、器用、服制和仪仗制度等提供了大量资料，可谓一部明代的“百科全书”。

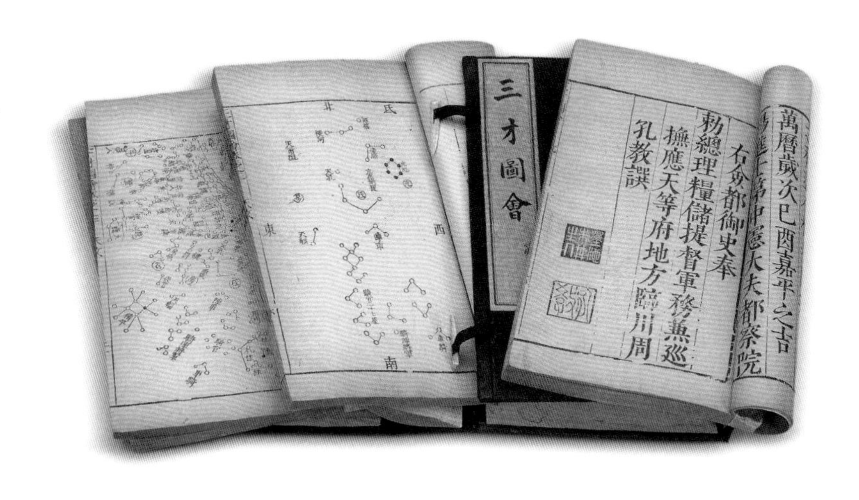

#《金刚般若波罗蜜经》

年代 明万历四十八年（1620）
作者 （后秦）鸠摩罗什译
收藏单位 故宫博物院

文震孟写本，凡一卷。《金刚般若波罗蜜经》亦称作《金刚经》，是流传广泛、影响深远的大乘佛教经典。金刚，指最为坚硬的金属，喻指勇猛地突破各种关卡，让自己能够顺利地修行证道；般若，为梵语“妙智慧”一词的音译；波罗，意为完成（旧译：到达彼岸）；蜜，意为无极；经者，径也，学佛成佛之路。全名指照此经修持能成就金刚不坏之本质，修得悟透佛道精髓智慧。

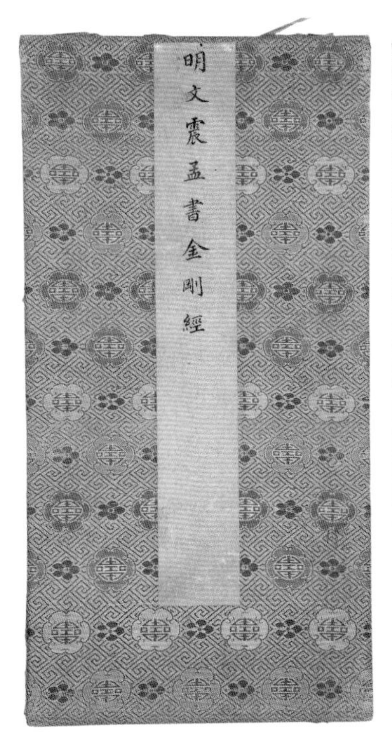

何降伏其心佛言善哉善哉須菩提如汝所說
如來善護念諸菩薩善付囑諸菩薩汝今諦聽
當為汝說善男子善女人發阿耨多羅三藐三
菩提心應如是住如是降伏其心唯然世尊願
樂欲聞

大乘正宗分第三

佛告須菩提諸菩薩摩訶薩應如是降伏其心
所有一切眾生之類若卵生若胎生若濕生若
化生若有色若無色若有想若無想若非有想
若非無想我皆令入無餘涅槃而滅度之如是
滅度無量無數無邊眾生實無眾生得滅度者
何以故須菩提若菩薩有我相人相眾生相壽

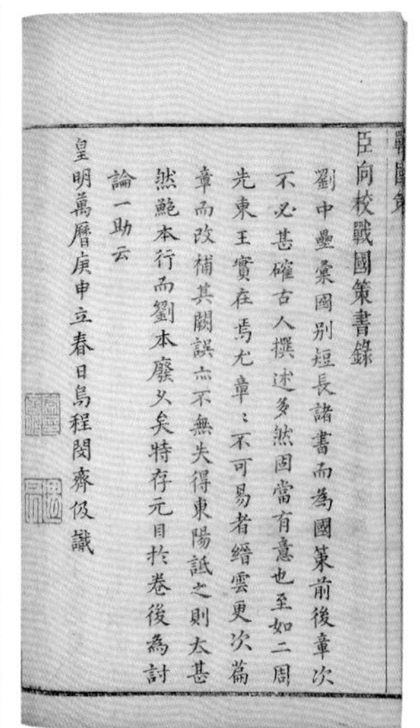
戰國策

臣向校戰國策書錄

劉中壘彙國別短長諸書而為國策前後章次不必甚確古人撰述多然固當有意也至如二周先東王實在焉尤章章不可易者縉雲更次篇章而改補其闕誤亦不無失得東陽誠之則太甚然鮑本行而劉本廢久矣特存元目於卷後為討論一助云

皇明萬曆庚申立春日烏程閔齊伋識

478

《战国策》

年代　明万历四十八年（1620）

作者　（明）闵齐伋裁注

收藏单位　故宫博物院

闵齐伋刻三色套印本，凡 12 卷，附元本存目 1 卷。《战国策》是一部国别体史书，主要记述了战国时期的纵横家的政治主张和策略，是研究战国历史的重要典籍。作者已无考，西汉末刘向编定为 33 篇，书名亦为刘向所拟定。此本采用套印技法，书眉以朱、黛、墨三色评注各本字句之异同，行间亦加以点评，正文圈点亦用朱、黛、墨三色，便于阅读，是当时高超套印技术的反映。

479

《礼记集注》

年代　明
作者　（元）陈皓编
收藏单位　故宫博物院

明张闽岳新贤堂刻本，凡 10 卷。该书成于元至治壬戌（至治二年，1322 年），朱彝尊《经义考》作 30 卷，今本 10 卷，是书坊商人所为。陈皓所注《礼记》是明代士子的必读之书，而在清代不显于学塾间，故陈皓注本几无流传，世所罕见。

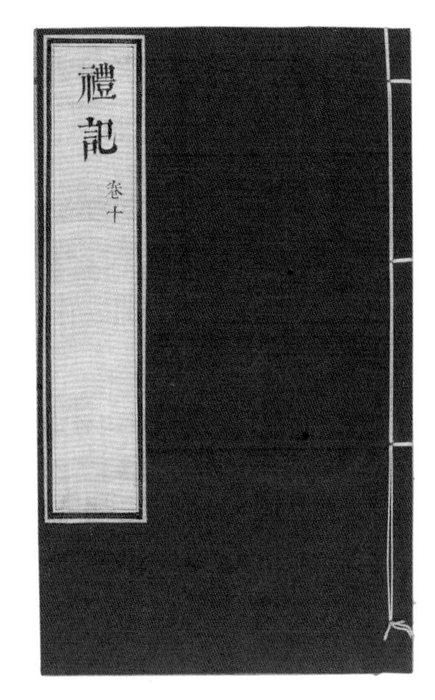

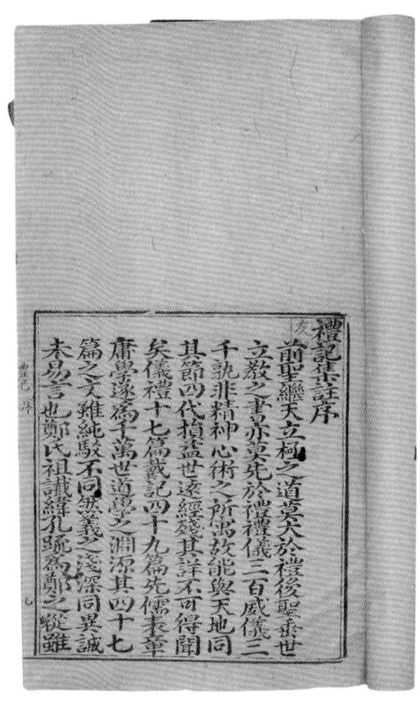

禮記集註序

前聖繼天立極之道莫大於禮後聖垂世立教之書亦莫先於禮禮儀三百威儀三千孰非精神心術之所寓故能與天地同其節四代損益世遠經殘其詳不可得聞矣儀禮十七篇戴記四十九篇先儒表章庸學遂為千萬世道學之淵源其四十七篇之文雖純駁不同然義之淺深同異誠未易言也鄭氏祖讖緯孔疏為鄭之從雖

480

《程氏墨苑》

年代　明万历
作者　（明）程大约撰
收藏单位　故宫博物院

安徽新安程氏滋兰堂原刻彩色套印本，凡 12 卷，附录《人文爵里》9 卷。此书乃中国明代墨模雕刻图谱集，书中收入名家刻绘的墨样共 500 余种，分玄工、舆地、人官、物华、儒箴、缁黄 6 类，另附录《人文爵里》。著名画家丁云鹏、吴廷羽绘图，徽州黄氏木刻名工黄应泰、黄一彬等镌刻，可谓是中国古代艺术水准很高的墨谱图集，为明代四大墨谱中最精者，堪称国宝。

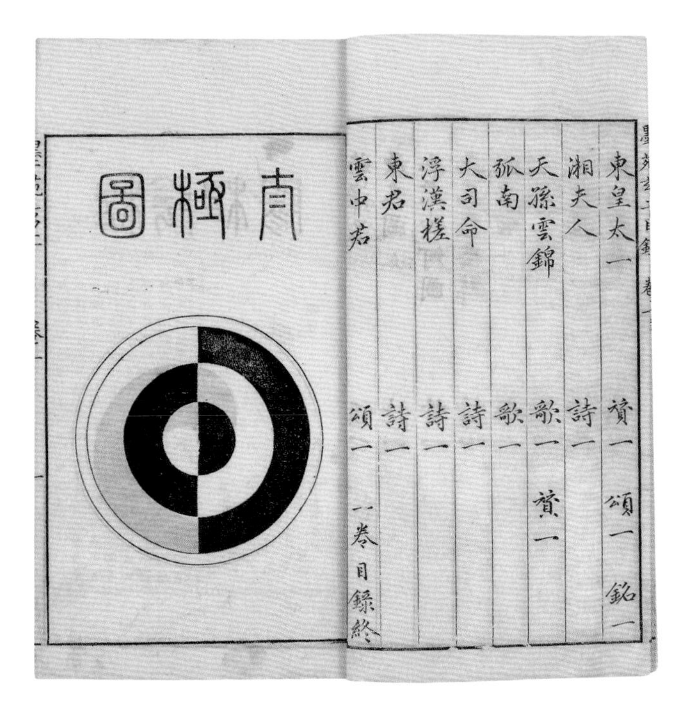

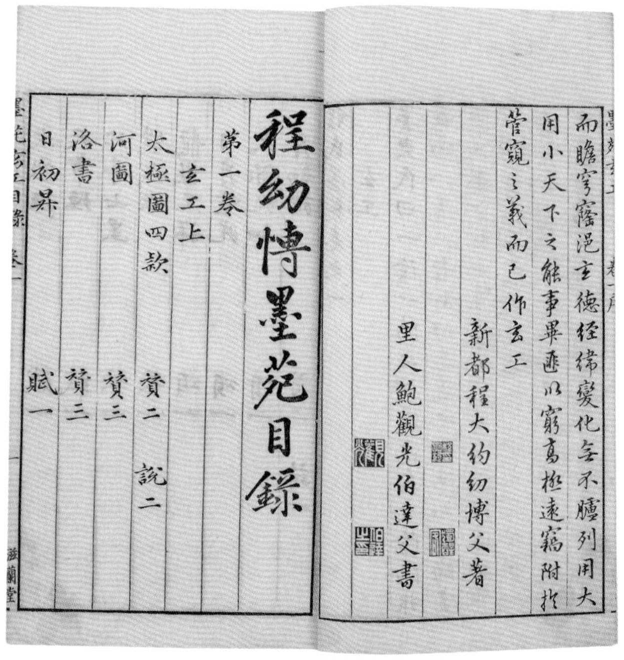

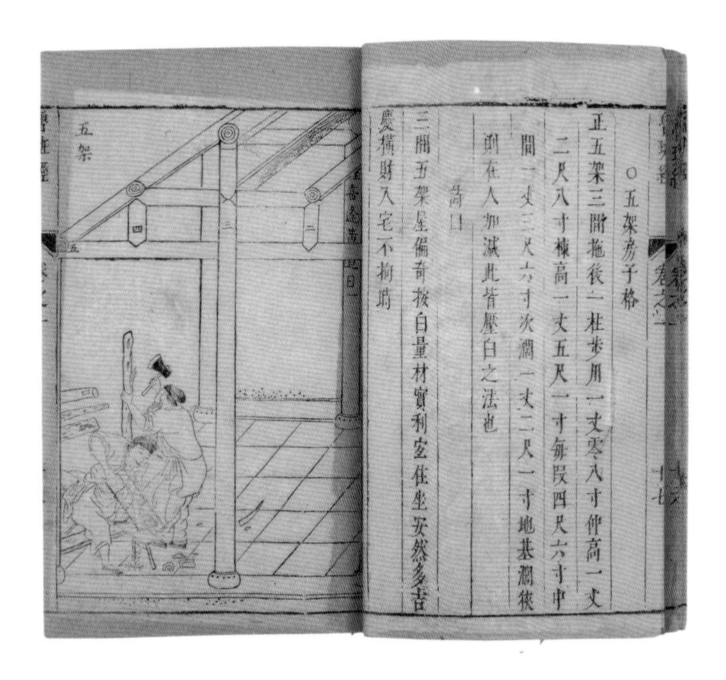

481

《鲁班经匠家镜》

年代　明万历
作者　（明）午荣编
收藏单位　故宫博物院

汇贤斋刻本，凡3卷。此书为《平砂玉尺经》附集第四种。《鲁班经匠家镜》原出自南方，流传已有五六百年。“匠家镜”意为营造房屋和生活用家具的指南。本书为万历年间增编本，正值明式家具的制作有高度成就之时，当时绘制印刷也达到相当高的水准，因此本书比较真实地描绘了各种家具的形状，书中插图线条流畅，版式精美。此书也是我国仅存的一部民间木工的营造专著，是研究明代民间建筑及明式木器家具的重要资料。

482

《新刻官版周易本义》

年代　明
作者　（明）成矩编
收藏单位　故宫博物院

明张闽岳新贤堂刻本，凡4卷。此书卷一、卷二为周易上经，卷三、卷四为周易下经。是书由宁波的胡俦与其弟胡信以成矩之本重新校正，并出资请人刻版刷印，目的是便于读书人利用。此本流传极为罕见，《中国古籍善本书目》著录仅此一部。

后 记

《清宫图典》（典藏卷）包罗了青铜器、玉器、瓷器、珐琅器、漆器、法书、绘画、碑帖、佛像、典籍、竹木牙角雕刻等共11个门类的清宫旧藏历代传世文物。书中所收入的藏品都是历代精品，是当时最具艺术、历史价值的藏品。

在本卷的编撰过程中，朱诚如、任万平两位主编给予了通观全局的指导意见，李湜、郝炎峰、孙悦、梁科、马顺平、文明、许静、刘甲良进行了文字撰写工作。许静任本卷主编，负责全书统稿工作。感谢故宫博物院徐琳研究馆员对玉器篇进行了审查并提出了许多宝贵意见。感谢故宫博物院马云华副研究馆员、文明副研究馆员对藏传佛教造像篇进行了文字审查并提出了许多宝贵意见。

在图片方面，得到了故宫博物院资料信息部的大力支持。另外，辽宁省图书馆为本卷典籍篇提供了大量的高质量的清宫旧藏善本书图片，使典籍篇得以完成，在此表示感谢。也感谢台北“故宫博物院”提供了清宫旧藏漆器、犀角类文物的高清图片。

本卷尚有许多不足之处，请广大读者指正。

许静

2018年11月5日

图书在版编目（CIP）数据

清宫图典．典藏卷／故宫博物院编．— 北京：故宫出版社，2019.12
ISBN 978-7-5134-1179-0

Ⅰ．①清… Ⅱ．①故… Ⅲ．①宫廷－史料－中国－清代－图集 ②收藏－中国－清代－图集 Ⅳ．① K249.06-64 ② G262-64

中国版本图书馆 CIP 数据核字 (2019) 第 006306 号

清宫图典
典藏卷

故宫博物院 编
主　　编：朱诚如　任万平
本卷主编：许　静
撰 稿 人（以姓名拼音为序）：郝炎峰　李　湜　梁　科
刘甲良　马顺平　孙　悦　文　明　许　静
出 版 人：王亚民
责任编辑：伍容萱
篆　　刻：阎　峻
装帧设计：李　猛
责任印制：常晓辉　顾从辉
出版发行：故宫出版社
地址：北京市东城区景山前街 4 号　邮编：100009
电话：010-85007808　010-85007816　邮箱：ggcb@culturefc.cn
制版印刷：北京雅昌艺术印刷有限公司
开　　本：889 毫米 ×1194 毫米　1/16
印　　张：24
字　　数：307 千字
版　　次：2019 年 12 月第 1 版
2019 年 12 月第 1 次印刷
书　　号：ISBN 978-7-5134-1179-0
定　　价：396.00 元

总序

编纂多卷本的《清宫图典》是故宫学人的职责，也是故宫学人的夙愿。2002年由我任主编，故宫同仁通力合作编纂的多卷本《清史图典》（十二册）出版后，得到学界高度评价，促使我们萌发编纂《清宫图典》的愿望。2015年是故宫博物院九十华诞，我邀请故宫内外学界相关专业同行诸公：任万平（礼仪卷）、李湜（艺术卷）、黄希明（建筑卷）、左远波（生活卷）、于庆祥（政务卷）、滕德永（内务卷）、刘甲良（文化卷）、许静（典藏卷）、赵云田（出巡卷）、李理（禁卫卷）为十卷本《清宫图典》分卷主编，共襄盛举。历三年辛劳，终于付梓。名为《清宫图典》，意在十卷图录在手，能窥真实的清宫政务、生活全貌。

以图像记录历史、印证历史，古已有之。中国汉字最早源于象形，即出于图像。中国史书记事记人，向以文字记载为主，但历代学者力主左图右史。只是在当时印刷条件下，图文并茂实不可能。中国历代都有宫廷画家和民间艺人留下一批记录当时人和事的纪实性很强的绘画（包括岩画、壁画），为我们研究当时的历史留下蛛丝马迹。清朝是中国封建社会最后一个王朝，清代宫廷保存了大量的纪实性绘画、晚清的老照片，以及宫廷建筑遗址与各式遗物，为我们提供了研究宫廷历史文化的直观线索，也是我们编纂《清宫图典》的物质基础。高楼大厦不可能凭空搭建，柱础是根本。没有这些图片，就没有图录编纂的可能。

中国自古以来就有用绘画图像记事的传统，一些纪实性很强的绘画弥补了文字资料记载的不足，而且某种程度上能提供比文字资料记载更准确、更生动的信息。纪实性绘画分为记人和记事两类。宫廷画家的记人，主要是为帝王、后妃或名臣作“御容”或画像；记事主要是用绘画形式记录当时的重大社会历史事件。西汉毛延寿、唐阎立本都是历史上著名的宫廷画家。阎立本的《步辇图》卷，生动地刻画出唐太宗李世民接见吐蕃松赞干布派来迎娶文成公主的使臣禄东赞的隆重场面。宋代的《迎銮图》卷，绘记了南宋曹勋奉命到金国迎还宋徽宗赵佶灵柩的历史事件。正是绘画的这种无可代替的功能，使郑樵认为“图谱之学，学术之大者”（郑樵《通志》）。到明清两代，东西方海上交通得以开辟，海上交通同样也给东西方文化交流提供了便捷和可能。自明代开始，大批西方文化传播的先驱者——传教士来到中国，他们在传教的同时，也带来了西方先进的科学技术、西方的人文理念，包括西方的文化艺术。西方的绘画技术也逐渐传入中国。一些传教士的高超画艺，得到了中国统治者的认可，他们进而成为宫廷的御用画家，其中最为著名的清代宫廷画家是意大利人郎世宁。郎世宁于康熙五十四年（1715）到达中国广州，时年27岁。他当年即到北京，直至乾隆三十一年（1766）在北京病逝，终年78岁。郎世宁在中国历经康熙、雍正、乾隆三朝，在清宫中充当宫廷画家达52年。郎世宁不仅把西洋画法传到中国，而且为了适应中国皇帝的欣赏品位，在欧洲油画基础上吸收中国画的技法，形成了独特的画风。郎世宁在清宫中培养了一批通晓中西结合画法的宫廷画家，如丁观鹏、张为邦、王幼学等。

在清宫中的外国传教士画家，除著名的郎世宁外，还有王致诚、艾启蒙、贺清泰、安德义等。清代康熙时期，焦秉贞、冷枚、陈枚、唐岱等一些中国宫廷画家和一些民间著名画家也已经开始创作纪实性绘画。其中有王翚为主要作者的《玄烨南巡图》（十二卷）以及与其他宫廷画家合作的《玄烨六旬万寿庆典图》等。康熙后期，郎世宁的入宫，带动了更大规模纪实性绘画的创作，受其影响，一批中国的宫廷画家或合作或独自开始创作纪实性绘画。他们留下了大批南巡、大阅、秋狝、祭祀、行乐等纪实性作品，为我们今天研究清朝宫廷历史文化提供了最为生动的历史画图。绘画中不仅人物逼真，卤簿仪仗、车马轿舆，甚至画面上的头盔甲胄、衣冠服饰、八旗布阵也很逼真。2002 年，故宫博物院在英国举办“乾隆时代艺术展”，其中有著名的《弘历戎装骑马像》，乾隆当时所穿戴的铠甲也同时作为实物展出，画中乾隆穿戴的铠甲，与同时展出的实物铠甲相比，竟然连每一根金丝线都是一样的，令外国观众赞叹不止。2000 年，故宫博物院在台北历史博物馆举办明清家具展，因为展品中有一件乾隆皇帝当年经常使用的交椅，随展同时带去了一幅郎世宁、丁观鹏等中外宫廷画家合作的《弘历雪景行乐图》，图中乾隆皇帝所坐的交椅与展品中的交椅一模一样，器形、色彩、花纹、扶手、尺寸比例都以一丝不苟的工笔写实。更为神奇的是，另一幅《岁朝图》，画的是弘历和诸皇子在宫中欢度春节的场面，其中乾隆的“御容”，以及燃放爆竹的皇子相貌和姿态都与《弘历雪景行乐图》一模一样。纪实性到这种程度，可见这些宫廷画家们为记录历史的真实，确实花费了相当大的功力，从而为我们今天研究清朝的宫廷历史文化留下了丰富的第一手资料。

清朝纪实性绘画从内容上看主要是用来宣扬皇帝的文治武功和威仪，但是我们从每幅画上又会窥见出许多其他社会历史内容。清代宫廷画家留下了许多有价值的纪实性绘画，著名的《万树园赐宴图》就是以纪实手法描绘了我国境内蒙古杜尔伯特部的首领车凌、车凌乌巴什、车凌孟克率部内迁，乾隆皇帝亲自在离宫承德避暑山庄接见，并分别封赐王爵，赏赐贵重礼品，连续大宴十天的宏大场面。奉乾隆皇帝之命，郎世宁、王致诚等传教士画家一直参加这一重大活动，目睹了活动的全过程，对于活动中的重要人物和重大场面，这些宫廷画师均以纪实性手法加以描绘再现，客观记录了清朝政府安抚内迁的杜尔伯特部这一重大历史事件的场面。其他如描绘乾隆皇帝在万法归一殿接见万里迢迢回归祖国的土尔扈特部首领渥巴锡的《万法归一图》屏等。还有一些战图，如著名的铜版画《弘历平定西域战图》一组十六幅，描绘了乾隆时期清政府对西北用兵，平定准噶尔部达瓦齐、天山南路大小和卓木叛乱等重大战事，均有重要的历史价值。

此外，也有大量围绕宫廷和帝王活动的反映清代社会风貌、生产活动、风土人情的纪实性绘画。如著名的《玄烨南巡图》（十二卷）、《弘历南巡图》（十二卷），虽然是以描绘皇帝活动为主，但总体上看是皇帝南巡的纪实，它展现了从北京到江南沿途各地山川河脉、市井乡野、建筑园林、名胜古迹等历史风貌，描绘了大江南北沿途各地士农工商各司其职，以及漕运畅通、商业繁荣等景象。又如《康熙六旬万寿庆典图》两卷，描绘了康熙皇帝六十寿辰盛大的庆典场面。第一卷起自紫禁城的神武门，止于西直门；第二卷由西直门起，止于西北郊的畅春园。它们贯穿了大半个北京城，是当年北京城的风景画。沿途的建筑园林、街市坊间、官军庶民历历在目，再现了京城当年的繁荣景象。《京师生春诗意图》轴，以鸟瞰手法描绘了京城中心地带的全貌，画中正阳门外店铺林立，车马行人栩栩如生，皇宫紫禁城、景山近在眼前。上述画面都是场面宏大的绘画，所以图录范围广泛，历史内涵丰富，史料价值很高。此外，展示清朝大一统皇权统治下的清代农业、手工业、牧业、商业的有《制瓷图》（乾隆朝）、《耕织图》（康熙、雍正朝均有）、《制茶图》（乾隆朝）、《棉花图》（乾隆朝）、《滇南盐井图》（康熙朝）、《广州十三行图》（乾隆朝），以及《香港开埠图》（道光朝）等。清代康熙年间收复台湾后，向台湾派遣官员，大陆的文人学士不断造访台湾，清朝皇帝非常关注台湾，令遣台官员等将台湾地区的风土人情及宝岛的物产情况用绘画形式表现出来，于是有了《台湾内山番地风俗图册》和《台湾内山番地土产图册》。

清代除了大量纪实性绘画外，还有相当数量的老照片流传下来。摄影术发明后，摄影作品成为记录、储存、传递事物形象的特殊讯息载体。留存的历史照片，使人们能够“目睹”已经消逝的前人生活情状。“百闻不如一见”，历史照片可以帮助我们“看见”过去，虽然只是零散的、中断的、瞬间的形象，但它是实在的、具体的、生动的映像。它蕴藏着丰富的历史生活内容。

摄影术是1839年法国政府公布银版摄影法之后才迅速传播开来的。大约也就是1844年，两广总督兼五口通商大臣耆英，在给皇帝的奏折中提到，他曾把自己的“小照”分赠英、法、美、普四国使臣。给耆英照相的摄影师叫于勒·埃及尔，他于1844年以法国海关总检察长的身份到达中国，在广州、澳门、香港等地拍了不少照片，其中部分照片在1848—1853年的法国书刊上陆续复制刊登过，有的还收进了1920年出版的《法国摄影史》一书。照片上还留有摄影者手书的说明文字。这些照片中就有耆英的相片，大约照相术就在此时传入中国。

第二次鸦片战争后，清政府的一些官僚买办兴起了一股办洋务热，引进外资和技术设备，开工厂、修铁路、办矿山等。他们常常把工程进展情况摄制成“照相贴册”出售，有的宣传社会上的重大事件，更多的是汇集风景名胜、戏剧演出等。西方列强用大炮轰开清王朝闭关锁国的大门之际，也正是摄影术开始传播之际。有着悠久文明的东方古国，自然会吸引众多的摄影师来进行“探险”“猎奇”的旅行摄影。在抱着各种目的来华的外国人中，有的是旅行摄影师，有的是传教士，有的是跟着侵略军一起打进来的。他们拍摄了大量照片，尽管是为其侵华行为张目，但客观上对沟通中西文化、保存清代社会生活场景起了很大作用。随着时代的变迁，这些独具特色的照片，其历史价值和意义越来越显得重要和宝贵。

随着照相技术的传播，晚清的皇帝和王公官僚们也开始喜欢这些洋玩意儿，他们用相机摄下了晚清皇宫的生活情况。目前故宫博物院保存的两万多块当时留下来的照相玻璃底片，其中就有当年他们的作品。外国列强在枪炮的掩护下，用相机摄下了战火中的中国，那个满目疮痍、民不聊生的中国，这些照片大多保存在欧洲各国的博物馆、图书馆里。晚清皇宫和外国人手中留下的数万张反映当时中国状况的照片，是我们研究清王朝社会政治、经济、文化和宫廷生活等历史的最真实、最可靠的资料，当然具有很高的史料价值。

应该说这些陈旧的老照片所包含的历史生活内容，其丰富性是任何语言文字描述都难以替代的。这些记录着过去时代人们生活情状的照片，尽管只是星星点点的瞬间形象，却可以开阔人们的眼界，增长对已经逝去的时代的见识，从而激起无穷的联想。它们可以弥补历史教科书的某些不足，是认识历史生活、生产、文化、艺术、建筑、服饰、礼仪、宗教等的形象资料，给人以如临其境的感觉。照片中的人物、背景中的建筑园林，都是当时历史的真实载体。至于人物之间的关系、人物与背景的关系，我们则可以结合文献资料的记载，进行研究、判断，从而得出正确的结论，达到还历史本来面貌的目的。

此外，晚清的老照片和纪实性绘画还可以互相验证，而文献记载往往做不到这一点。据朱家溍先生介绍，1947 年故宫博物院对太和殿内的陈设进行调整，恢复了清代的原状。因为当时宝座台和台上金漆屏风都是清代原物，只有正中原来的宝座被袁世凯称帝时撤下来，换上了他的一个大靠背椅，这样的陈列，显然不伦不类。因此就决定撤去袁世凯的大靠背椅，换上清代皇帝的宝座。于是准备在文物库房中选择一张形制最大、制作最精的宝座，以为换上去就可以了。挑选了许多，摆上去与屏风总是不相协调。后来从老照片中找出袁世凯撤宝座前的影像，再在故宫内各处寻找，终于找出了这个宝座，虽左边有部分残缺，但右边不缺，可以比照修复。后来又发现一幅康熙皇帝的朝服像，坐的就是这张宝座。此外，还发现乾隆皇帝称太上皇时，皇极殿特制的宝座也是仿制这张宝座制作的。有了老照片和纪实性朝服像上的宝座以及乾隆时的仿制宝座，很快就修复了康熙曾坐过的这张宝座。2002 年，我们又根据清代的老照片，把袁世凯时期太和殿内撤去的匾联加以恢复，这样太和殿内的原状陈列终于得到了全部恢复。从中我们可以看出，以老照片为据，从纪实性绘画中得到验证，再找到实物，这样就可以恢复历史上的原状，还历史以本来的面目。可见老照片和纪实性绘画的作用是非常重要的，无可替代的。

这些宝贵的资料虽然从数量上看很多，但收藏分散，国内国外、公家私人都有收藏，搜集齐备很不容易。此外，历史是连贯的，而这些第一手资料也有许多盲区，即许多重大历史事件既无纪实性绘画也无相关照片（或许我们现在尚未发现）。还有一个鉴别问题，纪实性绘画有些是佚名，不能判断准确年代。照片鉴别更难，特别是清代老照片，由于当时照相技术不高，底片模糊，即使很清楚的照片，由于都是一张张孤立的底片，照片上的人物究竟是谁，无从查考，需要花大功夫去鉴别，才能利用。

当然，今日之画像已非昔比。纪实性绘画随着历史的演进，亦有开拓创新。特别是摄影技术的高度发展，把图录历史推向新的高度。

《清宫图典》的文物资源，除纪实性绘画和老照片之外，遗址和遗物亦成为图录的另一重要资源。《清宫图典》中大多数图像是借助今日的先进照相术，将遗址和遗物摄录成像，编纂其中。其中宫殿亭台楼阁和园林景观皆为遗址。车马轿舆、顶戴服饰、瓷器玉器、文房用品、文书档案、古籍善本、碑帖拓片等器物皆为遗物。遗址和遗物图像是第一手历史资料，也是编纂《清宫图典》的主体部分。为了准确反映当时的历史风貌，对没有老照片的遗址我们进行了重新拍摄。至于遗物即清代宫廷留存下来的文物，我们也进行了大量的补拍，许多从未拍摄过照片的文物的图片这次被编入图典，也是《清宫图典》的一大亮点。

参与编纂《清宫图典》的诸位同仁均为学术有成、对清宫廷历史各领域素有研究的专家。古稀之年有幸与各位合作，甚为欣慰！我和任万平副院长诚挚感谢诸位的无私奉献！《清宫图典》项目在时间紧、任务重的情况下得以推进，全靠各位精诚合作，完成编纂工作。

我还要感谢任万平副院长，从编纂《清史图典》到《清代文化》图录，再到《清宫图典》，一路走来，万平同志功不可没。她熟悉故宫文物典籍、图画照片，能编纂这几大部数十卷册的图录，一等功非她莫属！

其次要感谢故宫博物院资料信息部及一些相关单位与个人，《清宫图典》中的数千张图片都由他们提供，都凝结着他们的辛劳和汗水；感谢故宫出版社宫廷历史编辑室、文化旅游编辑室团队，他们兢兢业业、一丝不苟的精细操作，保证了本书的质量。

十分荣幸本丛书纳入国家出版基金资助项目，给予资金支持，这是文化事业得到重视的标志！也是国家繁荣昌盛的标志！

图录历史开启一代风气之先，故宫内外学界同仁将为此而鼓与呼！

朱诚如

2015年8月24日初稿

2017年4月22日定稿

于紫禁城城隍庙

一牛络首四牛间弘
景高情想像间识

目录

前 言

皇家收藏由来已久，其数量极为丰富，是历代珍品的荟萃，无疑代表了当时最高的艺术水平。在中国历史上，每逢朝代更迭，新的统治者都要面临一项重要的任务，即顺利接收前朝藏品。这些藏品由之前历朝积累而成，期间经历了无数兵燹、水火，屡易主人，甚至流落民间。而最终流传下来的，便形成了每个王朝藏品中最重要、最有价值的部分——传世珍品。历朝历代的统治者都近乎狂热地搜求传世珍奇，似乎不满足仅仅拥有政权，而是竭力把数百、数千年流传下来的文化艺术品据为己有。也许只有这样，他们才更有信心掌控整个国家。

明亡之际，紫禁城在战火中遭到了很大的破坏，宫中所藏历朝珍品也损毁严重。免于厄运的藏品悉数为清宫收掌。有关清皇室接收明皇室收藏品的情况，文献记载不多。从有限的文献记载和明皇室文物的保存情况来看，李自成进出北京期间，除宫中的藏书楼——文渊阁及阁中收藏的珍贵古籍因整个文华殿区毁于战火而付之一炬外，明皇室收藏品较少损毁。李自成败走后，清军入关进驻北京，并未进行激战，多尔衮命先锋队入京师，“令在京内阁六部都察等衙门官员俱以原官同满官一体办事”[1]，明皇室文物也一并为清接收。经过几朝皇帝的努力，到乾隆朝，宫廷收藏达到了极盛，“单纯从收藏的数量来看，乾隆超过了以往的任何一个皇帝”[2]。藏品种类繁多，青铜器、玉器、陶瓷、金银器、竹木牙角、漆器、珐琅器、名人法帖、名家绘画、善本古籍等，在清宫中一应俱有。许多曾藏于宋、元宫中的稀世珍品都被收贮在宫中，如：现藏于台北“故宫博物院”的东晋王羲之《快雪时晴帖》的唐代摹本、唐孙过庭《书谱》、唐怀素《自叙帖》等，以及现藏于故宫博物院的晋王珣《伯远帖》、隋展子虔《游春图》、唐韩滉《五牛图》、五代顾闳中《韩熙载夜宴图》等。

清帝对宫中藏品十分重视，从康熙年间便开始着手整理。康熙四十七年（1708），康熙帝命礼部侍郎孙岳颁等人编撰《佩文斋书画谱》，收录了历代帝王、书家的作品，“凡书画之源流、古今工于此者之姓氏，以至闻人之题跋、历代之鉴藏，悉备考而慎其择，亦可谓详尽矣”[3]。

到了乾隆朝，随着宫中典藏的日渐丰富，乾隆帝下令开展了大规模的藏品整理工作。简单列举如下：

首先，编纂《秘殿珠林》与《石渠宝笈》。

乾隆八年（1743），乾隆帝命张照、梁诗正、励宗万、张若霭将内府所藏释典、道教方面的书画作品编录成书，为《秘殿珠林》；乾隆五十六年（1791）下令编纂《秘殿珠林》续编；嘉庆二十年（1815）嘉庆帝下令纂修《秘殿珠林》三编。《秘殿珠林》前后三编，历经乾隆、嘉庆两朝，著录了清宫所藏自晋唐至清代书画中佛、道题材的作品，包括佛、道两教的经卷、语录、科仪等。乾隆九年（1744），乾隆帝下令编纂《石渠宝笈》，收录了清宫中《秘殿珠林》收录之外的书画作品，主要是唐宋以来直至当朝的历代书法、绘画、碑帖、缂丝等。之后，乾隆帝分别于乾隆五十六年（1791）、五十八年（1793）下令编纂《石渠宝笈》续编、三编。而《秘殿珠林》、《石渠宝笈》前后三编，纂修过程历时74年之久，是清代宫廷收藏书画作品的总账，整理、鉴定了清初至嘉庆二十一年（1816）间清内府所藏书画珍品上万件，其中，清以前的传世书画作品占了相当大的比重。

其次，印制法帖。

乾隆十二年（1747），乾隆帝命梁诗正、蒋溥、汪由敦等人将《石渠宝笈》中存于三希堂内及内府所藏魏晋以来至明末诸家真迹中优者编次、勾摹上石，并命人镌刻而成《三希堂法帖》，收录魏晋以来至明末135人的340件楷、行、草书作品。另有题跋210多件，包括钟繇、王珣、梁武帝、颜真卿、孙虔礼、怀素、宋太宗、赵孟頫、董其昌等诸多书法大家之珍品[4]。乾隆十九年（1754），乾隆帝再次命人于《石渠宝笈》中选取名人墨迹优者勾摹勒石，为《墨妙轩法帖》，收录了自唐褚遂良以下至元赵孟頫18人书，共4卷。乾隆帝于四十四年（1779）下令刻《快雪堂帖》，《快雪堂帖》内辑历代诸多名家真迹或翻刻，如王羲之《快雪时晴帖》，王献之《承姑帖》，欧阳询《卜商帖》、《张翰帖》，张旭《晚复帖》，颜真卿《蔡明远帖》，苏轼《寒食帖》，蔡襄《持书帖》等，是明清汇帖中较好的一部[5]。

第三，编纂"西清四鉴"。

乾隆十四年（1749），乾隆帝命尚书梁诗正、蒋溥、汪由敦率内廷翰林编撰《西清古鉴》，将内府所藏古鼎、尊、彝、罍等青铜器绘制器型、款识，并援据经典一一考证。乾隆五十八年（1793），王杰等奉敕撰《西清续鉴》甲编，之后，又完成了《西清续鉴》乙编。除此之外，乾隆年间还编有《宁寿鉴古》，其编纂时间应在《西清续鉴》甲编之前，编纂体例仿《西清古鉴》，收录青铜器700余件。《西清古鉴》、《西清续鉴》甲编、《西清续鉴》乙编和《宁寿鉴古》合称"西清四鉴"，收录了清内府所藏4000余件青铜器。

第四，整理善本藏书。

乾隆九年（1744），乾隆帝命翰林学士选取内府所藏宋、元、明善本置于昭仁殿，列架庋藏，并亲题匾联曰"天禄琳琅"悬于殿内。"天禄琳琅"藏书不仅收录了许多堪称世间珍宝的孤本、秘籍，还对这些善本书籍进行精心审校与装潢，是清宫藏善本书中的精华。乾隆四十年（1775），乾隆帝命于敏中、王杰、彭元瑞、董诰等人将"天禄琳琅"典籍重加整比，以经史子集为纲，以宋、金、元、明刊版朝代为次，编成《天禄琳琅书目》以"垂示方来，冠以丁卯"[6]。书目不仅收录丰富，而且编订精审，着重研究各书刊印流传的时代、学术鉴赏的源流、收藏家生平事略及藏书印记真伪等。

上述清宫中几次重要的藏品整理把宫中典藏纳入了有秩序、易管理的轨道。以《石渠宝笈》为例，此书以书画作品所贮藏的地点为提纲，以书册、画册、书画合册、书卷、画卷、书画合卷、书轴、画轴、书画合轴分列条目，其笺素尺寸、印记姓名、赋咏跋识与奉有御题、御玺者皆一一详列[7]。《石渠宝笈》中所录书画作品收贮在乾清宫、养心殿、重华宫、御书房、三希堂、长春书屋、攸芋斋、随安室、静宜轩、三友轩、画禅室等处[8]。以所贮之所为卷，不仅使藏品存贮更加清晰、有条例，方便进一步的保管，也最大限度地方便了鉴赏者查阅、鉴赏。

在整理宫廷收藏一项，乾隆帝主要倚靠的是当朝儒学名臣。乾隆时期有著名的五词臣——张照、梁诗正、汪由敦、钱陈群和沈德潜。乾隆帝对他们的学识赞赏有加：张照“性颖敏，博学多识……文笔亦隽秀拔俗，尤工书”，梁诗正“老成勤恪，诗笔工整，亦能书……其资望为内廷翰林所推”，汪由敦“学问渊纯，古文雅饬有法”，钱陈群“深于诗学，书法亦苍老”，沈德潜“早以诗鸣，非时辈所能及”。而钱陈群与沈德潜曾被乾隆帝称为“江浙二老”，认为“词臣退居林下，齿爵学问，足为缙绅领袖者惟钱陈群、沈德潜二人”[9]。前文所述清代著名的宫廷收藏著录《石渠宝笈》、《秘殿珠林》、《西清古鉴》便是由张照、梁诗正等人编纂而成。这一群体具有很高的文化素养，都是博学之士。作为儒臣，他们在保存、整理宫廷藏品中起了很大作用。

清帝重视典藏，一方面，他们遵循了历朝历代重典藏的传统，虽然是异族统治，他们也迫切希望自己不但具备正统地位，而且可以把中国历代文化延续下去。宋代是文化、艺术极为兴盛的时期，宋代皇帝尤其是宋徽宗，在藏品整理、鉴赏方面颇费心思，清人评论曰：“宣和之政无一可观，而赏鉴则为独绝。”[10]乾隆帝效仿宋太宗刻《淳化阁帖》、宋徽宗刻《大观帖》，命人刻《三希堂法帖》，仿照宋代《宣和博古图》样式命人编纂《西清古鉴》，等等，这都表明了清帝将效法前朝付诸实施。另一方面，清帝的个人喜好、鉴赏水平也决定了宫廷典藏的状况。清宫中藏有一幅名为《是一是二图》的绘画作品，画中乾隆帝身着汉装，坐于榻上，背后画屏上悬挂一幅其本人的肖像。榻四周精心放置各类古玩、盆景。古玩有青铜嘉量、礼器、书画、古瓷。方几上置放的是明宣德青花出戟梵文盖罐，侍童手执的是明永乐青花缠枝花瓶，圆桌上置有明永乐青花双耳扁瓶及明宣德青花凤穿花纹罐。这幅画生动地描绘了乾隆帝品鉴活动的情形，也充分地反映了他对中国古代文化的向往。

许静

2018 年 6 月 6 日

---

1 《清世祖实录》卷五，顺治元年五月癸巳条。
2 ［美］珍妮特·埃利奥特、沈大伟：《中国皇家收藏传奇》，当代中国出版社，2007 年。
3 《佩文斋书画谱》，御制序。
4 《皇朝通志》卷一一六《金石略》二。
5 王连起：《〈快雪堂法书〉帖考》，《故宫博物院院刊》1991 年第 4 期。
6 《四库全书总目》卷八五《天禄琳琅书目》。
7 《四库全书总目》卷一一三《石渠宝笈》。
8 《国朝宫史》卷三三《石渠宝笈》。
9 《清高宗御制诗四集》卷五九《五词臣五首》。
10 《四库全书总目》卷一一二《宣和书谱》。

图版目录

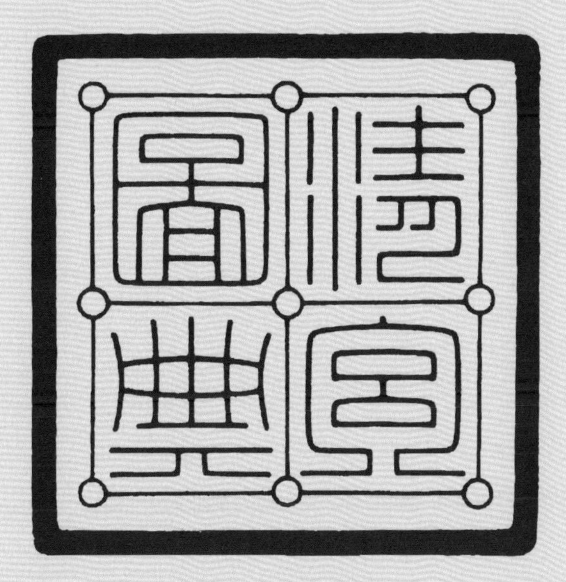

释文：清宫图典

青铜器篇

青铜器在我国的使用源远流长，夏时多是小件或简单之工兵之器，夏晚期始有大件出现；商为繁荣时期，适应神权统治之需，青铜器成为祭祀中之重要道具；礼乐文明盛行的西周盛世，重视礼制建设和宗法约束，青铜器上的铭文字数已远超殷商而达上百，成为个人与家族功烈荣誉与政治地位的表征。三代之时，敬事鬼神、孝享祖祢、宾宴荐食、盟好征信，皆以青铜为贵，故谓“吉金”。因此，青铜器在中国古代一开始便舍生产工具不为，反以礼器、兵器为主，成为贵族上层垂青的艺术主流。

春秋时期礼崩乐坏，王室衰微，诸侯争霸，各地争相制造有本地特色的青铜器。战国时期，随着铁器的出现和使用，青铜器逐渐脱去神秘外衣，以日常生活用品和工艺品身份留存于社会生活。作为“藏礼”的载体，青铜器延续着礼制传统，作为王权的象征物存在于世，在历代礼仪中仍有着不可替代之地位。商周青铜的盛世在秦始皇统一六国后已告衰微，两汉虽一脉相承，但青铜铸品逐渐离开以家国重器及兵器为主的历史舞台。汉唐以来，对于地下出土的商周青铜器，多以祥瑞看待并收入内府。宋剪灭群雄，置奉辰库收各国重器。徽宗大观年间访求天下古器，政和、宣和年间仿《考古图》将内府所藏鼎彝陆续编成《宣和博古图》与《重修宣和博古图》，汇整出土宝物，正本清源。北宋灭亡后，汴京宝物悉数移至燕京。高宗定都临安，继续充盈内府。南宋灭亡后，内府宝物汇集于大都。明朝建立后，两宋及元鼎彝尽归所有。满族入关